Vivi Edström ist emeritierte Professorin für Literatur, speziell Kinderliteratur, an der Universität Stockholm. Sie war viele Jahre Präsidentin der Selma-Lagerlöf-Gesellschaft und hat zahlreiche Bücher und Artikel über die Nobelpreisträgerin geschrieben, zuletzt eine große Biografie (2003).

In »Astrid Lindgren und die Macht des Märchens« führt Vivi Edström fort, was sie in ihrer Monografie »Astrid Lindgren. Im Land der Märchen und Abenteuer« begonnen hat, die von der Schwedischen Akademie als herausragendes Werk ausgezeichnet wurde.

Vivi Edström

Astrid Lindgren und die Macht des Märchens

Deutsch von Gisela Kosubek

Verlag Friedrich Oetinger · Hamburg

Für Matilda

© Verlag Friedrich Oetinger GmbH, Hamburg 2004
Alle Rechte für die deutschsprachige Ausgabe vorbehalten
© Vivi Edström 1997
Die schwedische Originalausgabe erschien bei
Rabén & Sjögren Bokförlag, Stockholm,
unter dem Titel »Astrid Lindgren och sagans makt«
Deutsch von Gisela Kosubek
Einband von Buchholz/Hinsch/Hensinger unter Verwendung
eines Fotos von Isolde Ohlbaum
Satz: UMP GmbH, Hamburg
Druck und Bindung: Clausen & Bosse, Leck
Printed in Germany 2004
ISBN 3-7891-3404-X

www.astrid-lindgren.de
www.oetinger.de

Inhalt

»Ich suchte die Märchen,
die als Kind ich gehört«
(Edith Södergran)

Astrid Lindgren – die Märchendichterin

»Es gibt fast nichts, was ich mehr liebe als Märchen«, bekennt Mio, als er bäuchlings über dem Rand des Märchen raunenden Brunnens liegt. Astrid Lindgren selbst ist dieses Kind gewesen. Wie schon andere große Autoren hebt sie die Bedeutung hervor, die das Zuhören in der Kindheit für sie gehabt hat. Wie sich die Welt veränderte, als sie das erste Mal die Stimme des Märchens vernahm.[1]

In *Astrid Lindgren und die Macht des Märchens* nehme ich dieses Kind zum Ausgangspunkt und versuche die Urszene des Zuhörens aufzuspüren, die für ihr Schaffen so fruchtbar wurde. Vor allem möchte ich ihre künstlerische Entwicklung aufzeigen und darlegen, wie das Märchen zum immer vielstimmigeren Instrument ihrer Lebensvision wird.

Anfangs treibt sie zuweilen mit dem Märchen ihren Spaß. In *Immer lustig in Bullerbü* gibt es ein Kapitel mit der Überschrift »Inga und ich wissen selbst nicht, was wir tun«. Da sitzen Inga und Lisa in einem Straßengraben und spielen, sie seien Prinzessinnen, die den Frosch küssen. Aber der Prinz kommt nicht. Die Mädchen werden stattdessen von den Brüdern, die sie belauschen, hämisch ausgelacht.

Noch heftiger fällt der Spaß mit dem Märchen in »Große Schwester und kleiner Bruder« im Band *Sammelaugust und andere Kinder* aus. Die große Schwester erzählt ein Märchen, das alle üblichen Versatzstücke enthält: einen kranken König, der nur von einem Wunderapfel geheilt werden kann, einen Prinzen, der mit einem fliegenden

9

Teppich unterwegs ist und der den Apfel holt, nachdem er einen mächtigen Zauberer besiegt hat ... Doch der kleine Bruder reagiert auf jede Form von Magie mit krassen Gegenmitteln – er schlägt Rizinusöl zur Heilung des Königs vor und verwandelt die Bestandteile des Märchens in ein Nonsensfeuerwerk:

»Na, ich werde dir mal erzählen, wie es wirklich war«, sagte der Kleine. »Zuerst drückte der Prinz den Apfel in das Mondgesicht des Zauberers. Und dann nahm der Zauberer den Teppich und drückte ihn an die Stirn des Prinzen und sagte: ›Flieg, flieg in ein fernes Land!‹ Und dann setzte sich der Prinz auf den Apfel und flog nach Södertälje. Und dann kam der Teppich auf dem Zauberer angeritten, der so mager war, dass man wieder gesund wurde, wenn man nur an ihm roch. Und der König, der durch dein Getrödel bereits gestorben war, drückte den Zauberer an die Brust des Prinzen und da aß der Teppich den Apfel auf und dann lebten sie glücklich, solange sie lebten.«

Vielleicht kann nur jemand, der so respektlos mit dem Märchen umgeht, auch tief in es eindringen und es neu erschaffen. Für mich ist Astrid Lindgren eine große Erneuerin des Märchens. Sie hat unser modernes Märchen geschaffen. Ich sehe keinen Widerspruch darin, dass sie dennoch in der Tradition des Märchens verwurzelt ist.

Es ist nicht ungewöhnlich, dass man Astrid Lindgren fast als Naturphänomen betrachtet. Doch Literatur entsteht aus Literatur. Das Märchen basiert auf Funktionen und Formen, die als universale Tradition übermittelt und weitergegeben wurden. Astrid Lindgren hat selbst bezeugt, welche Bedeutung die Märchenlektüre der Kindheit für sie gehabt hat. Obendrein fielen ihre Kinderjahre in eine wahre Blütezeit des Märchens.

Um die Märchen im richtigen Licht zu sehen, greife ich zunächst auf jene Periode zurück, die mit Lindgrens Leseerlebnissen in der Kindheit zusammenfällt, die nicht zuletzt durch die Weihnachtspublikationen jener Zeit und die Lesereihe für Kinder, *Barnbiblioteket Saga*, vermittelt worden waren.

Besonders interessant ist der Dialog, den Astrid Lindgren mit Elsa Beskow führt. Diese beiden Schriftstellerinnen verbindet vieles. Sie haben ein enges Verhältnis zur Wirklichkeit, aber ein noch engeres zur

10

Phantasie – beide sind Kinder aus dem Land der Träumer. Ihr Interesse gilt weniger den konventionellen Märchenfiguren als den Kindern, häufig Kindern, die Traum und Märchen vermitteln.

Aber wie Olle Holmberg, Professor der schwedischen Literatur, es einmal ausdrückte, ist Astrid Lindgren »im Vergleich zu Elsa Beskow realistischer und zugleich phantasievoller«.[2]

Astrid Lindgren macht uns das Märchen auf neue Weise bewusst. Immer kühner greift sie existenzielle Fragen auf: Leben und Tod, das Gute und Schöne und die Liebe. Was die Spannweite der Texte zwischen Abgrund und Himmelsfreude angeht, ähnelt sie Selma Lagerlöf, deren Erbe sie in vieler Hinsicht antritt.

Das Märchen ließ sich natürlich nicht im Handumdrehen erobern. Um Astrid Lindrens Entwicklung zu verstehen, muss man bei ihren Märchen aus den dreißiger und vierziger Jahren beginnen, die hauptsächlich in der Zeitung *Landsbygdens Jul* veröffentlicht worden waren – mehrere von ihnen schon lange vor der Pippi-Langstrumpf-Epoche. Dass diese Märchen gedruckt vorliegen, war schon früher bekannt, doch niemand hat einen näheren Blick auf sie geworfen. Hier wird dieses Thema im Kapitel »Erproben im Märchen« behandelt. Astrid Lindgren selbst hat ihre frühen Märchen eine Jugendsünde genannt, doch meine ich, sie sind Fingerübungen in einem Genre, in dem sie allmählich zur Meisterin werden sollte.

Was in diesem Vorstadium überrascht, ist der nach altbekanntem Muster stark moralisierende Charakter der Märchen. Die Leser werden mit warnenden Beispielen konfrontiert, vorgebracht mit einem Eifer, der uns, die wir an eine ganz andere Astrid Lindgren gewöhnt sind, verblüfft. Ab und an lassen sich dennoch jener Einfallsreichtum und Humor erkennen, die für uns mit der Autorin verbunden sind. Und in einigen Märchen finden wir sie auch in dem von ihr so geliebten Wald. Dann geschieht etwas. Im Jahre 1949 erscheint *Im Wald sind keine Räuber*. Der Band enthält Märchen, die ihren Ausgangspunkt sämtlich im Alltag, in der Gegenwart, meist in der Großstadt Stockholm haben. Aber es ist eine auf den Kopf gestellte Wirklichkeit. Auf der kindlichen Bühne wird die Welt neu erschaffen. Das Phantastische schimmert in magischer Schönheit, einem verzaubernden Zwielicht, in dem alles

11

»wunderlich« wird – ein Lieblingswort, das auf die verwandelnde Macht des Märchens vorbereitet.

Im Wald sind keine Räuber ist etwas mehr als ein Märchenbuch für Kinder, es ist ein Glasperlenspiel mit der Zeit, wobei das Märchen spielerisch wird und das Spiel sich zum Märchen wandelt.

Untersucht werden in diesem Fall die verschiedenen Märchen, die wirklich unterschiedlich sind, während eine poetische Thematik sie zugleich miteinander verknüpft.

Einige Jahre später, 1954, erscheint *Mio, mein Mio,* jene großartige Geschichte, bei der das Märchen Teil des Dialogs zwischen Wirklichkeit und Phantasie ist. *Mio, mein Mio* habe ich in meinem vorigen, 1992 publizierten Buch *Astrid Lindgren. Im Land der Märchen und Abenteuer* so ausführlich behandelt, dass ich mich hier mit einer kurzen Analyse seines Märchensystems begnügen werde.

Aufgezeigt wird, wie die Autorin nun tiefer in das Märchen eindringt, nicht zuletzt durch die Tatsache, dass sie den uralten Konflikt zwischen Gut und Böse aufgreift. Und wie sie sich zugleich durch einen metafiktiven Kunstgriff vom Märchen distanziert. In *Mio, mein Mio* ist der Widerstand Inhalt der Geschichte. Die Hauptperson erzählt ihr eigenes Märchen – es ist der Protest des gefährdeten Kindes –, während die Herausforderungen des Märchens das Kind zugleich verändern. Hier erschafft die Autorin einen grandiosen Raum für Gefühle.

Auch *Die Brüder Löwenherz* sind ein Balanceakt zwischen kosmischer Vision und psychologischer Erzählung, in der das Märchen noch deutlicher die Ästhetik des Widerstands gegen Gewalt und Lebenszerstörung verkörpert. Doch dieses Buch hat ein freieres, ungezähmteres Verhältnis zum Märchen mit kühneren Verknüpfungen zwischen Alltag und Übernatürlichem als diejenigen, die sie bis dahin erprobt hatte. Das Märchen besitzt die Macht, sogar das Tor zum Totenreich aufzusprengen. Und die Wanderung durch den Hades, die sie zuvor in »Die Schafe auf Kapela« aus *Klingt meine Linde* gezeichnet hatte, ist hier von noch tieferer Schwärze.

Klingt meine Linde ist eine Sammlung von vier Märchen, die 1959 erschien, zehn Jahre nach *Im Wald sind keine Räuber.* Ihr Erscheinungsbild ist völlig anders. Hier existiert kaum etwas Leichtes oder

Spielerisches. Die Märchen begeben sich in die Dunkelwälder der Unterwelt und in die Hölle des Armenhauses. Diese Erzählungen, bei denen die Märchenstimme in die Stimme der Volkslieder und der Legenden übergeht, sind voll von sozialem Engagement. Rhythmus und Poesie sind mit einer dramatischen Konzentration verknüpft, einem Vakuum, das uns die Möglichkeit gibt, diese Märchen über die Grundbedingungen des Menschen weiterzudichten.

Klingt meine Linde ist eines der wichtigsten Bücher, die in den fünfziger Jahren erschienen sind. Aber es wurde von Astrid Lindgrens anderer Märchendichtung verdeckt und passte nicht in die gängigen literarischen Systeme. Es fiel aus dem System der Kinderliteratur heraus und fand auch keinen Platz in der Erwachsenenliteratur. Mir war es ein besonderes Anliegen, dieses Buch hervorzuheben und ihm – einigermaßen – Gerechtigkeit widerfahren zu lassen.

Das Buch *Astrid Lindgren und die Macht des Märchens* endet mit dem Kapitel »Ronja Räubertochter – ein modernes Waldmärchen«. Als ich Astrid fragte, warum sie diesen wunderbar schrecklichen Räuberroman geschrieben habe, antwortete sie: »Ich wollte in den Wald hinaus.« Wir können hier Ronja auf ihrem Weg begleiten – falls wir die Urwesen, die ihr begegnen, nicht fürchten. Astrid Lindgrens Räuberwelt ist uns einerseits bestens bekannt, andrerseits aber auch völlig fremd. Sie geht ganz frei mit Mythen und Traditionen um, wenn sie den mentalen Zustand des Menschen durch das Märchen spiegeln lässt.

Astrid Lindgrens Verhältnis zum Märchen ist vielseitig und interessant. Uns begegnet das Gute und Schöne im Märchen, doch auch seine dunkle und grausame Seite in einem risikoreichen Wechselspiel zwischen Phantasie und Wirklichkeit, wodurch das Märchen uns auch heute noch angeht. Denn immer handelt es sich um Geschichten.

Diesen Geschichten verleiht Astrid Lindgren eine neue Stimme. Sie gibt die schriftsprachliche Diktion auf und benutzt einen direkten mündlichen Tonfall, in größerem Umfang, als es in älteren Märchen üblich war. Zur Erneuerin wurde sie auch durch ihre Methode, uns für das Märchen zu sensibilisieren. Ihre Dichtung ist in Wahrheit eine Huldigung an das Märchen und dessen Macht, die magischen Augenblicke des Daseins und die ihm innewohnende Schönheit zu erfassen: die Nacht im Mai, wenn die Apfelblüten dem Garten ein phosphoreszierendes Leuchten verleihen, das ihn voller Erwartung sein lässt. Der Wintertag, wenn zwei frierende Kinder aus Sonnenau dem roten Vogel begegnen. Der Schwindel erregende Morgen, als Krümel in die grünen Täler Nangijalas kommt, von der eigenen Phantasie in die Zeit der Lagerfeuer und Sagen entführt.

Hier erklingt die Stimme des Märchens mit stärkerem poetischem Klang als je zuvor in unserer Literatur.

Verehrung – Priestertum – Spaßlüter

14

sc: poetisch-metaphorische Sprache der Darstellung selbst

Astrid Lindgren in der Tradition des Märchens

Richtige Märchen handeln vom Allerwichtigsten: von Leben und Tod, vom Unterschied zwischen Gut und Böse, davon, »wie schwer es sein kann, Mensch zu sein«[1]. So drückt es Astrid Lindgren in einem Interview aus den fünfziger Jahren aus. Damit sagt sie auch etwas Wesentliches über ihre eigenen Märchen. Doch können Märchen auf ganz verschiedene Weise klingen. Wie bei Zacharias Topelius oder den Brüdern Grimm, wie bei Hans Christian Andersen und in *Tausendundeine Nacht*. Schon das ergibt einen ganzen Chor. Vielleicht existiert ja auch eine typisch schwedische Stimme, die ihren stärksten modernen Niederschlag schließlich in Astrid Lindgrens Märchen finden sollte.

Eine wichtige Voraussetzung dafür sind jene Märchen, denen sie als Kind begegnet ist. Man kann wohl sagen, dass Astrid Lindgren die Märchentradition vollendet hat, die ihren Anfang um 1890 nahm und die zu Beginn des zwanzigsten Jahrhunderts ihren Höhepunkt erreichte, vor allem aber ist sie aus dieser Tradition ausgebrochen.

1899 erschien ein Buch, das für unser Märchenverständnis vermutlich eine größere Bedeutung als jedes andere gehabt hat: Es trägt den Titel *Schwedische Volksmärchen* und enthält sieben Geschichten, darunter »Der verzauberte Prinz«, das Astrid Lindgren als ihr Lieblingsmärchen bezeichnet hat, und außerdem »Die kleine Rosa und die lange Leda« mit seinem inspirierenden Kehrreim »Klingt meine Linde, singt meine Nachtigall?«. Herausgeber war Fridtjuv Berg, einer der führenden

Stimme als autonomes Gebilde

Pädagogen seiner Zeit und einer von jenen, die an die wichtige Rolle der Phantasie für die Entwicklung glaubten. Er hatte die Texte aus der von Gunnar Hyltén-Cavallius und George Stephens zusammengestellten großen Volksmärchenausgabe des neunzehnten Jahrhunderts ausgewählt und sie kinderfreundlich umgestaltet. Das kann man in Göte Klingbergs Schrift *Sekelskiftets barnbokssyn och Barnbiblioteket Saga* (Sicht auf das Kinderbuch um die Jahrhundertwende und die Kinderlesereihe Saga, Anm. d. Übers.) nachlesen.[2]

Mindestens ebenso große Bedeutung wie die Texte hatten die Illustrationen. Der Auftrag für die Bilder des Bandes *Schwedische Volksmärchen* war an Elsa Beskow gegangen, doch sie war krank geworden, d. h., sie wurde schwanger (was man zur damaligen Zeit nicht im Klartext sagen durfte) und vermochte lediglich drei der Märchen zu bebildern. Das ergab dennoch eine ziemlich große Anzahl Illustrationen, und es war ihre Art zu zeichnen, die einen bleibenden Eindruck von den Bildern der Sammlung hinterließ.

Der Band *Schwedische Volksmärchen* fand bei verschiedenen Autoren Widerhall, darunter auch bei Elsa Beskow selbst. Doch werde ich im Weiteren vor allem zeigen, wie viel an Resonanz man von diesen Märchen bei Astrid Lindgren finden kann. Das Buch erschien als erste Publikation der *Barnbiblioteket Saga*, einer bemerkenswerten Reihe preisgünstiger kleiner Bände mit rotem Buchrücken, die für »die Kinder des Volkes«, wie der Terminus zu jener Zeit lautete, herausgegeben wurde.[3] Es waren die Lehrer der Volksschule, die hinter diesem Bemühen standen. Sie waren mit dem von ihnen gegründeten Verlag der Schwedischen Lehrerzeitung zu einem kulturellen Machtfaktor geworden. Auch für Werbung und Verkauf waren sie selbst verantwortlich, und recht häufig waren sie darüber hinaus auch als Autoren tätig.

Das Ehepaar Emil und Amanda Hammarlund, beide Volksschullehrer, waren die tatkräftigen Redakteure von *Barnbiblioteket Saga*. Sie arbeiteten unverdrossen an dieser Reihe, die in den Kinderabteilungen der Volksbibliotheken ihren festen Platz bekam. Astrid Lindgren gehörte zu jenen Kindern, deren großer Lesehunger durch die Saga-Reihe gestillt wurde. Diese enthält Klassiker, bearbeitet für Kinder, z. B. *Odyssee, Robinson Crusoe* und *Gullivers Reisen*, doch einen Hauptanteil der Edition stellten die Märchen dar.

16

Sie umfasst *Medeltidssagor* (Märchen des Mittelalters, Anm. d. Übers.), zusammengestellt von Henrik Schück, und auch die Illustrationen zu diesen Märchen stammen von Elsa Beskow. 1899 erschien *Tausendundeine Nacht*, bearbeitet von Anna Wahlenberg, die die Saga-Reihe mit weiteren zwei Bänden aus der orientalischen Märchenwelt beglückte. Die dritte Sammlung, die u. a. »Ali Baba und die vierzig Räuber« enthält, kam 1916 heraus. Ein neuer Band der *Schwedischen Volksmärchen*, auch dieser zusammengestellt von Fridtjuv Berg, wurde 1903 publiziert.

In der genannten Reihe erschienen Bände mit Titeln wie *Sagor och Berättelser, Franska sagor, Östan och Västan, Tomteberättelser* (Märchen und Erzählungen, Französische Märchen, Östlich und Westlich,

So deutete Martin Lamm Astrid Lindgrens Angriff auf Finanzminister Gunnar Sträng in seiner Karikatur auf der Leitartikelseite von Dagens Nyheter *am 2. September 1976.*

Geschichten von Wichteln, Anm. d. Übers.). In den 1906 herausgekommenen *Tomtesagor* (Märchen von Wichteln, Anm. d. Übers.) finden wir Autorennamen wie Selma Lagerlöf, Zacharias Topelius, Anna Wahlenberg, Verner von Heidenstam sowie Elsa Beskow. Und Axel Wallengren (Falstaff Fakir) mit *Die Hexe Pomperipossa*, die er bereits 1895 in *Jultomten* veröffentlicht hatte. Das ist jenes Märchen, das Astrid Lindgren 1976 in ihrer berühmten Eingabe an Finanzminister Sträng travestierte: »Pomperipossa in Monismanien«.[4]

Das Märchen, ein erhabenes Genre

Aber nicht nur Märchensammelbände kamen heraus. 1896–1905 erschienen nicht weniger als 37 Märchenbücher schwedischer Autoren in Originalausgabe, konstatiert Eva Nordlinder in ihrer Dissertation über Helena Nyblom und das Märchen.[5] Anna Maria Roos, Anna Wahlenberg und Helena Nyblom wurden die beliebtesten Märchenerzählerinnen. Darüber hinaus wurde 1903 Strindbergs erstaunlich modernistischer Band *Märchen* veröffentlicht, und Heidenstams *Der Wald rauscht* mit dem bekannten »Heureitermärchen« erschien im Jahr darauf.

Um 1900 war das Märchen nicht nur populär, man betrachtete es auch als ein erhabenes Genre. Ein Genre, bei dem es keine scharfe Grenze zwischen der Literatur für Kinder und der für Erwachsene gab. Dass das Märchen auch die künstlerischen Ideale jener Zeit prägte, weist Margaretha Rossholm in ihrer Doktorarbeit *Sagan i nordisk sekelskifteskonst* (Das Märchen in der nordischen Kunst der Jahrhundertwende, Anm. d. Übers.) nach.[6] Sie behandelt die Wahl von Märchenfiguren durch Illustratoren und Künstler – Prinzessin, Ritter und Troll – und kommt zu dem Schluss, dass diese sowohl in den Geschichten für Kinder zu finden sind als auch in exklusiver Kunst mit komplizierter Symbolik. Eine einzige Figur – der Wichtel – ist jedoch ausschließlich der Kinderabteilung vorbehalten. Eine entsprechende Einstellung zu den Phantasiegestalten des Märchens gilt auch für die Schriftsteller.

Durch die zahlreichen Herausgaben von Märchen mit ihren Bildern entstand eine Welt, die – vor der Zeit der Comics – eine Art Eigenleben führte. Jenseits der alltäglichen Wirklichkeit wurde eine Mythologie mit zarten Prinzessinnen, schönen Prinzen und Höflingen in Renaissance-Gewändern geschaffen. So wie vor allem Elsa Beskow sie gestaltete.

Kurze Zeit später kam John Bauer hinzu, und in seinen Werken handelte es sich um ein wilderes Leben, es fand im Wald statt unter Trollen und Riesen, aber auch dort ist eine Renaissance-Stilisierung im präraffaelischen Sinne zu finden, insbesondere bei seinen Bildern der reitenden Prinzen.[7]

Welche Faszination Märchenbilder haben konnten, hat Selma Lagerlöf in ihrer bekannten Geschichte vom Weihnachtsgeschenkbuch geschildert.[8] Sie erzählt von einem Heiligabend in der Kindheit, als die Bescherung zur Qual wird. Sie hatte gehofft, ein Buch zu bekommen, doch das Einzige, was sie erhält, ist Nähzeug, und Nähen war nicht gerade ihre starke Seite. Erst ganz zum Schluss gibt man ihr endlich ein Päckchen, in dem sich ein Buch vermuten lässt.

Es erweist sich als ein Märchenbuch auf Französisch: *Nouveaux contes de fées* von La Comtesse de Ségur. Im Französischen aber hatte sie nur Anfängerkenntnisse. Das ließ sie fast noch mehr verzweifeln als das Nähzeug.

19

Doch als sie das Buch aufschlägt, wird sie sofort von den Illustrationen gefangen genommen. Und lässt dann nicht locker, bis sie sich durch die Geschichten hindurchgearbeitet hat. Ob dieses Erlebnis für ihr Schreiben von Bedeutung war, ist schwer zu sagen, doch ist es augenfällig, dass auf einem der Bilder ein Page auf einem Vogel reitet – auch wenn es hier ein Strauß ist …

Um 1908, als Selma Lagerlöfs *En saga om en saga och andra sagor* (Ein Märchen über ein Märchen und andere Märchen, Anm. d. Übers.) herauskommt, erreicht die Märchenwelle ihren Höhepunkt: Es gab einfach Märchen über Märchen, wie es ein Literaturwissenschaftler ausgedrückt hat. Die Anzahl neu entstandener Märchenbücher nimmt in der Zeit zwischen 1906 und 1910 auffallend zu, was »zugleich eine Verflachung beinhaltet«, wie Eva Nordlinder behauptet.[9]

Ein paar Jahre später erreichte die Märchenpublikation dennoch neue Höhen! 1915 erschien Selma Lagerlöfs erster Teil von *Trolle und Menschen*, in dem »Der Wechselbalg« enthalten ist. Helena Nyblom gab im selben Jahr einen neuen Märchenband heraus. Jeanna Oterdahl und Elsa Beskow publizierten ebenfalls Sammelbände mit Märchen. Strindbergs *Märchen* erschienen in einer neuen Auflage, und im Jahr darauf gab Hjalmar Bergman seinen Märchensammelband heraus.

Das Märchengenre galt ansonsten als Frauenliteratur, und gut drei Viertel der Märchendichter waren Frauen, stellte Eva Nordlinder fest.[10] Jeder einzelne der Autoren besitzt eine eigene Stimme im Chor, auch wenn sie sich unterschiedlich zur Tradition des Märchens verhalten. Helena Nyblom mit ihren dänischen Ahnen hat ein enges Verhältnis zu H. C. Andersen, nicht zuletzt zu seiner Seejungfrauen-Mystik, während Elsa Beskow dem Finnlandschweden Topelius näher steht. Ihr Vater war Norweger, und in ihren Trollmärchen weist sie wohl auch Verwandtschaft zu Asbjörnsen und Moe auf.

Als Astrid Lindgren sich zu den Märchenerzählern gesellt, setzt sie eine weibliche Tradition fort.

Das Märchen, Weihnachten und Astrid Lindgren

Aber Bücher waren in der Regel teuer, aufwändig gestaltet und trennten die Klassen kulturell voneinander. Die große Verbreitung der Märchen wurde nicht durch die Märchenbücher erzielt, sondern durch die Weihnachtshefte und -kalender; Letztere enthielten mehr Text und weniger Bilder als die Hefte.[11] Durch diese Editionen bekamen die Kinder Zugang zu einer überwältigenden Menge von Märchen. Ja, wenn es etwas gab, was in jenen Jahren schwedische Kinder auf dem Land und in der Stadt erfreute, dann waren es ganz sicher diese Märchen. Kinder, die Elsa Beskows Bilderbücher nie in die Hand bekommen hatten, lernten ihre Werke durch die Weihnachtspublikationen kennen. Doch eins ist klar: Das Buch *Die Wichtelkinder*, das etwas ganz Be-

Einige zeittypische Titelbilder der Weihnachtspublikationen
zu Beginn des zwanzigsten Jahrhunderts

21

sonderes ist, entging ihnen. Vielleicht verläuft gerade bei diesem Buch eine kulturelle Klassengrenze.

Mehrere der Schriftsteller und Künstler jener Zeit waren sowohl für Kinder als auch für Erwachsene tätig, ja das Märchen wurde zu einem Genre, das die Kultur für Erwachsene und die für Kinder zu einem Ganzen werden ließ. Doch zugleich entwickelte sich eine Märchenform, die man eindeutiger als Kindermärchen bezeichnen kann. Das hat mit der Verbreitung zu tun, die die Weihnachtsausgaben fanden, für die viele Autoren schrieben.

Einige der Weihnachtspublikationen waren für kleinere Kinder bestimmt, andere für den großen Markt, den die Schulkinder und ihre Familien darstellten. Den Anfang machte *Snöflingan*. Das Heft erschien 1890 das erste Mal. Andere hießen *Julklappen, Julklockan, Julgranen, Julbocken, Barnens julrosor, Guldslottet, Sagoprinsessan, Lilla Sessan, Trisse, Titteli-Ture, Putte, Tummeliten, Silvervit, Snöklockan, Snövit* usw. Am erfolgreichsten wurde *Jultomten* mit Jenny

SAGOPRINSESSAN

Nyströms Wichtel auf dem Umschlag. 1891 hatte der Verlag der Schwedischen Lehrerzeitung mit dessen Herausgabe begonnen und der Publikation den Namen *Skolbarnens jultidning* (Weihnachtsheft für Schulkinder, Anm. d. Übers.) gegeben. Entscheidend für die Verbreitung der Hefte wurde die Tatsache, dass der Verkauf über die Schulen erfolgte. Nicht alle betrachteten es mit Wohlgefallen, dass die Lehrer zu Vertreibern dieser Publikationen wurden, die so voller Leichtsinn waren.

Astrid Lindgren und ihre Eltern gehörten jedoch nicht dazu. Astrid hat anschaulich davon berichtet, mit welch großer Erwartung sie dem Schulangebot an Weihnachtsliteratur entgegensah:

> Unsere Lehrerin nahm die Bestellungen entgegen, vor ihr lag ein großes Blatt voll der wundervollsten Titelbilder von Märchenbüchern, zwischen denen wir wählen durften. Dort gab es *Guldslottet ... Trisse* und *Titteli-Ture* und wie sie alle hießen. (...) Kurz vor Weihnachten lagen dann die Bücher bei ihr auf dem Katheder, und man durfte sich seine Schätze holen, die darauf an Mutter abgeliefert wurden und schließlich im Korb mit den Weihnachtsgeschenken auftauchten.[12]

Die Lebensdauer der Weihnachtshefte war unterschiedlich. Mit dem Ersten Weltkrieg hörte die weitere Verbreitung der Weihnachtspublikationen auf. Allmählich bekamen die Kinder auch mehr Zugang zu anderer Literatur, und die Vermittlung der Märchen durch die Lehrer verlor an Bedeutung: Die Kinder »brauchten nicht mehr fast all ihre Hoffnung auf Weihnachten zu setzen«, wie es Sonja Svensson ausgedrückt hat.[13]

Einige Weihnachtshefte und Weihnachtskalender existierten jedoch weiter. *Bland tomtar och troll* (Unter Wichteln und Trollen, Anm. d. Übers.), das 1907 zum ersten Mal erschien, wird auch heute noch zu Weihnachten publiziert. Darin sind die meisten unserer Märchendichter veröffentlicht worden. Im Großen und Ganzen ging das Märchen der Weihnachtspublikationen in den fünfziger Jahren jedoch zu Ende. *Sagoprinsessan* erschien bis 1950, und darin wurde 1946 Astrid Lindgrens Märchen vom ungehorsamen Prinzen abgedruckt, eines von vielen Beispielen dafür, wie diese Autorin der älteren Märchentradition begegnet.[14]

Später hat sie die Tradition vom Beginn des zwanzigsten Jahrhunderts weitergeführt, indem sie Erzählungen und Bilderbücher mit weihnachtlichen Themen publizierte – *Weihnachten im Stall, Weihnachten in Bullerbü* u.a. Es besteht kein Zweifel, dass Weihnachten und seine literarische Darstellung für Astrid Lindgren einen besonderen Glanz besitzen.

Nostalgie und Klischees

Obgleich die Weihnachtshefte und -kalender mit ihren farbenprächtigen Einbänden im Großen und Ganzen von ein und denselben Autoren und Illustratoren gestaltet worden sind, hatten sie doch unterschiedliche Ausrichtungen. In ihrer Dissertation bezeichnet Ulla Bergstrand *Snöflingan* als »ausgesprochen monarchistisch und nationalistisch«, *Julklappen* als »religiös gefärbt«, während *Jultomten* »radikaler und moderner« erscheint.[15]

Herausgeber von *Jultomten* war das legendäre Ehepaar Amanda und Emil Hammarlund, das auch für die Saga-Reihe verantwortlich war. Vor allem Amanda regierte mit starker Hand über Autoren und Illustratoren – so lehnte sie bekanntermaßen Carl Larssons Titelbild ab, weil der Weihnachtswichtel allzu feuchtfröhlich fidel aussah.[16] Elsa Beskow publizierte als Zwanzigjährige ihr erstes Bild, »Den lille vedhuggaren« (Der kleine Holzhacker, Anm. d. Übers.), in *Jultomten* 1894 und war von da an Jahrgang für Jahrgang mit Texten und Illustrationen vertreten.

Auch Selma Lagerlöf schrieb Beiträge für *Jultomten*. Zwei ihrer berühmtesten Legenden – ein Genre, das dem Märchen nahe steht – wurden darin veröffentlicht. 1898 erschien »Die Flucht nach Ägypten«, von keinem Geringeren als Albert Edelfelt illustriert, und 1901 fand »Das Rotkehlchen« seinen Platz im selben Heft. 1903 stand ihre Geschichte vom Nöck »Spelmannen« (Der Spielmann, Anm. d. Übers.) im Kinderkalender *Fågel blå* und wurde als Volksmärchen bezeichnet.

Da man bei den Weihnachtsheften gute Honorare zahlte, war es möglich, qualifizierte Beiträge von den besten Illustratoren und Autoren des Landes zu erhalten. Die Gestaltung verlockender Einbände war besonders wichtig. Die Titelbilder weisen eine Fülle von Prinzen und Prinzessinnen, eine Orgie an Wichteln und roten Farben, schneebeladenen Tannen und reizenden Kindern auf, die, auf Seerosenblättern stehend, von weißen Schwänen gezogen werden. Auch Engel gibt es.[17] Ein nostalgischer Zug ist unverkennbar.

Lange Zeit gestaltete Jenny Nyström die Einbände der meisten Weihnachtshefte und -kalender. Märchen, Weihnachten und Jenny Nyström – diese drei Begriffe wurden rasch zu einer Einheit.

24

Sonja Svensson beschreibt in ihrer Dissertation spöttisch die Titelbilder von Jenny Nyström zu *Lilleputt*.

1906–1908 lieferte sie der Reihe nach Aquarelle mit einem Kind in Karolingeruniform, das auf einem Bär reitet, mit einem Wikingerjungen auf einer Muschel, die von einem Schwan gezogen wird, und einem gustavianisch gekleideten Kind, das auf einem Hahn reitet.[18]

Ein Gegengewicht zu Jenny Nyström stellte John Bauer dar, der u. a. die Märchen von Helena Nyblom illustrierte. Man kann davon ausgehen, dass Astrid Lindgren von seinen Bildern beeinflusst war, umso mehr als sie die Sammlung *Unter Wichteln und Trollen*, bei der John Bauer der Hauptillustrator war, als eins der Bücher ihrer Kindheit benannte.[19] Trolle kommen in ihren frühen Märchenversuchen vor – siehe Kapitel »Erproben im Märchen« –, doch dann tauchen sie erst in *Ronja Räubertochter* wieder auf, und dort in neuer faszinierender Gestalt.

Doch denkt man bei Astrid Lindgren nicht in erster Linie an Bauers gewaltige Trolle, seine zar-

25

ten Prinzessinnen und freundlichen Hirtenjungen, sondern eher an seine jungen schönen Prinzen und Ritter, die auf ihren Pferden dahingaloppieren oder still unter den Sternen reiten. Einige dieser Bilder könnten auch als Illustrationen zu *Mio, mein Mio* oder *Die Brüder Löwenherz* dienen, Ritter ohne Fehl und Tadel, die gegen die Reptilien des Bösen vorrücken, gegen Kato mit den Schlangenaugen und Katla, den Drachen mit dem vernichtenden Feuer.

Einer von John Bauers vielen jungen schönen Prinzen zu Pferde, die Astrid Lindgren möglicherweise inspiriert haben.

Die Weihnachtshefte waren voller Märchenklischees, doch sie enthielten auch fesselnde Texte und betörende Bilder, die der Phantasie in einer an Bildern armen Zeit, zumal in ärmlicher Umgebung, viel Nahrung boten. Illustrationen, die auf den Betrachter eine enorme Wirkung gehabt haben dürften.[20] Wohin verschwand all diese Herrlichkeit? Die Bilder der Weihnachtshefte tauchten, wie jemand festgestellt hat, schließlich als Wandschmuck in unseren ländlichen Plumpsklos auf.

Nach und nach erfolgte selbstverständlich eine Reaktion auf die märchenromantischen Klischees. Die Literaturkritikerin Gurli Linder zog schon frühzeitig gegen die Abarten des Märchens zu Felde, und im Laufe der Jahre verschärfte sich ihre Kritik noch weiter. 1931 klagt sie über all »die modernen Märchen-*Fabrikanten*«, denen es »an schöpferischer Phantasie, Originalität, Inspiration, echter Naivität und Unmittelbarkeit ... mangelt, eben das, was die fruchtbaren Gaben des

Märchen-*Dichters* sind«.[21] Ausgehend von einer modernen ideologischen Sicht kritisiert Lennart Hellsing in *Tankar om barnlitteraturen* (Gedanken zur Kinderliteratur, Anm. d. Übers.), erschienen 1963, dass die Jahrhundertwende, eine allzu ästhetisierende Einstellung zu Kindern und zur Kinderkultur gehabt habe. Das traditionelle Märchen sei nicht mehr möglich, behauptet er. In der modernen Zeit könne nicht länger der Ritter im Mittelpunkt stehen, sondern es müssten stattdessen Fußballhelden sein.[22]

Astrid Lindgren hingegen ist – wie ich bereits angedeutet habe – eine Autorin, die den Ritter liebt. Er wird zur Symbolgestalt in Büchern wie *Mio, mein Mio* und *Die Brüder Löwenherz*. Der Ritter war eine Standardfigur in Text und Bildern ihrer kindlichen Märchenlektüre, und auch später verlor er für sie nichts von seinem strahlenden Glanz.

Märchen und Moral

Zum bedeutenden Genre wurde das Märchen in einer Zeit, als Pädagogik, Moral und Ästhetik von einem in Kulturfragen liberalen Optimismus geprägt waren. Dieses Engagement erhielt seinen stärksten Ausdruck in Ellen Keys 1900 erschienenem *Das Jahrhundert des Kindes*. Nach deutschem Muster wurden Kunsterziehung und Volkserziehung auf eine Stufe gestellt. Die hohe Wertschätzung der Phantasie, die aus den Tagen der Romantik herrührte, erhielt in den neunziger Jahren des neunzehnten Jahrhunderts durch das Engagement führender Kulturpersönlichkeiten einen neuen Anschub.

Ein Märchentheoretiker wie Julius Humble, Lehrer am Höheren Lehrerinnenseminar, hat auf Schülerinnen wie Selma Lagerlöf und Jeanna Oterdahl, beide künftige Märchendichterinnen, ganz gewiss Einfluss gehabt.[23] Auf seinen Artikel von 1885, »Hvad sagan är för barnaåldern« (Was das Märchen in den Jahren der Kindheit bedeutet, Anm. d. Übers.), in dem er mit Nachdruck auf die Wichtigkeit des Märchens und der Phantasie hinweist, nehmen sowohl Ellen Key als auch Fridtjuv Berg in ihrem kulturellen Kampf Bezug.

Die Rolle des Märchens gleiche dem des Spiels, meint Humble. Es gebe »den Flügeln des zarten Geistes Auftrieb« und versetze ihn in eine andere Welt, »welche, wie das Spiel selbst, ungebunden sei an Grenzen der Zeit und des Raums, doch eine höhere und kühnere Umgestaltung der Wirklichkeit biete, als es das Spiel vermocht hätte«. Da das Märchen eine Vorstellung von einer höheren Wirklichkeit vermittelt, muss es indirekt »moralisch veredelnd auf das Kind« wirken. Zugleich entwickelt es den Schönheitssinn und die Phantasie. Als man in den neunziger Jahren des neunzehnten Jahrhunderts diskutiert, auf welche Weise man der Phantasie des Kindes Nahrung bieten kann, erhält das Märchen eine zentrale Rolle.

Dass das Märchen mit dem Kind verbunden wird, hat auch einen philosophischen Hintergrund. Man glaubte, die Märchen würden eine ursprüngliche Periode in der Entwicklung der Menschheit widerspiegeln, jene, die man die »Kindheit der Völker« nannte. Deshalb sollte die Weisheit der Märchen an die Kinder weitergegeben werden, die noch der Morgendämmerung des Lebens angehören, und so würden sie, glaubte man, eine Entwicklung durchlaufen, die jener der Völker entsprach. Die Kinder sollten ihre Entwicklung auf dieselbe Weise beginnen, wie es die Menschheit getan hatte. Diese so genannte Rekapitulationstheorie entstammt der Romantik und wurde um die Jahrhundertwende von einer Reihe kultureller Autoritäten vertreten.[24]

Unter ihnen war die Kinderbuchkritikerin Gurli Linder, die der Ansicht war, »Kinder und Märchen gehörten zusammen und das würde zu allen Zeiten so bleiben« – dennoch ließ sie, wie bereits erwähnt, die Märchenproduktion nicht aus dem Auge. Auch Ellen Key knüpft an die Rekapitulationstheorie an, als sie in ihrem Werk *Das Jahrhundert des Kindes* die Bedeutung des Märchens unterstreicht.[25] Sie betont obendrein, dass »die episch ruhige, klare Anschaulichkeit des Märchens, seine unumstößliche Objektivität« und seine Konzentration auf die Handlung für das Kind sehr anziehend seien.

Der Hang des Märchens zu Allgemeingültigkeit und Anonymität ist in der Regel kein Hindernis dafür, dass die persönliche Stimme des Autors deutlich hörbar wird. Doch liegt das Klischee nahe. Stereotypes entwickelte sich vor allem auf moralischem Gebiet. Da der Kampf im Märchen häufig zwischen bösen und guten Kräften stattfindet und zum Sieg des Guten führt, wurde das Märchen als Instrument für die Kindererziehung benutzt.

Die gepredigte Moral hielt man für wichtig für die Kinder des einfachen Volkes. In erster Linie sollten sie lernen, sich mit ihrem Los zu begnügen. Besonders die Mädchen sollten bescheiden und gehorsam sein, Ehrlichkeit, Demut, Fleiß und Dankbarkeit waren Kardinaltugenden. Prahlen wurde nahezu als Todsünde betrachtet. Obwohl es hier um Märchen ging, konnten die Moralpredigten geradezu prosaisch wirken. Wie wichtig es sei, sich die Nägel zu schneiden, erwähnt Eva Nordlinder als Beispiel dafür, wie die Märchenpädagogik aussehen konnte, wenn sie besonders augenfällig war.[26] Sie wurde auch zur Stärkung des Vaterlandsgefühls und anderer Tugenden herangezogen, ja ein Märchen konnte streng genommen zu allem nur Erdenklichen benutzt werden, wenn der Autor vom pädagogischen Feuer gepackt wurde.

Es wirkt abschreckend, dass selbst jenes Genre, das vor allem mit Lust und Schönheit verbunden ist, vom Erziehungseifer erfasst werden konnte. Bis in die hintersten Winkel der Phantasie sollte geputzt und erzogen werden.[27]

Natürlich gab es auch Märchenautoren, die moralische Stereotype vermieden und sich mehr auf den Spaß und das Fabulieren konzentrierten. Autoren, die der Ansicht waren, die Ausrichtung auf das Ästhetische, mit anderen Worten die Aneignung von Dichtung und Bildkunst, sei für die Kinder bedeutungsvoll. Diese Einstellung führte dazu, dass die Kinder endlich ihre eigenen Geschichten bekamen. Doch ganzen Volksschichten war der Gedanke, dass Kinder Märchen und andere literarische Texte kennen lernen sollten, vollständig fremd. Sie waren der Ansicht, die Bibel reiche aus …

Das Schulbuch als Märchen

Auch von Seiten der Schule war man bemüht, die Latte höher zu legen. Die Volksschule hatte sich bis zur Jahrhundertwende endgültig etabliert, und ihre Lehrer stellten allmählich einen kulturellen Machtfaktor dar. Die Vertreter der Lehrerschaft – Alfred Dalin und Fridtjuv Berg – gaben den Anstoß dazu, dass man bei bedeutenden Autoren Texte für die Schule bestellte. Für die Schulkinder nur das Beste! Diese Idee führte geradewegs zu *Wunderbare Reise des kleinen Nils*

Holgersson mit den Wildgänsen, Die Schweden und ihre Häuptlinge, Von Pol zu Pol, Svensk vers (Schwedische Gedichte, Anm. d. Übers.), ja auch zu den Lesebüchern *Sörgården* und *I Önnemo.*

Mit *Nils Holgersson* bekamen die Kinder das erste Mal eine epische Erzählung als Schulbuch in die Hand. »Es war einmal ein Junge.« So beginnt diese Geschichte, die die starke, unbestechliche Sprache des Märchens spricht.[28] Brutal verwandelt die Ohrfeige des Wichtels den Jungen in einen Däumling – einer der klassischen Traditionsträger des Märchens ist bekanntlich Liliput. Für Selma Lagerlöf war es nicht unproblematisch, dass sie ihre großartige Märchenphantasie für ein Geografiebuch einsetzte. Dass die Kinder in der Schule Geschichten von Wichteln und Kobolden lesen und durch ein Märchen etwas über ihr Land erfahren sollten, empörte die Freunde von Zucht und Ordnung.[29] Zu diesen gehörten bestimmte freikirchliche Gruppierungen, die Märchen mit »Gottlosigkeit« und anderen Schlechtigkeiten gleichsetzten.

Besondere Schwierigkeiten hatte Selma Lagerlöf mit dem Titel des Buches. Und hier musste sie pikanterweise den Kampf mit Fridtjuv Berg, einem der Auftraggeber, aufnehmen, jenem führenden Pädagogen, der die Volksmärchen für Kinder herausgegeben hatte. Er widersetzte sich ihrem Wunsch, das Buch *Nils Holgerssons wunderbare Reise durch Schweden* zu nennen. Aber Selma Lagerlöf gab nicht nach. Es ließe sich schließlich nicht verbergen, meinte sie, dass dieses Geografiebuch auch ein Märchen sei. Mit einiger Mühe gelang es ihr, den Vorschlag durchzusetzen.

Nils Holgersson erschien 1906–1907 und kann als ein Ausdruck der großen Märchenwelle angesehen werden. Die Geschichte basiert auf einem moralischen Grundmuster, aber sie hat nicht zum Ziel, dem Kind die Flügel zu beschneiden. Die Betonung liegt auf der Phantasie, der Flucht und der Entdeckung. Das Buch sprengt den engen Tugendwall, der für die Kinderliteratur jener Zeit typisch war.

Als Erziehungsbuch ist *Nils Holgersson* einmalig, denn eine Sache steht über allen erstrebenswerten Tugenden, und das ist die Liebe. Das Wichtigste, was Nils auf seiner strapazenreichen Reise erlernt, ist, andere Wesen gern zu haben.

Das Schulbuch handelt von Treue, Selbstlosigkeit, Ehrlichkeit, davon, dass man zu seinem Wort stehen muss, aber noch mehr geht es hier um Freiheit und um den Mut, etwas zu wagen. Diese große moralische Tradition setzt Astrid Lindgren in Büchern wie *Mio, mein Mio* und *Die Brüder Löwenherz* fort. Und natürlich ist »Nils Karlsson-Däumling« ein Gruß moderner Art an Nils Gänsehüter.

Das Buch *Nils Holgersson* richtete sich an Kinder, die neun Jahre und älter waren. Aber auch die Kleineren konnten durch die Schule Märchen kennen lernen. Anna Maria Roos, eine Märchenveteranin aus den neunziger Jahren des zurückliegenden Jahrhunderts, bekam den Auftrag, die beiden Lesebücher für die unteren Klassen zu verfassen: *Sörgården* und *I Önnemo*, in die eine große Menge Märchenmaterial, u. a. aus ihrem eigenen Schaffen der neunziger Jahre, einfloss.[30] Es ist anzunehmen, dass viele schwedische Kinder durch diese Bücher zum ersten Mal mit Märchen in Berührung kamen.

Magie und Moral – Elsa Beskows Stimme

Die Märchenstimme, die für Generationen von Schweden die vertrauteste war, ist ganz sicher die von Elsa Beskow. Während einer langen Periode, im Laufe von mehr als fünfzig Jahren, gab sie abwechselnd Bilderbücher und Märchen heraus. Ihr erstes Märchen, »Kungens vackraste ros« (Die schönste Rose des Königs, Anm. d. Übers.), wurde 1899 in *Jultomten* abgedruckt. Ihr letztes Märchenbuch, *Den lille vävaren* (Der kleine Weber, Anm. d. Übers.), erschien 1954 postum mit einem Vorwort ihres Sohnes Bo Beskow.

Stina Hammar, die in ihrer Biografie über Elsa Beskow (1958) den Märchen der Autorin ein Kapitel widmet, bemerkt bereits in der ersten Geschichte einen völlig neuen Ton, nämlich an der Art und Weise, wie Elsa Beskow das feine humoristische Einvernehmen zwischen Kindern und Erwachsenen schildert. Eine ihrer Stärken ist es auch, das Märchenmilieu »natürlich« zu gestalten: Die Prinzessin ist eine Prinzessin, zugleich aber auch ein normales Kind. Hierin erhielt sie eine Nachfolgerin in Astrid Lindgren – soweit diese überhaupt von Prinzessinnen schreibt.

Elsa Beskows erstes Bilderbuch *Das Märchen von der ganz kleinen Alten*, 1897 erschienen, ist vielleicht nicht sehr märchenhaft, wenn

Warum „etes“ und nicht „und“?

man einmal von der verkleinernden Sicht durch das Fernglas absieht. Nein, nicht alle ihre Bücher sind Märchen, auch wenn sie selbst diese so bezeichnet, aber etliche werden von einem Märchenton getragen. Dazu gehört *Hänschen im Blaubeerwald*, 1901, und der wahre Höhepunkt *Die Wichtelkinder*, 1910. Hier klingt die Stimme des Märchens stark und sicher, aber die Bedrohung – ein wichtiges Element im Märchen – ist ebenfalls greifbar, in der Gestalt des Trolls im Berg und im Bild des Vaters, des Drachentöters, der die Kreuzotter totschlägt.

Aber das Märchen wurde, wie erwähnt, nicht aus dem Auge gelassen. Mit der Zeit lief es Gefahr, zu einem Reservat zu werden, in dem dessen ursprüngliche Gefährlichkeit nicht länger zugelassen wurde. Elsa Beskow geriet nach dem Bergtroll in *Die Wichtelkinder* und der Hexe in *Gnällmåns* (Quengelpeter, Anm. d. Übers.) in eine lächerliche Auseinandersetzung über Trolle, die vermutlich ihre Lust, über Angst und Schrecken zu schreiben, hemmte.[31] Bedauerlicherweise, denn in der Folge war sie zuweilen allzu lieb und vorsichtig. Es ist nicht verwunderlich, dass nach *Die Wichtelkinder* als erstes großes Bilderbuch 1912 *Pelles neue Kleider* erschien, ein Buch, das sich in einer ländlichen Umgebung, einem untadeligen Idyll, abspielt.

Elsa Beskow wechselt ständig zwischen Märchen und Wirklichkeit, begibt sich hinein in das Phantastische und verlässt es wieder. Selbst wenn sie im »Dickicht des Märchens« verweilt, hält sie den Kontakt zur Realität. Es ist ihre Spezialität, die leicht entzündliche Phantasie des Kindes zu nutzen, eine Erzählung darauf aufzubauen und dann ruhig in den Alltag zurückzukehren und die phantastischen Elemente abzubauen.

Doch sie erschafft auch Märchenwelten von seltsamer Magie. In den Bilderbüchern *Blomsterfesten i täppan* (Blumenfest im Garten, Anm. d. Übers.), *Das Sonnenei, Hattstugan* (Die Hütte im Hut, Anm. d. Übers.), *Die Kinder vom Eichenwald* lernen wir kleine, die Phantasie anregende Gestalten kennen, die die Wirklichkeit noch weiter verdeutlichen. In dem Essay »Sagan inom verkligheten« (Das Märchen in der Wirklichkeit, Anm. d. Übers.), erschienen in *Bonniers litterära magasin* 1959/5, beschreibt Tove Jansson die Methode der Autorin:

32

Elsa Beskow gebraucht nicht das Privileg des Märchenerzählers, den Rasen blau zu malen und den Wald mit Tieren zu bevölkern, die es nicht gibt. Sie arbeitet ruhig im Rahmen dessen, was möglich und vorstellbar ist. Sie entführt uns nicht in eine phantastische Märchenwelt, die neben der Realität besteht, sondern macht sich stattdessen die Wirklichkeit zu Eigen und bringt das Märchen in dieselbe ein.[32]

Anscheinend ist es in erster Linie das bildnerische Schaffen, das Elsa Beskows Phantasiekraft freisetzt. Im Wort reagiert sie verhaltener. »Gerade weil ich bemüht war, nicht sentimental zu wirken, bin ich beim Erzählen stattdessen wohl zu trocken und nüchtern geblieben«, schreibt sie an Emilia Fogelklou über ihre erste Märchenausgabe *Sagobok* (Märchenbuch, Anm. d. Übers.) von 1915.[33] Etwas ist an dieser Selbstkritik wohl dran. Zugleich kann sie die Gefühlsseligkeit vermeiden, die für einige andere Märchenschriftsteller jener Zeit zum Verhängnis wurde.

Phantastischer und realistischer – Astrid Lindgren

»Elsa Beskow hat sich besonders gut behauptet«, schreibt Eva von Zweigbergk, als sie die Entwicklung des Märchens behandelt:

Sie versteht etwas von Kindern, sie hat viele neue Ideen – in ihren Märchen findet man sowohl Gesichtspunkte zum Naturschutz als auch zur Paukerei in der Schule –, und neben der Poesie und der Liebe zum Menschen besitzt sie, wenn man ganz genau hinschaut, eine feine Ironie, die den Märchen Würze verleiht.[34]

Damit spielt sie auf die Märchensammlungen an, die Elsa Beskow in regelmäßigen Abständen herausgab: *Sagobok*, 1915, habe ich bereits erwähnt. Danach kamen *Muntergök* (Spaßvogel, Anm. d. Übers.), 1919, *Bubbelemuck och andra sagor* (Bubbelemuck und andere Märchen, Anm. d. Übers.), 1921, *Farmor och fjunlätt* (Großmutter und Federleicht, Anm. d. Übers.), 1930, *Det hände en gång* (Es war einmal, Anm. d. Übers.), 1944, und schließlich das postume *Den lilla vävaren*.

Ihre Variationsbreite ist groß, und sie scheint nicht die geringste Schwierigkeit gehabt zu haben, Motive zu finden.

Doch ihre Geschichten wirken zuweilen ein wenig schwerfällig und distanziert, auch arglos, selbst dort, wo sie traurige Dinge tangieren. Die soziale Breite bei ihr ist jedoch groß, oft ist die Beskow'sche Bühne von vielen Personen bevölkert. Astrid Lindgren hingegen konzentriert sich auf das Kind, seine innere Bühne, und weist den Erwachsenen einen Platz im Hintergrund zu.

Elsa Beskow führt die Tradition von Topelius fort. Das lässt sich an der pädagogischen Einstellung ablesen: Es geht um das Ideal, Kinder zu fröhlichen starken Menschen zu erziehen, die imstande sind, die Forderungen, die sich aus den Pflichten des Lebens ergeben, zu erfüllen. Ihre Märchen preisen Eigenschaften wie »Fleiß, Bescheidenheit und Großzügigkeit«, schreibt Stina Hammar. Das waren zweifellos wichtige Forderungen, um in der »alten« Gesellschaft zu überleben. Astrid Lindgren stellt in einer neuen Zeit andere Ideale in den Vordergrund: Wendigkeit, Mut, Freiheit und Offenheit. Vor allem benutzt sie die Gefühle des Kindes, um erstarrte Normgefüge zu sprengen.

Doch obwohl Elsa Beskow eine zurückhaltendere Autorin ist, heißt das bei weitem nicht, dass sie ausschließlich Moralistin ist. Auch sie hat ein starkes Gefühl für Spiel und Schönheit und, wie bereits betont, für die Magie des Märchens. In »Det lilla rosenträdet« (Der kleine Rosenstock, Anm. d. Übers.), wo Malin ihrem Liebsten auf einem hoffnungslosen Weg folgt und ihn rettet, sodass er wieder nach Hause kann, lauschen wir der Stimme von »Der verzauberte Prinz«. Die Linde und das singende Laub sind zum Rosenbaum und zur säuselnden Espe geworden. Dieses Märchen weist auf die träumerischsten Märchen bei Astrid Lindgren hin, auf »Allerliebste Schwester« aus *Im Wald sind keine Räuber* und »Klingt meine Linde« aus dem Band *Klingt meine Linde.*

»Rosalind«, ein Märchen aus *Bubbelemuck*, handelt von einem kranken einsamen Jungen, der eines Tages Besuch von einem elfenhaften Mädchen bekommt. Sie steigt aus der Tapete seines Zimmers und wird ihm Freundin und Spielkameradin – man denkt an »Nils Karlsson-Däumling« und an Göran aus »Im Land der Dämmerung«.

Rosalind entsteigt der Tapete.

Und in »Prinsessan Signelill och hennes bror« (Prinzessin Signelill und ihr Bruder, Anm. d. Übers.) sehnt sich das junge Mädchen so heftig nach dem wilden Wald, dass sie aus dem Schloss flieht, weg von ihrem Bräutigam, und erneut eins wird mit einem Baum, sie verwandelt sich in eine Dryade. Eine Metamorphose, zu der es schließlich auch in »Klingt meine Linde« kommt.

Ganz gewiss hat Astrid Lindgren von Elsa Beskow gelernt. Bei beiden ist das Traum- und Sehnsuchtsthema zu finden. Elsa Beskows ›Landet längesedan‹ (Das Land Lange-her, Anm. d. Übers.) spiegelt sich in Astrid Lindgrens ›Land der Ferne‹ wider.

Elsa Beskow war dabei, als die große Märchenepoche ihren Anfang nahm. In den vierziger Jahren des zwanzigsten Jahrhunderts trifft sie auf die neue Zeit. Ihr Märchenbuch von 1944, *Det hände en gång*, weist auf Astrid Lindgrens ersten Märchenband, *Im Wald sind keine Räuber*, hin, der fünf Jahre später erschien. In *Det hände en gång* arbeitet Elsa Beskow mit den Verwandlungen und der Zwei-Welten-Methode, die für die phantastische Erzählung typisch sind. »Tomten i leksaksfönstret« (Der Wichtel im Spielwarenschaufenster, Anm. d. Übers.) erzählt davon, wie ein kranker Junge wieder gesund wird, als er die Wichtelpuppe als leibhaftigen Spielkameraden erhält, ein Gefährte, der schließlich von seinem Freund Olle ersetzt wird.

In »Klummerul« zeichnet der Erstklässler Mats eine Katze in sein Schreibheft, die aus dem Papier klettert und lebendig wird. Der Winzling Klurr, nicht größer als ein Eichhörnchen, sorgt dafür, dass Mats zusammenschrumpft, sodass er durch ein Loch auf den Dachboden und damit ins Abenteuer gelangen kann. So ähnlich wie Nisse in »Nils Karlsson-Däumling« mit Bertil verfährt.

Däumling Klurr – ein Vorläufer von Nils Karlsson-Däumling?

Astrid Lindgrens Verankerung im älteren Märchen ist allerdings nicht auf die Beskow-Tradition begrenzt. Doch liegt es nahe, die Märchendichterin Astrid Lindgren vor dem Hintergrund von Elsa Beskow zu sehen, da diese die Bühne der Kinderliteratur so lange beherrscht hat. Ihr Stern begann in den vierziger Jahren zu verblassen – um ein halbes Jahrhundert später erneut in frischem Glanz zu erstrahlen. Der Einfluss, den sie auf unsere kulturelle Tradition hatte, lässt sich nicht messen – man kann ihn nur mit dem von Astrid Lindgren vergleichen.[35]

Doch selbst wenn man auf einige Züge verweisen kann, die Elsa Beskow mit Astrid Lindgren verbinden, treibt das Märchen bei unserer modernen Märchendichterin neue Triebe.

Sie ist, wie bereits erwähnt, realistischer und phantastischer als Elsa Beskow. Das bedeutet letztlich, dass Astrid Lindgren künstlerisch avancierter ist als ihre Vorgängerin. Das Märchen erhält mehr Licht und vor allem mehr Dunkelheit, es hat eine größere Intensität und eine kühnere Form. Astrid Lindgren erschafft unser modernes Märchen, das universelle Durchschlagskraft erhält.

»Klein war ich in den Tagen des Lauschens«

Diese Worte stehen als eine Art Motto in Harry Martinsons *Die Nes-seln blühen*. Im selben Buch spricht er von Schweden als einem Land, das »von Volksmärchengedanken durchdrungen« ist. »In diesem Land liegen einige versteckte, mit Seerosen übersäte Seen, die immer nur Märchen ersinnen, Hoffnungen aufwallen lassen.« Für Martinson waren Märchen wichtig.

Dasselbe Gespür für die Magie des Märchens hat Astrid Lindgren, die ihre Inspiration ebenfalls aus der Natur holte und die das Märchen als Kind in sich aufgesogen hat.[1] Ich erwähnte bereits, dass das Märchen »Der verzauberte Prinz«, das übrigens ebenfalls in Småland aufge-zeichnet worden war, ihr größtes Märchenerlebnis in der Kindheit war.[2]

»Wenn ich das Märchen ›Der verzauberte Prinz‹ wieder lese, tut sich die Kindheitswelt erneut auf«, berichtet sie der Reporterin Elly Jannes in der Zeitschrift *Vi* (1973/49). Sie bestätigt, dass die Märchenlektüre der Kindheit die wichtigsten Spuren in ihr hinterlassen habe: *Grimms Märchen, Tausendundeine Nacht, Schwedische Volksmärchen*. Als wei-tere Inspirationsquellen nennt sie die isländischen Sagas und die Bibel.

Sie erzählte auch von ihrem ersten eigenen Märchenbuch, *Snövit* (Schneewittchen, Anm. d. Übers.), dessen Umschlag »eine dralle, schwarz gelockte Prinzessin von Jenny Nyström« schmückte.[3] Die Mär-chensprache selbst, die ungewöhnlichen, schönen Worte, waren für sie wie für viele Kinder (bei ihr vielleicht mehr als üblich) von großer Be-deutung.

*Jenny Nyströms dralle,
schwarz gelockte Prinzessin*

Als Schulkind war sie, wie ich bereits erwähnt habe, eine eifrige Leserin der Weihnachtshefte, in denen die verschiedensten Märchenschriftsteller jener Zeit publizierten. *Unter Wichteln und Trollen* gehörte zu den ersten Büchern, die sie selbst erwarb, und darin wurden ihr auch »John Bauers unvergessliche Illustrationen« nahe gebracht. Sie spricht ebenfalls gern von ihrem sinnlichen Verhältnis zum Buch – der Geruch der Druckerschwärze beinhaltete für sie das grenzenloseste aller Abenteuer.

Man stelle sich vor, ein Buch ganz für sich allein zu besitzen – dass man vor Glück nicht ohnmächtig wurde! Noch heute weiß ich, wie diese Bücher rochen, wenn sie funkelnagelneu und frisch gedruckt ankamen, ja, denn zunächst einmal schnupperte man daran, und von allen Düften dieser Welt gibt es keinen lieblicheren. Er war voller Vorgeschmack und Erwartungen.[4]

Es begann in Kristins Küche

Nichts kann jedoch mit der Bedeutung verglichen werden, die das Zuhören in der frühesten Kindheit hatte. Damals kam sie mit ihrem ersten Märchen in Berührung, das in einem dieser himmlischen Weihnachtshefte vom Beginn des Jahrhunderts abgedruckt war. Wie die Übermittlung des Märchens vor sich ging, hat sie in ihrem Essay »Es begann in Kristins Küche« erzählt, der im Band *Das entschwundene Land* enthalten ist.

Kristin, die Frau des Kuhknechts, hatte eine Tochter, die ein paar Jahre älter war als Astrid.

> Diese Edit – gesegnet sei sie jetzt und allezeit – las mir das Märchen vom Riesen Bam-Bam und der Fee Viribunda vor und versetzte meine Kinderseele dadurch in Schwingungen, die bis heute noch nicht ganz abgeklungen sind. In einer seit langem verschwundenen, armseligen kleinen Häuslerküche geschah dieses Wunder und seit jenem Tage gibt es für mich in der Welt keine andere Küche.[5]

Als ich mein Buch *Astrid Lindgren. Im Land der Märchen und Abenteuer*, das 1992 herauskam, schrieb, hatte ich diese Lobesworte viele Male gelesen, ohne mich sonderlich darum zu kümmern. Wir haben wohl alle unsere Geschichten, dachte ich sicher. Doch am Ende suchte ich mir Bam-Bam und Viribunda heraus, und nun war ich es, die zum Schwingen gebracht wurde.

Das Märchen war leicht zu finden. Es steht in *Silvervit*, einem der verführerischen Weihnachtshefte jener Zeit. Es wurde 1908 als Beigabe zum Weihnachtsbuch der Saga-Serie herausgegeben und kostete 20 Öre. Schon wenn man den Umschlag betrachtet, eine typische Jenny-Nyström-Gestaltung, wird man vom Märchenschauer befallen. Der vollständige Titel der Geschichte lautet »Prins Florestan eller sagan om jätten Bam-Bam och feen Viribunda« (Prinz Florestan oder das Märchen vom Riesen Bam-Bam und von der Fee Viribunda, Anm. d. Übers.), und sie wurde später, 1937, im Zusatzlesebuch *Sörgårdsbarnen* mit gekürzter Überschrift noch einmal gedruckt.

Das Märchen hat Anna Maria Roos, die Schöpferin von *Sörgården*, geschrieben, sie ist eine der großen Gestalten unserer Kinderkultur. Wahrhaftig nicht uninteressant, dass gerade sie es war, die der neuen Märchendichterin die Stafette übergab. Noch faszinierender war die Entdeckung, dass dieses »erste Astrid-Lindgren-Märchen« eine ganze Reihe Merkmale besaß, die auf *Mio, mein Mio* hinweisen, das für mich das große moderne Märchen der schwedischen Kultur ist.

Anna Maria Roos entführt uns nach Pamfylien, wo König Basilius herrscht. Er hat einen kleinen Sohn, Prinz Florestan, den er über alles liebt. Eines Tages entdeckt der Prinz durch das Zaungitter die Welt vor dem königlichen Garten. Dort gibt es den Hütejungen Toto, der bald sein Freund wird. Toto schenkt dem Prinzen die eigene Rohrpfeife und lehrt ihn, darauf schöne Melodien zu spielen. Doch darf der Prinz den Garten niemals verlassen, denn der König fürchtet seinen Feind, den grausamen Riesen Bam-Bam.

Und natürlich geschieht das Entsetzliche, egal wie bewacht und beschützt der kleine Prinz auch sein mag. Eines Tages lässt Bam-Bam den Prinzen durch einen schrecklichen Geier mitten aus dem Schlossgarten holen, und der Vogel fliegt mit dem Jungen in seinen starken Klauen – *Nils Holgersson* hat bereits seine Spuren hinterlassen – zum Berg des Riesen. Dort wird der Prinz zum Sklaven Bam-Bams. Es gelingt ihm zu überleben, weil er den Riesen mit seinem melodischen Spiel auf der Rohrpfeife entzückt, jener Pfeife, die ihm einst sein Freund Toto geschenkt hat.

Dieser Hirtenjunge wird zum Helden des Märchens. Er begibt sich auf die Suche nach dem Prinzen und rettet ihn, nachdem er die zauberkundige Fee Viribunda ausfindig gemacht hat. Auf einem fliegenden Teppich gelangen Toto, Viribunda und ihre schwarzen Katzen zum Berg des Riesen. Dort dürfen sie an einem Zauberfest teilnehmen, wo Viribunda ihre magischen Künste einsetzt, um allen um sie herum Sand in die Augen zu streuen und Bam-Bam zu besiegen. Unter anderem beschwört sie das Bild eines wunderbaren Gartens herauf, mit sonnigen Wiesen und grünen Wäldern, mit spielenden Kindern und glücklichen Menschen. Ein bunt schillernder Vogel singt »ein Lied, lieblicher, als es ein Menschenherz hätte erträumen können«. Eine Paradiesschilderung, die sich bis in den Rosengarten von *Mio, mein Mio* fortgesetzt hat.

42

Die Fee Viribunda zaubert einen wunderschönen Garten mit spielenden Kindern und glücklichen Menschen herbei.

Mit List und durch Zauberkünste gelingt es Viribunda am Ende, die beiden Kinder fortzubringen. Doch gerade als sich ihr Teppich in die Luft erheben will, reißt Bam-Bam Toto herunter. Die phantastische Viribunda unternimmt eine zweite Reise zum Berg, und dieses Mal sorgt sie dafür, dass Bam-Bam in Fesseln gelegt wird. Zum Trost darf er Totos Rohrpfeife übernehmen. Dann steuert der Teppich »mit rasender Geschwindigkeit auf das schöne Land Pamfylien zu« und landet im Garten des Schlosses. Der Prinz und sein Vater sind wieder vereint, und das Glück ist vollkommen. »Rasch lief Prinz Florestan die weißen Marmortreppen hinauf, in die Arme seines Vaters, und Freude und Wonne herrschten nach all dem Kummer.« Und ein Fest wurde gegeben für Prinz Florestan und seine Freunde Toto, Viribunda und all die Katzen.

Nicht nur die Geschichte, auch Stimmung und Milieu dieses Märchens findet man auf bemerkenswerte Weise in Astrid Lindgrens eigenem Märchenschaffen widergespiegelt, vor allem, wie schon erwähnt, in *Mio, mein Mio*. Das trifft zu, obwohl dieses Buch eine andere Sprache spricht, geprägt von der Ästhetik und der psychologischen Problematik einer neuen Zeit. Die Wachposten, die bei Anna Maria Roos das Gewehr präsentieren, als der Prinz gerettet war und zum Schloss zurückgebracht wurde, wären in Astrid Lindgrens Geschichte undenkbar, ebenso die Auskunft, dass Toto später Florestans General werden und dessen Land verteidigen würde – Vaterland und Verteidigung sind im älteren Märchen wichtige zusammengehörende Begriffe.

Viele Elemente der Erzählung von Anna Maria Roos gehören natürlich zum Allgemeingut des Märchens – König, Riese, Hütejunge, das Sich-auf-den-Weg-Machen und die magischen Eigenschaften der Fee. Obendrein ist im Bam-Bam-Märchen ein Anklang an *Tausendundeine Nacht* zu finden. Vor allem Gefühl und Stimmung weisen auf die Geschichte von Mio hin. Die Liebe zwischen dem König und seinem Sohn ist ein Hauptthema in beiden Märchen, ebenso die Freundschaft zwischen den Kindern. Das Spiel auf der Rohrpfeife, die Bilder vom wunderbaren Garten und vom Gesang des Vogels – all das wird im Flötenspiel, im Rosengarten und in dem Gesang des Trauervogels in *Mio, mein Mio* reflektiert.

Es lässt sich wohl kaum ein besseres Beispiel dafür finden, welche Bedeutung das Märchenerlebnis der frühen Kinderjahre für den erwachsenen Menschen haben kann!

Bei anderer Gelegenheit hat Astrid Lindgren bezeugt, dass Bam-Bam und Viribunda nicht die einzige Saite auf der Laute der gepriesenen Edit gewesen sind: Sie las auch aus *Tausendundeine Nacht* und außerdem schwedische Volksmärchen vor.

Und natürlich ging es auch um anderes als Märchen. Wir »waren aufgewachsen mit Spuk- und Schauergeschichten«, erzählt Astrid Lindgren in *Das entschwundene Land*. Die Kinder Ericsson lebten in einer Zeit, als es auf dem Lande viele Menschen gab, Leute, die eine Unmenge Geschichten zu erzählen hatten. Astrids Schwester Stina erwähnt voller Wonne Mari aus Vendladal und ihre schaurigen Ge-

schichten vom »Gruselmann« – dem Zauberer – Joakim. Von der Großmutter bekamen sie die grausige Spukgeschichte *Rupp Ruppel* zu hören, die Astrid Lindgren 1986 als Bilderbuch herausgebracht hat. Und sie bestätigt auch gern, was Harry Martinson in seinem bekannten Gedicht sagt, dass die Mägde und ihr geheimnisvolles Gemurmel in der Kindheit außerordentlich viel bedeutet hatten. So ist es oft gerade die Magd oder die Zugehfrau, die in Lindgrens Erzählungen als Vermittlerin von Geschichten und Liedern auftritt. Krösa-Maja jedoch aus der Michel-Serie berichtet in ihrer drastischen Art ausschließlich »Gruseliges«: »Wenn es nicht um Mörder oder Einbrecher oder Geister ging, dann ging es um schreckliche Enthauptungen und fürchterliche Feuersbrünste und schreckliches Unglück und tödliche Krankheiten oder gefährliche Tiere.« So steht es in *Michel muss mehr Männchen machen*. Linus-Ida aber singt das traurige Lied von »Jesu Eisenbahn zum Himmel«, und Madita muss sich ein Taschentuch über die Augen legen.[6]

Die magischen Augenblicke des Lauschens

Die Erlebnisse des Zuhörens in der Kindheit überträgt Astrid Lindgren auf die Gestalten in ihren Büchern: Madita und Lisabet, Rasmus und der Landstreicher, Michel, Ida und viele andere nehmen Geschichten und Lieder begierig in sich auf.[7] Die Moritaten, für die Astrid eine Art Spezialistin wurde und mit denen sie die Leute in ihrer Umgebung unterhielt, enthielten drastische Berichte. »Erzähl mal was von Gespenstern, Mördern und dem Krieg«, bettelt Maditas Schwesterchen Lisabet erwartungsvoll.

Geschichten und Verse in einer Erzählung ergeben die Illusion eines epischen, lyrischen Fließens, wodurch die Stimmung gehobener wird. Schon in der epischen Grundsituation – »Setz dich her und hör mir zu, dann werde ich dir etwas erzählen ...« – ahnt man, wie Leif Ruhnström hervorhob, die Voraussetzung für Astrid Lindgrens eigene Texte.

Doch oft geht es um mehr. Der Augenblick des Lauschens kann zum magischen Erlebnis werden, wodurch das ganze Leben verändert wird.

nc! De Pepending des Märches
erhaten   Pepending d
                                           Märchen

Grund dafür ist in erster Linie die Stimme des Märchens. Wie bei diesem Wunder, das Astrid in der Küche des Kuhknechts erlebt hat; eine solche Macht besitzt allein das Märchen. Schon im Band *Im Wald sind keine Räuber* (1949) spielt das Märchen eine besondere, aus der Wirklichkeit entführende Rolle.

Die große Vertiefung des Märchenthemas erfolgt in *Mio, mein Mio.* Bo Vilhelm Olsson erschafft hier sein eigenes Märchen als Schutzwall gegen die böse Wirklichkeit. Der Junge liebt Geschichten über alles und kennt sich in *Tausendundeine Nacht* genau aus. Aber er muss darum kämpfen, sich mit Märchen beschäftigen zu dürfen. Seine Pflegemutter Edla schimpft, wenn er daheim in der Upplandsgata die Nase ins Märchenbuch steckt. »Geh lieber raus spielen«, kommandiert sie.

Welch ein Triumph ist es dann für Bosse, nun in Prinz Mio verwandelt, dass er so viele Märchen hören kann, wie er nur will. Unmittelbar, ohne den Filter des Lesens. Er kommt in das Reich des Märchens selbst, das Land der Ferne, und kann ohne jede Einschränkung den Worten des Märchens lauschen. Zufrieden stellt er sich vor, wie verwundert Tante Edla wäre, wenn sie wüsste, dass er zusammen mit seinen Spielgefährten draußen im Freien Märchen hört.

Das große Hörerlebnis des Buches findet statt, als er auf seinen Streifzügen über die Insel der grünen Wiesen zu Jiris Hütte kommt. Dort gibt es einen uralten Brunnen, aus dessen Tiefe ein Raunen von Märchen erklingt. Der Brunnen hat von alters her eine symbolische Bedeutung, auch als Quelle für die Seele. Aus dem Brunnen kann man Lebensweisheit trinken – Mimirs Brunnen ist in der nordischen Mythologie die Quelle der Weisheit für die Götter. In *Mio, mein Mio* verkörpert das Märchen diese lenkende, Leben spendende Macht. Als Mio dem Brunnen beim Raunen zuhört, erhält er Kenntnis von seinem eigenen Schicksal, wird sich bewusst, in welche Richtung sein Leben verlaufen muss.

Astrid Lindgren ist zu diesem Zeitpunkt fähig zu einer großen, virtuos ausgeführten Szene, die den magischen Augenblick des Lauschens wiedergibt. Die Dämmerung, die Stille und die murmelnde Stimme des Märchens erschaffen eine mystische Atmosphäre. Mio und seine Freunde versammeln sich im Kreis auf dem Brunnenrand – und dort sitzen auch wir, die Leser. Das Licht verblasst und wird langsam durch ein wundersames Dunkel ersetzt. Eine seltsame Stimme beginnt zu murmeln:

> »Seid ganz leise«, sagte Jiri.
> Ganz still saßen wir da und warteten. Und es wurde noch etwas dunkler zwischen den alten Bäumen und Jiris Haus sah noch mehr nach einem Haus aus einem Märchen aus. Dort stand es in einem grauen, wunderlichen Dunkel, keinem ganz schwarzen Dunkel, denn es war noch immer die Dämmerstunde. Etwas Graues, Wunderliches und Altes lag über dem Haus und über den Bäumen und vor allem über dem Brunnen, auf dessen Rand wir im Kreis saßen.
> »Seid *ganz* leise«, flüsterte Jiri, obwohl wir schon eine Weile überhaupt nichts gesagt hatten. Und weiter saßen wir still, und es wurde noch etwas dunkler und grauer zwischen den Bäumen, und es war ganz still und ich hörte nichts. Aber dann, dann hörte ich etwas. Ja, ich hörte etwas. Ich hörte, wie es unten im Brunnen zu raunen begann. Tief, tief dort unten begann es zu flüstern und zu murmeln. Es war eine wundersame Stimme und sie glich keiner anderen Stimme. *Und die Stimme raunte Märchen,* Märchen, die keinem anderen Märchen glichen und die schöner waren als alle Märchen der Welt.
> Es gibt fast nichts, was ich mehr liebe als Märchen, und ich legte mich auf den Bauch und beugte mich weit über den Brunnenrand, um mehr und mehr von dem zu hören, was die Stimme raunte. Manchmal sang sie auch, und es waren die seltsamsten und schönsten Lieder.

Lied und Märchen sind bei Astrid Lindgren eins. Der Brunnen des Märchens ist eine Art Gedächtnis der Mythen, und Mio wird besonders von einem der Märchen gefangen genommen. Er hört nur den Anfang, und der lautet: »Es war einmal ein Königssohn, der war unterwegs und ritt im Mondschein.« Hans Holmberg verwies darauf, dass dieser Satz mit der Einleitung zum Märchen »Ringen« (Der Ring, Anm. d. Übers.) von Helena Nyblom übereinstimmt, das in *Unter Wichteln und Trollen* (1914) erschienen war.[8] Erneut ein Hinweis auf Astrid Lindgrens enges Verhältnis zu den Märchen des frühen zwanzigsten Jahrhunderts.

»Tief, tief dort unten begann es zu flüstern und zu murmeln. Es war eine wundersame Stimme und sie glich keiner anderen Stimme. Und die Stimme raunte Märchen ...« Bild Ilon Wikland

Zugleich erschafft sie etwas Neues, indem sie das Merkmal der Bewusstheit und der Metafiktion in den Text einführt. Mio fragt sich, was das Märchen wohl gerade von ihm will, als er, ein Königssohn des Mondscheins, vom Märchenbrunnen heimreitet. Denn das Leben wird vom Märchen gelenkt.

Das lauschende Kind, das von der Stimme des Märchens überrascht wird und völlig von ihr gefangen ist – und sich dann sein eigenes Märchen erschafft –, begegnet uns später auch in der Geschichte »Klingt meine Linde« im gleichnamigen Band. Malin, das Bettelkind aus dem Armenhaus, hört zufällig und unerwartet ein Märchen mit an, und dieser Augenblick des Lauschens verändert einfach alles.

Die Urszene des Märchens

Dass Malin die poetischen Worte in einer Küche vernahm, ist sicher kein Zufall. Astrid Lindgren hat selbst betont, welche Rolle die Küche als Urschauplatz der Phantasie für sie gespielt hat. Ja, ihr schriftstellerisches Schaffen ist im Grunde genommen »nur eine Fortsetzung dessen, was in Kristins Küche begonnen hatte«.

In *Die Brüder Löwenherz* erhält die Küche als Raum des Märchens ihre suggestivste Darstellung. Denn das Nangijala-Märchen hat dort seinen Ursprung.[9]

In diesen Geschichten bekommt das Märchen eine magische Kraft, die dem Dasein eine neue Dimension verleiht. Das Märchen wird zur Rettungsleine in ein anderes Land, »ein erträumtes Zentrum, von dem aus die Welt vielleicht zu zügeln wäre«, eine Alternative zu den Bedingungen, in denen das Kind gefangen ist. »Dort drinnen, im innersten Raum des Daseins, ist die Mutter immer liebevoll, die Spielgefährten sind loyal, die Erwachsenen wollen einem wohl, und man kann sie begreifen. Dort herrscht Ordnung und Glück.«[10] Das Märchen wird zu einem Mittel des Widerstands, aber auch der Entwicklung, es dient der Schaffung der Identität, ist ein Mittel zu Versöhnung und Glück.

Die Urszene – die den Prozess der Aneignung des Märchens zeigt – wird für Astrid Lindgrens Märchenprojekte außerordentlich produktiv.

Die Urszenerie für Astrid Lindgrens Phantasie,
gezeichnet von Ilon Wikland

Welche Funktion hat diese archetypische Form? Vor allem wird das Erzählen selbst als Voraussetzung des Märchens unterstrichen. Die Betonung liegt auf dem Fluss des Märchens, an dem der Zuhörer oder Leser Anteil hat. Hier hat auch das Schaffen seinen Ursprung. Mio, Krümel und nicht zu vergessen Malin in »Klingt meine Linde« werden alle in jenem Märchen tätig, das sie selbst erdichten – ausgehend von den Geschichten, die sie selbst erlebt haben. Dieser metafiktive Zug gibt dem Märchen Tiefe und Leuchtkraft.

Im Grunde genommen erzählt Astrid Lindgren immer wieder die Geschichte ihres eigenen dichterischen Werdens. Neue Märchen werden aus jenen geboren, die ihr als Kind begegnet sind: »Der verzauberte Prinz«, »Die kleine Rosa und die lange Leda«, »Der Riese Bam-Bam und die Fee Viribunda«, »Ali Baba und die vierzig Räuber« und viele andere.

Astrid Lindgrens Geschichten sind eigentlich eine einzige große Huldigung an das Märchen. Das Erlebnis dieser Texte, ihrer Magie und Schönheit, steht im Mittelpunkt. Es geht bei ihr nicht darum – wie so oft in älteren Märchen –, dass den Kindern verschiedene Tugenden beigebracht werden sollen. Das Wichtige ist die Dynamik des Märchens: der Kontrast zwischen einer armseligen Wirklichkeit (die Häuslerküche) und den inneren Kräften – denen der Schönheit, der Güte und der Grausamkeit –, die vom Märchen freigesetzt werden. Diese Verwandlung gestaltet sie immer virtuoser und nirgendwo so faszinierend wie in *Die Brüder Löwenherz*, wo »die Schlafbank in der Küche« zum Ausgangspunkt des Schwindel erregenden Märchenabenteuers wird. So wie das Märchen für sie selbst damals in Kristins Küche begonnen hatte.

Erproben im Märchen

Astrid Lindgren erobert das Märchen in Etappen.
Ziemlich unbekannt sind jene Märchen, die sie bereits in den dreißiger Jahren »verbrochen« hatte.[1] Es waren richtige Weihnachtsmärchen, und die meisten von ihnen wurden in *Landsbygdens Jul* publiziert, einer Zeitung, die von 1933 bis 1985 vom Verlag By och Bygd
herausgegeben wurde. In einem Interview für die Zeitung *Land* vom
19. Dezember 1986 erzählt die Autorin, dass ihr Bruder Gunnar Ericsson, Reichstagsabgeordneter und namhafter Funktionär des Bauern-
verbandes, den Kontakt mit der Zeitung vermittelt hatte. Er kannte
den Redakteur Danberg von *Landsbygdens Jul* und empfahl diesem
seine Schwester.

> Es kam ein Brief von ihm, in dem er anfragte, ob er einen Beitrag von
> »der bekannten Schriftstellerin Astrid Lindgren« bestellen dürfe. Es
> wusste doch kein Mensch, wer ich war, schließlich hatte ich über-
> haupt nichts publiziert. Jemand musste ihm wohl etwas geflüstert ha-
> ben. Bruder Gunnar hatte natürlich von seiner Schwester erzählt, die
> ungeheuer gute Texte schrieb …

Astrid Lindgren betrachtet diese ihre frühen Märchen mit augenzwin-
kernder Selbstironie. Sie waren »eine Jugendsünde«, meint sie. »Ich
habe so ein paar dusselige Märchen geschrieben, um mich am Leben
zu erhalten.« Sie bekam 35 Kronen für eine Geschichte, dringend be-

nötigt in den mageren dreißiger Jahren.«Ich hatte kleine Kinder, und es machte große Mühe, mit dem Haushaltsgeld zurechtzukommen. Ich arbeitete nebenbei als Stenografin. Die Schuhe meines Sohnes waren kaputt und mussten besohlt werden, und da waren 35 Kronen eine Menge Geld.«

Viele große Autoren haben ähnlich angefangen. Mit tastenden Versuchen, Jugendsünden und dusseligen Märchen. Und dennoch ist es fast immer interessant, diese Fingerübungen zu studieren.

In ihren frühen Märchen kombinierte Astrid Lindgren Weihnachten, Kinder, kleine Häuschen im Wald und Tiere. Sie publizierte auch realistische Erzählungen, lustige oder ernste Texte von einer Art, die die Prosa von *Wir Kinder aus Bullerbü* oder *Sammelaugust* ankündigten. Die Geschichte von Ole, dem Hund Swipp und dem bösen Schuhmacher (*Landsbygdens Jul*, 1938) ging in umgearbeiteter Form in die Bullerbü-Serie ein. Eine andere Erzählung von einem Heiligabend im Zeichen der Armut und des Todes,»Julafton i lilltorpet« (Heiligabend in der Kleinkate, Anm. d. Übers.) aus *Landsbygdens Jul*, 1936, wirkt in all ihrer Sentimentalität fast wie eine Parodie. Noch gelingt es der Autorin nicht, die richtige Balance zwischen Gefühl und realistischer Darstellung zu finden, die sie später so souverän beherrschen sollte – zum Beispiel in *Die Brüder Löwenherz*. Nur gelegentlich ist jene Schriftstellerin zu erkennen, die später Astrid Lindgren werden sollte.

Aber bereits in dieser frühen Phase hat sie eine große Bandbreite zur Verfügung, die sich von traurigen Dingen bis zu fröhlich-komischen erstreckt. Eine scherzhaft satirische Geschichte,»Maja får en fästman« (Maja bekommt einen Bräutigam, Anm. d. Übers.) aus *Landsbygdens Jul*, 1937, handelt von einer hässlichen, tollpatschigen Magd, die von der gnädigen Frau von oben herab behandelt wird, ein Motiv, das Astrid Lindgren gern aufgreift und u. a. in *Pippi Langstrumpf* erneut verwendet hat. Aber Maja wird von dem kleinen Sohn der Familie geliebt, weil sie eine dieser Mägde ist, die Geschichten erzählen und singen – und in der Tat gehört auch das Märchen vom Riesen Bam-Bam und von der Fee Viribunda zu ihrem Repertoire!

Untugend und Moralismus

Astrid Lindgrens früheste – bisher – aufgefundene Beiträge in der Weihnachtspresse sind zwei Erzählungen, die 1933 publiziert wurden. Die eine, »Johans äventyr på julafton« (Johans Abenteuer am Heiligabend, Anm. d. Übers.) aus *Landsbygdens Jul*, kann man kaum als Märchen bezeichnen. In mehr als einer Hinsicht phantastisch ist hingegen die zweite Geschichte, »Jultomten och hans bildskärm« (Der Weihnachtsmann und sein Bildschirm, Anm. d. Übers.), die im selben Jahr in der Weihnachtsbeilage von *Stockholms-Tidningen* abgedruckt worden war. Der Autorenname wird nicht genannt. Fünf Jahre später wurde das Märchen unter dem Titel »Jultomten hör på dagsnyheterna« (Der Weihnachtsmann hört die Tagesnachrichten, Anm. d. Übers.) in *Landsbygdens Jul* veröffentlicht, dieses Mal mit der Signatur Astrid Lindgrens.

Das Märchen ist außerordentlich moralisierend. Ein paar Wochen vor Weihnachten entdeckt Lars vom Hügelhof, knapp acht Jahre alt, eine faszinierende Höhle draußen im Wald. Dort haust der Weihnachtsmann. Dieser »hat in ganz Schweden in jedem Zuhause eine kleine unsichtbare Sendeanlage montiert«, mit deren Hilfe er die Kinder abhört und festlegt, ob sie berechtigt sind, Geschenke zu erhalten.

Sein Radio ist auch mit einem Schirm ausgerüstet, einer kleinen weißen Leinwand. Auf dieser löst ein Bild das andere ab. Lars vom Hügelhof betrachtet entsetzt die Projektion eines Jungen, der auf dem Fußboden liegt und wild um sich tritt, während die neben ihm stehende Mutter ganz verzweifelt aussieht. Der Weihnachtsmann schreibt in sein dickes Buch: »Für Ole kein Schaukelpferd zu Weihnachten.« Danach sehen wir Kalle, der seine Schwester Lisa an den Haaren zieht. »Da Kalle jetzt seit langem jeden Tag garstig war, bekommt er nicht ein Weihnachtsgeschenk.«

Während Karin, die Tochter der armen Frau Anna vom Astgabelhaus, ihrer Mutter über den Arm streichelt und sagt: »Du siehst so müde aus, Mama. Leg dich ein Weilchen hin, den Abwasch schaffe ich schon allein.« Der Weihnachtsmann notiert: »Karin soll die größte und schönste Puppe aus meinem Lager haben.« – Die Moral ist der Botschaft schlichter Märchen aus älterer Zeit exakt nachempfunden.

Aber Mittelpunkt der Geschichte ist natürlich die pfiffige und überraschende Erfindung, deren sich der Weihnachtsmann bedient – ein Fernseher vor der Zeit des Fernsehens.

Das ist kein Hinderungsgrund dafür, dass der im echt Orwell'schen Sinne auszulegende Gedanke vom »Big brother is watching you« ziemlich erschreckend ist.

Av Astrid Lindgren.

»*Der Weihnachtsmann hört die Tagesnachrichten*« *von Astrid Lindgren*

Auch andere von Astrid Lindgrens Geschichten in *Landsbygdens Jul*, die im Untertitel Märchen genannt werden, haben einen ausgeprägt moralistischen Ton, ja in ihnen findet sich ein Zug von Kontrolle und Überwachung, der vielleicht etwas mit dem Zeitgeist zu tun hat.

In *Landsbygdens Jul* von 1937 stoßen wir auf »Filiokus«, ein Märchen, das schon 1934 in *Folkskolans barntidning* abgedruckt gewesen war.[2] Es enthält denselben kühnen technischen Einfallsreichtum wie das Märchen vom Weihnachtsmann mit seinem Bildradio. Und es ist genauso schrecklich moralisch!

Die Hauptperson, Kalle von der Brückenkate, wird als starker kerngesunder Zehnjähriger präsentiert, mit ein Paar Fäusten, die beim Prügeln gute Dienste leisten. »Aber jetzt kommt das Traurige an der Geschichte.« Kalle ist nicht nur »stinkfaul, ungefällig, rüde und ungehorsam gegenüber seiner Mutter« – genau wie Nils Holgersson. Er ist auch nachlässig und unordentlich. Die gute Mutter Britta vergießt viele Tränen über den Sohn und fragt sich, was nur aus ihm werden soll. Aber das Märchen löst dieses Problem. Mutter Britta sucht Finnen-Tilda auf, eine runzlige alte Frau in einer Waldkate, die im Besitz geheimen Wissens ist. Mit einer großen Uhr unterm Arm kehrt die Mutter nach Hause zurück. Im Gehäuse wohnt das Männlein Filiokus, »kaum größer als eine Hand, gekleidet in einen kupfergrünen Anzug, an dem kleine Glöckchen hängen, und auf dem Kopf trägt er eine Zipfelmütze«. Jetzt hat Kalle seinen Meister und Überwacher gefunden. Sobald er seine Mutter mit Ungehorsam und Faulheit plagt, springt Filiokus aus der Uhr, zieht über ihn her und verspottet ihn. Das hat die beste Wirkung auf Kalle. Lieb und hilfsbereit geworden, weigert er sich nicht länger, Wasser und Holzscheite zu holen.

Der alte, unausstehliche Kalle ist verschwunden, und wenn »er sich irgendwann mal vergessen sollte, brauchte Filiokus nur den Kopf herauszustecken und ein Weilchen zu lachen, und Kalle wusste wieder, was die Uhr geschlagen hatte«. Ein Jahr später holt Finnen-Tilda ihre Uhr zurück – sie wird nicht mehr gebraucht.

Ist das hier wirklich Astrid Lindgren? Die Geschichte von Filiokus ist ein deutliches Beispiel dafür, wie zäh sich der Moralismus im Märchen hielt. Und die dreißiger Jahre hatten natürlich ihre spezielle Art von erhobenem Zeigefinger. Oder treibt die Autorin ihren Spaß mit uns? Ist der Text reine Parodie? Sehr wahrscheinlich ist wohl, dass sie sich der Haltung des Blattes angepasst hat, in dem die Erzählung erscheinen sollte. Sowohl *Folkskolans barntidning* als auch *Landsbygdens Jul* vertraten in Bezug auf Erziehung und Moral alte redliche Wertvorstellungen. Doch eins ist klar: Man kann natürlich die Moral beiseite lassen und sich stattdessen an der schlauen Idee von der Kuckucksuhr erfreuen. Die hat sich schließlich als produktiv erwiesen.

Denn das Männlein aus der Uhr taucht in neuer Gestalt im Märchen vom Kuckuck Lustig im Band *Im Wald sind keine Räuber* auf. Dort ist es der Vater, der für seine kranken Kinder eine Kuckucksuhr besorgt. Doch keineswegs aus Erziehungsgründen. Jetzt, Ende der vierziger Jahre, soll die Uhr den Kindern nur Vergnügen bereiten! Ein Wunsch, der sich wahrhaftig erfüllt. Es zeigt sich nämlich, dass in der Uhr ein quicklebendiger Kuckuck sitzt, der Späße macht und Unfug

treibt. Von Moralismus keine Spur. Man kann Kuckuck Lustig geradezu als Entwurf für den amoralischen Karlsson auf dem Dach betrachten. Etwas ist mit dieser Märchenautorin geschehen!

Tiermärchen

1935 steht in *Landsbygdens Jul* die Geschichte »Pumpernickel und
seine Brüder«, das Märchen eines freiheitsliebenden Ferkels, das aus
der Gemeinschaft des Schweinestalls ausbricht und in den Wald ent-
flieht. In den ersten Absätzen des Textes findet man dieses spezielle
Lindgren'sche Augenzwinkern, diesen perlenden Erzählton, der später
zu ihrem Signum werden sollte:

Pumpernickel ist ein Ferkelchen, das zusammen mit seinen drei Brüdern im Schweinestall wohnt. Seine Brüder sind so, wie Schweine
meist sind, sie wollen nur fressen und schlafen und sich in denkbar
schmutzigen Lachen wälzen. Aber Pumpernickel ist anders als seine
Brüder, er ist ein mutiges, unerschrockenes Ferkel. Er hat immer ge-
spürt, dass er zu Höherem geboren wurde, er sehnt sich hinaus ins
wilde, wahnwitzige Abenteuer.
Schon an seinem Namen kann man das hören. Pumper-nickel! Diesen schönen Namen, der ihm selber so gut gefällt, hat ihm seine Mutter, die rechtschaffene Sau Sodonia, gegeben, noch bevor die Menschen ihn zu einem kleinen mutterlosen Ferkel und aus Sodonia Wurst
und Sülze machen konnten.

Auch im Weiteren ist die eine oder andere Lindgren'sche Pfiffigkeit zu
finden: »Wie kann man sich nur so schweinemäßig aufführen?«, rüf-
felt der Wichtel das zerknirschte Ferkel.

Das Märchen »Vännevän och harungen« (Herzensfreund und Hasenjunge, Anm. d. Übers.) aus *Landsbygdens Jul*, 1940, wendet sich an
die Allerjüngsten. Hier gibt es Wichtel und Trolle im traditionellen
John-Bauer-Stil. Obendrein auch ein ganz besonderes Gefühl für den
Wald – jenes, das viele Jahre später ein Großwerk wie *Ronja Räuber-*

»Wie kann man sich nur so schweinemäßig aufführen?«, wettert der Wichtel im Weihnachtsmärchen »Pumpernickel und seine Brüder«.

tochter zu tragen vermochte. Wichtel und Trolle verschwinden hingegen aus Lindgrens Schaffen.

Ein weiteres »Tiermärchen« ist in *Landsbygdens Jul* enthalten. Es trägt den Titel »Den stora råttbalen« (Der große Rattenball, Anm. d. Übers.) und ist im Jahrgang 1936 zu finden. Der Name des Autors fehlt. Es ist eine vergnügliche Erzählung vom Tanz der Ratten auf dem Speicher. Ein Aschenputtel-Geschehen gibt dem Ganzen Spannung und Charme: Das arme bescheidene Rattenfräulein Mitzi erregt die Aufmerksamkeit von Piotr, dem feschesten Rattenherrn des Balls.

Einige Späße deuten darauf hin, dass Astrid Lindgren die Feder geführt hat. Unter anderem ähnelt die Geschichte dem Kapitel über den Ball der höheren Kreise in der Kleinstadt – Modell Vimmerby – in dem späten Buch *Madita und Pims*, wo sich die Autorin über Standesdünkel und andere Symptome der Klassengegensätze lustig macht. Die aufgeblasenen Rattenfrauen, die auf dem Rattenball Anno 1936 ihre Verachtung für Rattendamen der unteren Gesellschaftsschichten vernehmlich kundtun, haben späte Verwandte in der Bürgermeisterin und ihren Anhängerinnen gefunden, als diese die nette und schöne Alva, die in Maditas Familie Dienst tut, wie Luft behandeln.

Es ist nicht völlig sicher, dass dieser Text von Astrid Lindgren stammt. Manche Stileigenheiten, u. a. die gedrechselten Namensformen der Rattenpersonen, sind nicht typisch für sie. Hingegen weist »Der große Rattenball« den verschmitzten und spöttischen Zug auf, der diese Autorin kennzeichnet. Das deutet darauf hin, dass wir – oder richtiger gesagt Lena Törnqvist vom Schwedischen Kinderbuchinstitut – auf ein ganz neues, zuvor unbekanntes Märchen von Astrid Lindgren gestoßen sind.

Unterwegs zu einem neuen Märchen

Einige Geschichten aus den späten vierziger Jahren – als *Pippi Langstrumpf* bereits ihren Verleger gefunden hatte – sollen hier ebenfalls kommentiert werden. *Sagoprinsessan* – eins der Weihnachtshefte vom Beginn des zwanzigsten Jahrhunderts, das bis in die fünfziger Jahre erschien – enthält 1946, wie bereits erwähnt, ein Märchen von Astrid Lindgren. Es trägt den Titel »Jag får göra vad jag vill, sa prinsen« (Ich darf machen, was ich will, sagte der Prinz, Anm. d. Übers.).

Wie der Titel verspricht, handelt es sich hier um einen richtigen Lausbuben. Aber natürlich ist man erstaunt, dass die Geschichte – veröffentlicht im selben Jahr wie das zweite Buch der Pippi-Reihe – mit einer guten alten Moralpredigt endet: Hubertus muss lernen zu gehorchen und den Brei aufzuessen!

Das Sündenregister des Prinzen im Unfugtreiben ist lang, und das Märchen wird dieser Sache wirklich gerecht – hier steht ein echter Vorläufer von Michel vor uns. Hubertus nennt den Oberhofmarschall »dämlich« und damit nicht genug; abwechselnd stopft er ihm einen kalten Frosch ins Bett oder eine Wärmflasche, die viel zu heiß ist für die Zehen des Höflings. Mit einer Sicherheitsnadel steckt er die Kleider der Hofdamen fest, und als man ihm Eierkuchen serviert, hängt er über jede Klinke vor dem Speisesaal einen – ein Spiel, das ein späteres lebhaftes Kind, das Mädchen Lotta aus *Die Kinder aus der Krachmacherstraße,* ebenfalls beherrscht. Ingrid Vang Nyman illustrierte die Heldentaten des Prinzen humorvoll in *Sagoprinsessan.*

Eigentlich ist die Geschichte nicht besonders märchenhaft, aber der

*Ingrid Vang Nymans Bild vom unartigen Prinzen Hubertus –
einem Vorläufer von Michel*

Rahmen derselben mit Schloss und Königsfamilie passt in ein solches
Heft, wie es *Sagoprinsessan* ist. Hier gibt es übrigens auch eine Fee,
Fiorella, die Patin des Prinzen. Als sie erfährt, was für ein entsetzlicher
Schlingel ihr Patenjunge geworden ist, kommt sie »in ihrem Blumen-
wagen angeflogen, der von sechs roten Schmetterlingen gezogen
wird«. Aber die Erziehungskur, die sie sich für Prinz Hubertus aus-
denkt (heißt übrigens der 1946 geborene König Carl Gustaf nicht
ebenfalls Hubertus?), ist äußerst erdgebunden und praktisch.

Eines Nachts lässt Fiorella den Prinzen in tiefen Schlaf sinken und
bringt ihn zu einer armen, aber ach so prächtigen Familie in die kleine

Hütte Apfelhaus. Dort legt sie ihn in ein Bett »aus einfachen Brettern mit einer harten Matratze und kratzigen Laken«. Sein Nachtgewand aus Seide wird gegen »ein unbeschreibliches rot gestreiftes Nachthemd der gewöhnlichsten Art« ausgetauscht. Als er am Morgen aufwacht, wird ihm eine Komödie à la Ludvig Holbergs *Jeppe vom Berge* vorgespielt: Alle um ihn herum reden Hubertus ein, er habe nur geträumt, ein Prinz zu sein. Dass seine geliebte Mama und Königin, nach der er sich so sehnt, nur eine wunderschöne phantastische Vorstellung sei. Aber die Kur gelingt – im moralischen und auch im demokratischen Sinne. Der Prinz bekommt ein paar normale Kinder als Spielkameraden, er wird wie eins von ihnen und lernt zu spielen, aber auch zu gehorchen. So weit ist alles in Ordnung. Eine vortreffliche akzeptable Moral. Und die typische Astrid Lindgren wird auch allmählich sichtbar, nämlich indem das Spiel mit dem Mühlrad im Bach oder das Zirkusspielen in der Mangelkammer als ebenso oder fast ebenso wichtig erscheinen wie die Notwendigkeit, Holz hacken zu lernen und, wie gesagt, ohne Protest seinen Brei aufzuessen.

Bis Hubbe – wie man ihn im Apfelhaus nennt – eines Morgens in seinem Mahagonibett im Schloss aufwacht, erneut mit dem seidenen Schlafgewand angetan. Verwandelt in »einen lieben, netten kleinen Prinzen«. Und, ja doch, auch in Zukunft darf er mit seinen Freunden vom Apfelhaus spielen, darf Buden bauen und eine Menge Spaß haben.

Mein Gott! Auch das ist Astrid Lindgren. Noch ist es ein weiter Weg bis zu Michel. Es ist jedenfalls erstaunlich, dass die Verwandlung des Prinzen so unsanft erfolgt. Sicher hat dieses Spiel mit Wirklichkeit und Identität einen Unterhaltungswert, im selben Maße wie bei *Jeppe vom Berge* kann man auch über dieses Märchen lachen. Aber Bestrafung und Verwandlung des Prinzen sind doch von heftigster Art.

Ein bisschen glücklicher macht es einen jedoch, wenn man die Autorin am Ende des Märchens wiedererkennt. Der fürchterlich reingelegte Prinz ist endlich wieder mit seiner Mutter vereint und flüstert ihr »fast unhörbar« ins Ohr: »Ich finde jedenfalls, dass der Oberhofmarschall dämlich ist.« Wenigstens etwas.

Das Märchen vom ungehorsamen Prinzen hat Astrid Lindgren nie in irgendeinen Sammelband aufgenommen, obgleich es gut erzählt ist.

»Die Prinzessin, die nicht spielen wollte«, erst 1947 in *Landsbygdens Jul* publiziert, durfte hingegen zwei Jahre später im Band *Im Wald sind keine Räuber* erscheinen. Dort passt es hinein, weil der Stoff mit der Thematik dieser ersten Märchensammlung der Autorin übereinstimmt: Einsamkeit und Mutlosigkeit verfliegen, und das Leben verwandelt sich in etwas, das voller Freude ist. Diese Verwandlung von Passivität zu einem echten Lebensgefühl wird zum zentralen Punkt in ihren Märchen.

Im Band *Im Wald sind keine Räuber*, Astrid Lindgrens erster Märchensammlung, glänzt die moralistische Kontrolle über das Kind so vollständig durch Abwesenheit, dass man von einer Märchenrevolution sprechen kann. Hier entsteht das Lindgren-Märchen, bei dem die Magie das Zepter führt und die Welt aus der Perspektive des Kindes gesehen wird.

Im Wald sind keine Räuber –
ein Glasperlenspiel

Mit *Im Wald sind keine Räuber*, 1949, beginnen Astrid Lindgrens Märchen zu glitzern und zu funkeln.[1] Der Band wurde auch sehr wohlwollend aufgenommen. 1950 brachte er ihr die Belohnung mit der Nils-Holgersson-Plakette ein: Es war das erste Mal, dass dieser Preis vergeben wurde.

Auch international erregten die Märchen Aufmerksamkeit. So schreibt z. B. Kurt Held, der Autor von *Die rote Zora und ihre Bande*, verheiratet mit Lisa Tetzner – die von Astrid Lindgren ungemein bewundert wurde –, zu *Im Wald sind keine Räuber*: »Die kleinen Märchen« gehören »zu den besten, schönsten und phantasievollsten, die ich je gelesen habe. Das ist wirklich nicht nur Kinderliteratur, es ist ganz einfach etwas, das alle Menschen in stillen Momenten denken und wovon sie träumen.« Der Brief vom 4. Januar 1953 ist an eine andere international bekannte Persönlichkeit der Kinderbuchwelt gerichtet, an Bettina Hürlimann.[2]

Das Neue an dem Band *Im Wald sind keine Räuber* ist Astrid Lindgrens Fähigkeit, »the magic of childhood« auf eine persönliche Weise zu benutzen.[3] Hier geht es nicht mehr um Alltagsmoral. Die moralische und didaktische Haltung der Märchen aus *Landsbygdens Jul* ist wie weggeblasen. Nun handeln die Texte von Lebenstrauer und Lebenstrost, »davon, wie schwer es ist, Mensch zu sein«. Vermutlich liest Kurt Held »die kleinen Märchen« genau auf diese Weise, als er unterstreicht, dass es sich hier eigentlich nicht um Geschichten für Kinder handelt.

Doch sind es die Gedanken und Erlebnisse des Kindes, von denen Astrid Lindgren ausgeht, als sie in der symbolischen Form der Märchenhandlung ein psychisches Geschehen gestaltet. Spielerisch und graziös – immer wieder mit einem Anflug von Trauer – lässt sie die Phantasie im Grenzland zwischen Wirklichkeit und Traum spielen. Astrid Lindgren begibt sich in das Märchen hinein und lässt es selbst die Regie übernehmen. Sie ist einzigartig darin, auch den Tod und andere schwierige Themen aufzugreifen.

Tatsächlich erreicht sie immer dann die stärkste Lebensbejahung, den Augenblick der Verzückung, wenn sie das Leben jenseits des Materiellen schildert. Und genau dorthin ist sie fast immer unterwegs.

Alltag und Phantasie

Im Band *Im Wald sind keine Räuber* offenbart Astrid Lindgren obendrein, was für ein umfassendes Register sie beherrscht, angefangen vom Zarten, Ätherischen im Märchen »Die Elfe mit dem Taschentuch«, vom Ungestümen in der Geschichte vom »Kuckuck Lustig« und vom Polternden in der Titelerzählung. Sie hat Platz für das empfindsame, ans Bett gefesselte Kind, aber auch für das robuste, wild umhertollende Kind. In diesem Band gibt es Humor und Fröhlichkeit. Aber der muntere Ton wird nicht selten durch Wehmut ausbalanciert.

Betrachtet man ihre Schreibweise, wird deutlich, dass die Märchen für relativ kleine Kinder gedacht sind. Der Satzbau ist einfach, der Stil bewegt sich dicht am Horizont des Kindes, ohne die Kindersprache zu imitieren. Die Einführungen in die Märchen lassen erkennen, dass sie jetzt auf bestem Wege dazu ist, eine Meisterin darin zu werden, ihre Leser oder Zuhörer sofort gefangen zu nehmen. Und wie immer, oder beinahe immer, steckt bei Astrid Lindgren im Einfachen das Vieldeutige. Dort gibt es Figuren, Schleusen und Türen zwischen Alltag und Phantasie, die dem Leser bestimmte Dinge bewusst machen, eine Art Fragen im Text, welche die Grenze zwischen Traum und Wirklichkeit verwischen. Das Puppenhaus ist ein solcher Vermittler, ein Guckkasten, der eine doppelte Perspektive auf das Dasein zulässt.

Denn in diesen Märchen bewegt sich Astrid Lindgren in mehr als nur einer Welt. Doch geht sie immer von einem Alltag aus, der auch die Voraussetzung für das Phantastische enthält. Die Bezüge zur Wirklichkeit sind zahlreich. Die meisten Märchen des Bandes sind in der Gegenwart angesiedelt. Nur ganz leicht ist die Fiktion durch eine »Es-war-einmal-Stimmung« gefärbt. Die rückblickende Perspektive regt dennoch unsere Neugier an, weil oft – etwas rätselhaft – gesagt wird, es sei etwas Merkwürdiges geschehen. Ein betontes Zurückblicken finden wir erst zehn Jahre später in *Klingt meine Linde* vor.

Im Band *Im Wald sind keine Räuber* ist das Märchen in einem anderen Milieu verankert als Astrid Lindgrens Geschichten der dreißiger Jahre. Jetzt geschieht das Phantastische auf modernistische Weise mitten in der Großstadt. Der zentral gelegene Teil Stockholms, Vasastan, wo die Autorin den größten Teil ihres Lebens verbracht hat, wird von ihr kühn mit Märchenmythologie aufgeladen. Das geschieht vor allem im Text »Im Land der Dämmerung«, den man vielleicht als Huldigung an jenes Stockholm verstehen kann, wohin sie als Achtzehnjährige aus Vimmerby kam und dem sie von jener Zeit an treu bleiben sollte. In diesem wie in mehreren anderen Märchen werden Straßen und Plätze mit ihren authentischen Namen benannt. Im Vasapark, auf den sie aus ihrer Wohnung in der Dalagatan so viele Jahre lang geblickt hat, führen Peter und Petra – im Märchen gleichen Namens – ihre bezaubernden Schlittschuhtänze auf.

Aber das Wichtigste in den Märchen ist der Wechsel zwischen Wirklichkeit und Traumland und zwischen verschiedenen Stationen im Reich des Traums. Die symbolischen Reisen in »Allerliebste Schwester« und »Im Land der Dämmerung« kündigen bereits Mios grandiose Fahrt zur Insel der grünen Wiesen an.

Das Kind in diesen Märchen gehört sowohl der Wirklichkeit als auch einer Dimension außerhalb des Alltags an. Der Text arbeitet mit Doppelbelichtungen, wo sich das Dasein dem »Wundersamen« und »Merkwürdigen« öffnet – Schlüsselworte bei Astrid Lindgren. Effektiv nutzt sie den Kontrast zwischen groß und klein, Däumling und Mensch. Kleine Gestalten, Männlein, Elfen und andere Wesen befinden sich in der Nähe des Kindes, und in der Regel – jedoch nicht immer – existieren sie außerhalb des Bewusstseins der Erwachsenen.

Die Verbindung zu dem »Winzlingsvolk«, das im schwedischen Märchen alte Traditionen hat, geschieht sporadisch auch in ihrem weiteren Schaffen. Im Band *Im Wald sind keine Räuber* haben diese Gestalten kaum etwas Erschreckendes an sich. Eine Ausnahme bildet die Geschichte »Allerliebste Schwester«, die auch tiefer ins Unterbewusstsein des Kindes eindringt als die anderen Märchen. Später, in »Die Schafe auf Kapela« und *Ronja Räubertochter,* werden diese Wesen gefährlicher.

Die Verwandlung

Manchmal wird das Kind in einen Däumling verwandelt – und wieder zurück in ein Kind – und kann somit an der Welt des Winzlingsvolks teilhaben. Das geschieht in dem Märchen »Nils Karlsson-Däumling« und »Im Land der Dämmerung«, darüber hinaus in der Titelgeschichte, wo Peter sich in die Miniaturwelt des Puppenhauses hineinspielt und eins mit ihr wird. Hingegen behält das Kind in »Peter und Petra« die ganze Zeit über seine natürliche Größe, obwohl auch dieses Märchen auf dem Kontrast zwischen dem Menschen und den Winzlingen basiert.

Im Märchen wird das Unmögliche möglich. Die Verwandlung ist der zentrale Punkt, und sie geschieht in einem magischen Augenblick, in dem etwas »Merkwürdiges« oder »Wundersames« geschieht. Astrid Lindgren spielt mit diesem Grundelement des Märchens. Vor allem ist sie Meisterin darin, vor der Metamorphose eine Stimmung ungeduldiger Erwartung zu erzeugen.

Zuweilen bekommt die Kollision zwischen Traum und Wirklichkeit einen komischen Akzent. Doch zumeist bezeichnet das Phantastische etwas Wunderbares, unterbewusste oder unbewusste Kräfte, die das Leben voranbringen. Das Kind wird von Verzückung ergriffen, die mit Poesie und Schönheit zu tun hat, ein jähes Erlebnis, das vom Mangel bis zum Schwindel erregenden Schauer führt und zum Schutzwall gegen den Alltag wird.

Hintergrund ist nicht selten der Schmerz und die Einsamkeit des Kindes. Vor diesem Hintergrund ist die Verwandlung eine Offenbarung, eine Epiphanie. Das Ziel ist das Leichte und Lichte. Das Märchen ist, wie der Märchenforscher Max Lüthi es mit einem Terminus nennt, den er bei Hermann Hesse, der selbst ein einzigartiger Märchendichter war, entliehen hat: ein Glasperlenspiel.[4] Und gewiss gleicht die Sammlung *Im Wald sind keine Räuber* einem solchen.

Ein neues Lebensgefühl

Im Wald sind keine Räuber zeugt von einer künstlerischen Entwicklung, die vermutlich vom literarischen Klima der vierziger Jahre mit seiner verdichteten Symbolsprache sowie seiner ästhetischen und tiefenpsychologischen Ausrichtung stimuliert worden ist. Und nicht zuletzt von einem neuen Interesse für das Kind, das Spiel und die Phantasie.

Doch ist das kein Hinderungsgrund dafür, dass in den Märchen Spielerisches mit Stimmungen der Angst, der Einsamkeit und Traurigkeit kombiniert wird, Themen, die aus der Literatur dieses Jahrzehnts gut bekannt sind. Sie sind auch bei einer Vorläuferin des Modernismus, der Finnlandschwedin Edith Södergran, zu finden, die das Märchen als die vielleicht wichtigste Dimension des Daseins bezeichnet hat. Dass Astrid Lindgren eine enge Beziehung zu Södergrans Lyrik hatte, ist bekannt – nicht von ungefähr lässt sie Göran in der Geschichte »Im Land der Dämmerung« in das Land, das Nicht Ist fliegen, das Södergran'sche Reich jenseits der Sinnenwelt.

Darüber hinaus ist diese Legierung aus Schwärze, Verspieltheit und träumerischem Reisen, die die Märchen des Bandes *Im Wald sind keine Räuber* auszeichnet, auch kennzeichnend für die späten vierziger Jahre. Ein positiveres Lebensgefühl und ein neuer Naivismus treten an die Stelle der düsteren Angst der ersten Hälfte des Jahrzehnts – schließlich hatte die Welt angefangen, sich nach dem Krieg langsam wieder zu öffnen.[5] Folke Isaksson, Lars Forssell und Urban Torhamn sind Autoren, die diese Haltung vertreten. Und Beppe Wolgers, der die Kinder als rätselhaftes Volk aus fremdem Land beschrieb.

»Leicht lenken Träume die weißen Pferde«, verkündete Bo Setterlind in seinem Debütgedichtband von 1948, und natürlich gehört Astrid Lindgren ebenfalls dieser Richtung an. Umso mehr, als die Märchen von *Im Wald sind keine Räuber* in einer ausgeprägt poetischen Sprache verfasst sind, die voller suggestiver Formeln und Wiederholungen ist und bei der die Betonung auf Traum und Sehnsucht liegt.

Als es zu dämmern begann ...

Das Lyrische kommt vor allem im Thema der Dämmerung zum Ausdruck, das eine Reihe von Märchen verbindet und das Dramatische verstärkt und auch mildert: eine Stimmung, die der Literatur der vierziger Jahre nicht fremd war. Gustav Sandgrens zwei Bände *Skymningssagor* (Märchen der Dämmerung, Anm. d. Übers.), 1936 und 1944 erschienen, erregten nicht wenig Aufmerksamkeit. Astrid Lindgrens Märchen kann man mit noch viel größerem Recht mit all dem verknüpfen, was die Dämmerung verkörpert. Kurz bevor die Dunkelheit anbricht, kann alles geschehen, das Dunkel reizt die Phantasie, und die Konturen der Wirklichkeit lösen sich auf. Das Merkwürdige – Wundersame – offenbart sich.

Und nicht nur in jenem Märchen, das den Titel »Im Land der Dämmerung« trägt. Auch in den anderen Geschichten des Bandes geschehen, wenn die Dunkelheit anbricht, sonderbare Dinge. In der winterlichen Dämmerung tanzen die Zwergenkinder Peter und Petra auf der Eisbahn im Vasapark. In »Die Elfe mit dem Taschentuch« entsteht das ganze Märchen vom Ball der Elfen aus der Frühlingsdämmerung. Und in der Geschichte von Mirabell kommt gegen Abend ein wunderlicher kleiner Mann angefahren und schenkt dem einsamen Mädchen ein golden glänzendes Samenkorn, aus dem eine Puppe wachsen wird. Die Epiphanie manifestiert sich im Alltag.

Diese Dämmerlichtmagie ist dem klassischen Märchen fremd, seine Welt ist in der Regel deutlich gezeichnet, hat scharfe Konturen. Das Märchen handelt von Tag und Nacht, für die Phänomene des Übergangs hat es nichts übrig. Die Dämmerung ist eher in den Sagen zu Hause und natürlich in der romantischen Poesie.

Die Dämmerstunde nimmt Astrid Lindgren auch späterhin gefangen. In *Mio, mein Mio* beginnt der Märchenbrunnen beim Einbruch der Dunkelheit seine uralten Mythen zu raunen. In »Die Schafe auf Kapela«, einem der Märchen aus *Klingt meine Linde*, offenbart sich das Dämmervolk mit erschreckender, Tod und Entführung einschließender Kraft.

Am schaurigsten ist es jedoch in *Ronja Räubertochter*, wenn die Wilddruden,»die grausamsten und wütigsten aller Dämmerungswesen des Waldes«, angeschwebt kommen:»Sie waren so schwarz vor dem hellen Frühlingshimmel.«

Das Schönste der Welt

Zu den Charakteristika des Märchens gehört, dass das Schöne als etwas Absolutes dargestellt wird: Die Prinzessin ist die Schönste der Welt, der Garten der schönste, den man je gesehen hat, usw. Astrid Lindgren gibt diesen Superlativen neues Leben. Sie huldigt dem Schönen ebenso leidenschaftlich wie Edith Södergran und die Romantiker.

Obendrein schildert sie, mehr als im Märchen üblich, das Schöne als etwas Erhabenes, etwas, das eine plötzliche Erschütterung auslöst und die Welt verändert. Eine Entdeckung, die der kindliche Betrachter macht und die mit dem schöpferischen Augenblick verbunden ist. So ist es auch, als sich vor Mio der Rosengarten auftut.»Das hier ist sicher das Schönste, was es auf der Welt gibt«, dachte er, eine Reflexion, die voll von Bedeutung ist.

Derselbe Superlativ ist bereits bei *Im Wald sind keine Räuber* zu finden, als Formel für die euphorischen Augenblicke, in denen sich die Märchenstimmung verdichtet und ihren Höhepunkt erreicht.»Nie habe ich gewusst, dass es so etwas Schönes gibt«, denkt Göran, als er »Im Land der Dämmerung« in Gesellschaft von Herrn Lilienstengel über Stockholm dahinfliegt. Dasselbe empfindet Gunnar, als er die Zwergenkinder in»Peter und Petra« auf dem Eis tanzen sieht.[6]

Die Offenbarung des Schönen beinhaltet die Befreiung vom Üblichen, von der Normalität. Diesen Schönheitskult verwandelt Astrid Lindgren in ihren Märchen in Gesang, in Tanz, Spiel und Bewegung.

Die innere Bühne des Kindes

Das Kind ist in Astrid Lindgrens Märchen sowohl Betrachter als auch Erzähler. Aber vor allem ist es der Held der Geschichte. Dieses Motiv sollte die Autorin in *Mio, mein Mio* und *Die Brüder Löwenherz* bis zur Meisterschaft entwickeln, hier wo das Kind auf den prachtvollsten Pferden die kühnsten Reiterkünste vollführt. Da triumphiert das Märchen! Auch hier erschafft sie eine Situation außerhalb der Normalität, die so einprägsam wie möglich von lebenswichtigen Dingen berichtet. Zu diesem Motiv gehört häufig das einsame Kind, dem Schmerz und Sehnsucht das Tor zum Reich des Phantastischen öffnen.[7] Astrid Lindgren erwählt diese Gestalten ganz sicher nicht nur aufgrund eines sentimentalen Gefühls für einsame und kranke Kinder, die in ihrer Phantasie »Merkwürdiges« erleben. Hier geht es in hohem Maße um eine erzähltechnische Methode, die davon zeugt, wie sehr sich Astrid Lindgren ihrer Rolle als Schriftstellerin bewusst ist. Ob sie nun lustig ist oder »traurig«, immer trifft sie ihre künstlerische Wahl. Sie weiß natürlich, dass sich das phantastische Spiel im Zusammenhang mit dem schweigsamen Kind am ergreifendsten entwickeln und unsere Sehnsucht am expressivsten schildern lässt.

Oder, wie Ole Hessler es in seinem Essay »Lyssna på sagorna ur Astrids brunn« (Lausche den Märchen aus Astrids Brunnen, Anm. d. Übers.), erschienen in *Dagens Nyheter* vom 14.11.1992, ausdrückt: »Den Killevipps-Nagel von allen anderen gewöhnlichen alten Nägeln im Dunkel des Zimmers zu unterscheiden ist ein Gnadengeschenk, das nicht nur den Kranken, Traurigen und Einsamen gegeben ist. Doch sind es jene, die das richtige Gespür dafür haben.«

Ein autobiografischer Roman, der auf eine erzähltechnisch interessante Weise die Spannung zwischen dem ans Bett gefesselten Kind und dem Eigenleben seiner Gedanken und Träume behandelt, ist Sune Örnbergs Roman *Stilla liv* (Stilles Leben, Anm. d. Übers.). Wie bei Astrid Lindgren entstehen Gefühle und Gedanken in dem Raum der Einsamkeit, von dem jedes Kind – und jeder Mensch – umgeben ist und der für unsere Entwicklung erforderlich ist.

In einem Interview, abgedruckt in *Dagens Nyheter* am 9.2.1997, denkt der Schauspieler Allan Edwall darüber nach, warum beinahe alle großen Gestalten, mit denen er in seiner Kunst in Berührung kam, so einsam gewesen sind. Sophokles, Söderberg, Euripides, Dostojewski, Kafka – »sie benutzen wohl den einsamen Menschen, um herauszufinden, wie es überhaupt ist, Mensch zu sein«. Das ist auch Astrid Lindgrens Konzept. Ihre Größe als Märchendichterin beruht auf ihrer Fähigkeit, das Kind als diesen einsamen Menschen zu sehen.

Kinder und Erwachsene

Einsamkeit bedeutet bei Astrid Lindgren jedoch selten, dass das Kind keine Erwachsenen um sich hat. Das gilt insbesondere für die Märchen im Band *Im Wald sind keine Räuber*. Doch eine gewisse Distanz zwischen Kind und Eltern scheint die Voraussetzung für das Leben in der Phantasie und die Entwicklung des Kindes zu sein. Die Erwachsenen bilden bei Astrid Lindgren häufig den Hintergrund für die Spiele und Phantasien des Kindes.

Ein Widerspruch zwischen Kind und Eltern existiert hingegen selten, weder in den Märchen noch im sonstigen Schaffen der Autorin. Sicher sagt Kuckuck Lustig (im gleichnamigen Märchen), dass die Erwachsenen aus Holz seien, aber damit wird wohl nur seine eigene Ansicht wiedergegeben. Die vorwitzige Behauptung ist obendrein nur seine Gegenreaktion auf die Unterstellung der Erwachsenen, er, der Kuckuck in der Uhr, sei aus Holz.

Aber in Bezug auf das Phantastische geschieht es zuweilen auch, dass die Grenzen zwischen Kindern und Erwachsenen ausgelöscht oder jedenfalls verwischt werden. Die Eltern können dazu dienen, den Traum des Kindes zu unterstreichen, die Märchenmystik zu verstärken. Manchmal scheinen sie in nachdenklicher Betrachtung versunken vor dem Märchen zu stehen – als erinnerten sie sich an etwas aus ihrer eigenen Kindheit, was zur Hälfte vergessen ist. Hin und wieder begegnen die Eltern dem Kind auf halbem Wege, wie im Märchen von der Puppe Mirabell, die die Erwachsenen ebenfalls aus der Erde wachsen »sehen«. Oder bringt das Kind die Eltern dazu, das Geschehen zu sehen und zu erleben?

Doch lediglich das Kind spielt und spricht mit seiner Puppenfreundin. Da verläuft die Grenze. Erst in *Karlsson auf dem Dach* wird die mythische Figur in all ihrer infernalischen Unersättlichkeit in die Familie eingeführt.[8] Weder Mutter noch Vater können ihr entgehen – das, wenn überhaupt etwas, ist wohl ein Beweis für die Urkraft der Phantasie.

Die moderne Sicht auf das Kind als ein dem Erwachsenen gleichberechtigtes Wesen wird bei Astrid Lindgren mit der romantischen Vorstellung verbunden, dass das Kind durch seine Nähe zu Natur und Magie diesem sogar überlegen ist. Bei *Im Wald sind keine Räuber* arbeitet die Autorin mit einer Mythologie, in der phantastische Gestalten auf ganz selbstverständliche Weise zusammen mit dem Kind agieren. Die Winzlinge – Elfen und andere Phantasiegestalten – erhalten bei ihr dieselbe Konkretheit wie die Menschen. Dennoch glauben wir wohl, dass sie vom Traum und von der Sehnsucht des Kindes heraufbeschworen sind. Ein inneres Drama wird geschaffen, das auf beinahe surrealistische Weise das Bedürfnis des Kindes nach Spiel und Spannung enthüllt, aber auch nach Liebe und Gemeinschaft. Die Geschichte »Nils Karlsson-Däumling« enthält all das in sich.

Nils Karlsson-Däumling

Auf liebenswerte und glänzende Weise sind in diesem Märchen eine Reihe jener Merkmale gestaltet, die ich gerade skizziert habe. Hier geht es um einen einsamen traurigen Jungen, der einen Freund findet.

Bertil ist sechs Jahre alt und allein daheim, während Mutter und Vater »in der Fabrik« arbeiten. Draußen ist es neblig und herbstlich feucht, im Haus ist es kalt und ungemütlich. Früher hatte der Junge eine Schwester, aber sie ist gestorben. Ihr Puppenhaus steht noch im Zimmer, und es spielt eine wichtige Rolle, als die Wirklichkeit verwandelt wird und die Phantasie die Regie übernimmt.

Bertils Verlorenheit wird sowohl sachlich als auch einfühlsam geschildert: »Oh, wie verging die Zeit doch langsam!« Die Tränen begannen zu laufen, als er daran dachte, wie »überaus traurig« alles war. In einer Hinsicht kann man das Märchen als Trauerarbeit des Kindes lesen. Um zu überleben, erfindet der Junge sein eigenes Märchen von einem liebevollen Freund.

Das geschieht, natürlich, in der Dämmerstunde. Als es »dunkel in den Winkeln« wird, legt er sich aufs Bett, was bei dieser Autorin der lebhaften Bewegungen stets Niedergeschlagenheit impliziert. In dieser depressiven Lage geschieht die Begegnung mit dem Übernatürlichen. Bertil hört plötzlich »kleine, trippelnde Schritte« unter dem Bett. Ein winziges Männlein offenbart sich, nicht größer als ein Daumen. Ein Däumling also, ein kleiner Wichtel, der sich als Nils Karlsson vorstellt.

Etwas »unglaublich Spannendes und Merkwürdiges« geschieht, als klar wird, dass sich auch Bertil in einen Däumling verwandeln kann, mit Hilfe des fröhlichen Losungswortes »Killevipps«, einer von Astrid Lindgrens vielen Bezeichnungen voll großer Durchschlagskraft.

Aber »Nils Karlsson-Däumling« ist mehr als nur ein humorvolles Liliputmärchen. Die Erzählung schildert mit feinem psychologischem Gespür, wie zwischen zwei kleinen gleich gesinnten Jungen Freundschaft entsteht. Im Vergleich zu seinem ausgehungerten und frierenden Kameraden lebt Bertil in größtem Wohlstand. Jetzt wird er gebraucht und kann etwas von seinem Überfluss abgeben. Speisen für einen Däumling lassen sich leicht besorgen – und die Essensbeschaffung ist im Werk dieser Autorin immer eine wichtige Geste. Streichhölzer werden zu Brennholz für den Kachelofen. Aus dem Puppenhaus der Schwester versorgt er seinen Freund mit Teppich und Möbeln. Und obendrein mit einem Bett, damit der erschöpfte Nils zu schlafen vermag.

Das Märchen macht sich mit Hilfe der diminutiven Dimensionen all das Entzückende und Rührende zu Eigen. Eine leicht absurde Komik würzt das phantastische Geschehen: »Kannst du zaubern?«, fragt Nisse verwundert, als Bertil die Umgebung des Freundes verwandelt. Alles geschieht gleichsam spielerisch, aber auch methodisch und mühevoll – mit großer Energie scheuern die beiden Kumpels den Fußboden mit einer abgebrochenen Zahnbürste.

Der wichtigste Punkt ist dennoch die glückliche Begegnung mit einem anderen Geschöpf. Der Däumling wird zugleich Bertils Spiegelbild und auch sein Befreier. Staffan Götestams Film von 1990 vergröbert diese fein abgestimmte Gegenseitigkeit, indem er eine drastische

Geschichte von einer Ratte einfügte, welche die beiden Wichte erschreckt. Gemessen an der Größe der Jungen nimmt sich das Tier wie ein Ungeheuer aus.

Die phantastischen Gestalten bekommen bei Astrid Lindgren nach Art des Märchens häufig den Status des Wirklichen. Es genügt nicht gänzlich, solche Wesen wie Nils Karlsson-Däumling, Herrn Lilienstengel und Kuckuck Lustig als Erfindungen oder Scheingefährten zu betrachten. Astrid Lindgrens Traumfiguren sind zuweilen expressiver als die wirklichen Personen. Der Däumling wird den Eltern zwar verheimlicht, doch ist er für Bertil selbst wirklicher als wirklich. Während ein späterer Karlsson, jener auf dem Dach, für die ganze Familie sichtbar wird, wirkt »Nils Karlsson-Däumling« mystifizierend. In der Schlussszene sitzt Bertil mit nassen Haaren am Tisch. Der Grund sei, dass er in der Geleeschale gebadet habe, erklärt er seinen Eltern, die das Ganze für einen Scherz

Das herrliche Bad in der Geleeschale.
Bild Eva Billow

halten. Wir Leser wissen jedoch, was es mit diesem schönen Bad auf sich hat. Ein geheimes Einverständnis existiert zwischen uns und dem Protagonisten, was ein fast ausgelassenes Gefühl hinterlässt.

Gewiss kann man das Märchen so deuten, dass das Kind mit Hilfe der Phantasie den eigenen Alltag umkrempelt. Es gibt einen Hinweis darauf, dass das Phantastische durch Leere und Mangel heraufbeschworen wird. Bertil stellt fest, dass es unten bei dem Freund jetzt richtig fein ist, »viel feiner als oben in seiner eigenen Wohnung«. Ja, sicher kann man das Märchen so lesen, als liege Bertil in der Dämmerung auf seinem Bett und male sich einen Wunschtraum aus ... Er ist der Dichter, der seine Geschichte erträumt.

Dennoch lebt das Märchen sein eigenes Leben. Es wird auch nicht als eigene Erzählung des Kindes wiedergegeben, wie es bei einigen anderen Märchen des Buches der Fall ist – und später in *Mio, mein Mio* sowie in *Die Brüder Löwenherz.* »Nils Karlsson-Däumling« ist in der dritten Person geschrieben.

Gleichzeitig enthält es bereits etwas von derselben Zwei-Welten-Methode wie *Mio, mein Mio.* In der Erzählung wird der Protagonist allerdings nicht in den Weltraum hinausgeschleudert. Hier kriecht er durch ein Rattenloch und verwandelt sich – nicht in einen Prinzen oder Ritter, sondern in einen Däumling, beim Märchen die spektakulärste Form der Metamorphose.

Die Abenteuer der Winzlinge sind ein altes Märchenmotiv. Wir brauchen nur an *Gulliver*, die *Märchen der Brüder Grimm* oder an *Hänschen im Blaubeerwald* zu denken. Und vor allem vielleicht an Nils Holgersson. Bereits mit dem Namen Nils Karlsson erweist Astrid Lindgren Nils Holgersson ihre Reverenz, unterstreicht Hans Holmberg. Doch ihr leichter und witziger Umgang mit dem Däumlingsmotiv ist Lichtjahre von Selma Lagerlöfs Schreibstil entfernt. In dem Buch *Wunderbare Reise des kleinen Nils Holgersson mit den Wildgänsen* wird der Protagonist aus einem Menschen in einen Däumling verwandelt, als Strafe dafür, dass der Junge sich zu Tieren bösartig verhält und seine Mutter mit ungezogenen Einfällen ärgert – allerdings ermöglicht die Metamorphose auch das wunderbare Abenteuer.

Bertils Schrumpfung zum Däumling hat nichts mit strenger Erziehung zu tun – schließlich liegen zwischen Nils Holgersson und der Geschichte von Bertil ganze vierzig Jahre. Die Sicht auf das Kind hat sich verändert. Während Selma Lagerlöf die Verwandlung als etwas Erschreckendes schildert, wäre Astrid Lindgren nicht diejenige, die sie nun einmal ist, wenn sie das Motiv nicht auch komisch gestaltete. Denn wer von uns liebt wohl das Bad in der Geleeschale nicht? Im Film hat man sie durch eine Zuckerdose ersetzt.

Und das Märchen endet fröhlich mit der gemütlichen Szene, in der Bertil mit nassem Haar am Mittagstisch sitzt und Nils Karlsson-Däumling unter seiner Jacke vorsichtig streichelt. Was tut es zur Sache, dass die Eltern glauben, er scherze nur. Das Märchen triumphiert!

Peter und Petra

Vielleicht geht es auch in »Peter und Petra« darum, Nähe zu erleben. Und darum, gebraucht zu werden. Das Märchen ist eine der zahlreichen Schulanfangsgeschichten, die fast ein eigenes Genre ausmachen, aber es ist auch eine ganz anders geartete Däumlingsgeschichte.

Gunnar, die Hauptperson, geht das erste Jahr in die Gustaf-Vasa-Schule.

Dorthin kommen eines Tages zwei winzige Geschwister, Peter und Petra. Sie gehören zum Zwergenvolk, aber verhalten sich in dem realistischen Schulmilieu, als sei die Sache völlig selbstverständlich. Im Gegensatz zu »Nils Karlsson-Däumling« benutzt dieses Märchen nicht das Motiv der Schrumpfung. Es spielt stattdessen mit den Proportionen, entsprechend dem Gulliver-Modell, d. h. dem Kontrast zwischen dem Riesen, dem Menschen und den Winzlingen, die an die Tür klopfen und erklären, sie möchten hier zur Schule gehen, da ihre Eltern der Meinung seien, auch Zwergenleute brauchten Bildung.

Peter und Petra wohnen im Vasa-Park und gehören daher zum Einzugsgebiet dieser Schule. Die Lehrerin kommt zu dem Schluss, dass damit die Vorschriften erfüllt sind, und fügt die Winzlinge dienstbeflissen in das System ein. Das Auftreten der beiden Gestalten aus der Miniaturwelt gibt der Geschichte zugleich etwas Liebenswürdiges und Zärtliches: Die Schulbänke müssen dem Format von Peter und Petra angepasst und die Garderobenhaken auf dem Flur so dicht über dem Boden angebracht werden, dass sie ihre Sachen aufhängen können.

Astrid Lindgren beherrscht nunmehr die Kunst, die Phantasie in der vorhandenen Wirklichkeit spielen zu lassen. Der Schulanfänger Gunnar wird der auserwählte Freund und Beschützer der Winzlinge. Sie dürfen auf seinem Schultisch sitzen und sich mitten in sein Buch stellen (genau wie Nils Holgersson in der Postille stand), wenn sie selbst vorlesen sollen. Hier wie in »Nils Karlsson-Däumling« entsteht ein vertrautes Verhältnis zwischen Mensch und Zwergenvolk. Gunnar ist, genau wie Bertil, offen und hilfsbereit.

Doch in erster Linie ist er Betrachter. Das Märchen enthält zwei Szenen, in denen das Kind verwundert in eine Welt voller Licht, Wärme und Schönheit blickt. Das erste Mal geschieht das, als er das Zuhause der Zwergenfamilie ausfindig macht. Die Familie wohnt in einem Erdhaufen unter einer Tanne im Vasa-Park. Weil Gunnar im Verhältnis zu dieser Miniwelt riesengroß ist, muss er sich hinknien, um durch das Fenster zu der Familie hineinsehen zu können, die in einem gemütlichen, von einer Petroleumlampe erleuchteten Zimmer versammelt ist.

Ihren Höhepunkt erreicht die Geschichte im zweiten Zuschau-Erlebnis, als Peter und Petra Gunnar einladen, sich ihren Schlittschuhtanz im Vasa-Park anzusehen – dem Park, auf den Astrid Lindgren, wie schon gesagt, so viele Jahre aus ihrem Fenster geblickt hat. Das Ereignis findet in der Dämmerung statt, als alle Kinder von der Eisbahn verschwunden sind. Auf »eine wunderbare, bezaubernde Weise« zogen die Winzlinge ihre Kreise. Und natürlich ist es für Gunnar »das Schönste, was er je gesehen hatte«. Er schaut in eine Welt voller Anmut.

In der Schule waren die Winzlinge fleißig gewesen, sie hatten wirklich gute Zensuren erhalten, ja sogar ein »Sehr gut«. Aber der Tanz ist Ausdruck für etwas anderes, als es der Drill in der Schule ist, für etwas Unbeschreibliches, das an ein ursprüngliches Ritual erinnert.

Das Ende des Märchens ist wehmütig. Als die Schule nach den Ferien erneut beginnt, sind die kleinen Freunde nicht mehr da. Eines Tages erhält Gunnar einen Miniaturbrief, in dem ihm die Geschwister berichten, dass sie umgezogen sind. In eine bessere Wohnung in Tierp.

Was ist nun das Anliegen dieser Geschichte? Einerseits ist sie ein Traumbild, das seine eigene Berechtigung hat, andererseits geht es hier wohl darum, wie die Offenbarung von Schönheit und Liebe dem Dasein eine weitere Dimension gibt, es geht um ein Glücksgefühl, das oft

Peter und Petra tanzen »auf eine wunderbare, bezaubernde Weise« auf
der Eisbahn im Vasa-Park. Bild Eva Billow

mit dem Gefühl des Verlustes bezahlt werden muss. Astrid Lindgren beherrscht nunmehr die Kunst, ihre Märchen rätselhaft ausklingen zu lassen. Wir müssen deren Geheimnisse erraten. Manches liegt im Schatten, anderes wirkt wie Mangel oder Leere.

In der Geschichte von Gunnar gibt es eine Art Leere. Nichts wird über seine Familie oder seine Freunde erwähnt. Vielleicht ist diese Leere eine Voraussetzung für sein Erlebnis von Schönheit und Wärme der anderen Welt. Die Erzählung ist nicht in der Ich-Perspektive geschrieben, aber man kann auch hier die Lesart anwenden, dass das Kind sein eigenes Märchen erträumt. Wird die Unruhe des kleinen Schulanfängers möglicherweise in Phantasiebilder kanalisiert, die von ein paar Wesen handeln, die noch schutzloser sind als er selbst? »GUNAR, DU BIST EIN PRIHMA KERL!«, begrüßen ihn die Winzlinge. Sind Peter und Petra seine Phantasiefreunde, die ihm bei dem schwierigen Zeitabschnitt des Schulanfangs Mut machen? Vielleicht ist Gunnar genauso einsam wie Bertil in »Nils Karlsson-Däumling«? Die Winzlinge sehen ihn und haben ihn gern. Die Beschützerrolle verleiht ihm Selbstvertrauen.

Aber die Tanzszene beinhaltet mehr als das. Ein ästhetisches und euphorisches Erlebnis – eine Barriere gegen den Alltag. Die Welt der Phantasie offenbart das Sublime! Dasselbe geschieht in »Die Elfe mit dem Taschentuch«.

Das Zeichen der Apfelblüte

Im Apfelblütenmärchen »Die Elfe mit dem Taschentuch« ist das Kind ebenfalls ein hingerissener Betrachter der fremden Welt. Auch hier steht der Tanz für die Epiphanie.

Die Elfen tanzen, als Lena aus Apfellund Geburtstag hat, genau zu der Zeit, als »ein Meer von Apfelblüten« den Garten verzaubert. Die Tanten kommen zu Besuch und sind voller Bewunderung für die Schönheit des Ortes. Von einer der Tanten erhält das Mädchen ein hauchdünnes Taschentuch mit Hohlsaum und Spitze zum Geschenk – ist dieses Tuch ein Symbol der Apfelblüte? Die Mutter ermahnt sie: »Auf dieses Taschentuch musst du gut aufpassen. Das darfst du nicht

Im Zeichen der Apfelblüte ...
Bild Ingeborg Uddén

verlieren.« Aber das Märchen sorgt dafür, dass das Taschentuch verschwindet, besser gesagt, dass es dort hingerät, wo es hingehört, direkt ins Märchen.

In Lenas Umgebung sind all jene Bestandteile zu finden, die sich rasch zum Traum verdichten – auch hier dreht es sich offensichtlich um einen Traum im Schlaf. Als der Geburtstag zu Ende und Lena zu Bett gegangen ist, erscheint eine kleine Elfe, eine Gestalt, die vielleicht mehr mit ihr zu tun hat als selbst die netteste Tante.

Von der Elfe Muj erfährt sie, dass der Garten in Wahrheit den Elfen gehört – wieder ist die Welt der kleinen Wesen das Entscheidende. Heute Nacht werden sie einen Ball geben, aber Muj ist traurig: Sie hat kein Ballkleid, und daher muss sie auf den Tanz verzichten, an dem der wunderschöne Elfenkönig teilnehmen wird. Ihre Freude ist groß, als sie plötzlich Lenas schönes Taschentuch entdeckt. Sie drapiert es zu

»einem schimmernden Kleid mit weitem, wogendem Rock und Hohlsaum und Spitzen« – und natürlich kann sich Lena nicht vorstellen, »dass es irgendwo auf der Welt ein schöneres Kleid gibt«. Schon hier erreicht diese kleine Travestie des Aschenputtel-Märchens einen ihrer Höhepunkte.

Aber der wirkliche Glanzpunkt ist der Moment, als Lena in der Dämmerung, versteckt im Geäst des Apfelbaums, eine wunderbare Welt vor sich erblickt. Dieses Erlebnis ist durch das Mysterium des Frühlings bedingt. Hier lässt sich die schönste Dämmerungsstimmung des Bandes genießen, welche die märchenhafte Szenerie des Tanzes heraufbeschwört: »Der ganze Garten lag in der Dämmerung. Es duftete so seltsam und die Apfelblüten leuchteten weiß vor dem dunkelblauen Frühlingshimmel. Über dem Garten lag eine eigentümliche Erwartung.«

Hier gibt Astrid Lindgren den lustvollen und andächtigen Erinnerungen an die blühenden Obstbäume ihrer Kindheit Ausdruck – ein poetisches Thema, das sie all die Jahre hindurch begleitet.[9] Doch die Schilderung der Ankunft des Elfenkönigs und seines Gefolges und wie er den Tanz mit Muj eröffnet, ist ausgesprochen »literarisch«. Sie knüpft nicht an volkstümliche Überlieferungen an, sondern eher an die romantische Tradition in Dichtung und Kunst. Die Zeremonie, so wie sie sich in den Augen des kleinen Mädchens ausnimmt, lässt an Elsa Beskows *Blomsterfesten i täppan* denken. Wie durch einen Guckkasten schaut Lena in eine Traumwelt.

Die Abweichung vom traditionellen Aschenputtel-Märchen ist nicht ohne Finesse. Als Lena die Elfe Muj nach dem Ball fragt, ob der König die Absicht hat, sie zu heiraten, antwortet die Kleine, das sei egal: Der Tanz an sich ist die Hauptsache gewesen – hier scheinen wir der tanzfreudigen Astrid selbst nahe zu kommen.

Wie in den anderen Märchen nimmt das Kind an einem Dasein jenseits des Alltags teil, an einer traumhaften Märchenwelt. Das Taschentuch ist zwar verloren, aber es ist sinnvoll eingesetzt: für einen wohltätigen Zweck, wie Lena – in der Sprache der Tanten, aber ihr eigenes Wohlbefinden einschließend – am nächsten Tag zu ihrer Mutter sagen wird.

Im Land der Dämmerung

Manchmal sieht Mama so richtig traurig aus. Daran ist nur mein Bein schuld. Ein ganzes Jahr lang habe ich nun dieses kranke Bein. So lange liege ich schon im Bett. Ich kann überhaupt nicht gehen. Das macht Mama traurig. Einmal hörte ich sie zu Papa sagen: »Weißt du, ich glaube, Göran wird niemals wieder gehen können.« Das sollte ich natürlich nicht hören.

Den ganzen Tag liege ich in meinem Bett und lese oder male oder baue mit dem Stahlbaukasten. Wenn es dämmerig wird, kommt Mama herein und fragt: »Wollen wir Licht machen oder willst du Dämmerstunde halten wie immer?«
Und dann antworte ich, dass ich Dämmerstunde halten will wie immer.

Mama geht wieder in die Küche.
Und in dem Augenblick klopft Herr Lilienstengel ans Fenster. Herr Lilienstengel gehört zum Volk der Dämmerung. Er wohnt im Land der Dämmerung. Man nennt es auch das Land, Das Nicht Ist. Jeden Abend nimmt mich Herr Lilienstengel mit ins Land der Dämmerung.[10]

So direkt und sachlich beginnt die Geschichte »Im Land der Dämmerung«, das kühnste und aufsehenerregendste Märchen des Bandes *Im Wald sind keine Räuber*. Alle Prämissen des Märchens sind vorhanden. Wir können das Kind vor uns sehen, allein in seinem Zimmer, wie es auf das Phantastische wartet, das bei Anbruch der Dämmerung geschehen wird. Schwermut mitten in der Sachlichkeit.

Göran liegt an sein Bett gefesselt wie später unser aller Krümel. Und auch er erzählt seine eigene Geschichte, das seltsame Märchen von Herrn Lilienstengel, der überall in der Stadt ein bisschen an den Fenstern vorbeitrippelt und in der Dämmerstunde sichtbar wird (vergleichbar mit den trippelnden Schritten des Winzlings in Nils Karlsson-Däumling und denen der weißen Taube, die in *Die Brüder Löwenherz* auf dem Fensterblech landet). Herr Lilienstengel geht geradewegs zu Göran ins Zimmer, »obwohl das Fenster geschlossen war«.

»Oft war zuerst *der Name da*«, betont Astrid Lindgren, als sie davon erzählt, wie sie zu ihren »Einfällen« kommt. Und in diesem Fall hatte die Tochter Karin die Idee gehabt, das galt nicht nur für Pippi Langstrumpf, sondern auch für einen Namen wie Herrn Lilienstengel.

Die Tochter wusste auch, wer dieser Mann war: »ein netter fliegender Onkel, der immer dann zu Besuch kam, wenn kein Erwachsener in der Nähe war«. »Das Kind kriegte sein Märchen«, schreibt Astrid Lindgren. »›Im Land der Dämmerung‹ habe ich es genannt.«[11]

Der fliegende Herr Lilienstengel ist ein Vorläufer des lebensprallen Karlsson vom Dach, aber auch sein absoluter Gegensatz – eine morbide Figur in Schwarz und Weiß. Ein »Geist der Dämmerlande«, um Karl Vennbergs Gedicht »Wenn du in diesem Dunkel« aus *Fiskefärd* (dt. Angelfahrt, Nachdichtung von Anni Carlsson) von 1949 zu zitieren, ein Band, der also im selben Jahr wie *Im Wald sind keine Räuber* erschien. Dieser Geist ist Begleiter und Tröster auf der Fahrt ins Totenreich:

Vielleicht gibt es
nahe Einen, der der Sanftmut Geist ist,
Geist der Dämmerlande,
Hand, die leitet,
Flüsterstimme, wenn wir schlafen gehen,
in der Gebärerinnen Haus, in einer ewigen Mutter Reich.

Herr Lilienstengel gehört zum Volk der Dämmerung. Der Schrumpfungsgedanke dirigiert auch diese Erzählung, selbst wenn er nicht im selben Maße ins Auge springt wie in »Nils Karlsson-Däumling«: Herr Lilienstengel ist eine kleine Gestalt, die in einem kleinen Haus – der Villa Lilienruh – wohnt, und Göran wird auf der Reise der Größe seines Begleiters angepasst. An Herrn Lilienstengel gibt es auch einen Zug von Stereotypie: Sein Markenzeichen ist ein Satz, der sich durch das ganze Märchen zieht (und der auch zu einer bekannten Lindgren-Chiffre geworden ist): »Spielt keine Rolle. Spielt gar keine Rolle im Land der Dämmerung.«

Herr Lilienstengel, genau wie sein guter Freund, der Wetterhahn vom Turm der Klara-Kirche, fliegt mit Kindern Dämmerrunden ins Land der Dämmerung, auch das Land, Das Nicht Ist genannt. Die Bezeichnung, einem bekannten Gedicht von Edith Södergran entliehen, schließt den Todesgedanken ein, ohne ihn zu benennen. Hier, in diesem seltsamen Märchen, begegnet uns zum ersten Mal der Paradiestraum, der Astrid Lindgrens Signum ist, die Vision von einem Reich jenseits der Grenzen der Realität, das mit der spielerischen Welt des Kindes übereinstimmt. Dieses Motiv wiederholt sich sowohl in der Geschichte von den Kindern einer armen Familie in *Klingt meine Linde* als auch in *Die Brüder Löwenherz*. Auf die verschiedenste Weise variiert sie den Archetypus dieses Spiels, der für Unschuld, Glückseligkeit und Schönheit steht.

Doch das Dämmerland der vierziger Jahre ist kein ländliches Nangijala. Hier ist es noch immer Stockholm, das sich als ein fesselndes Land voller phantastischer Möglichkeiten erweist. Die Namen von Straßen und Plätzen sind authentisch. Sie fungieren als Zeichen in der geografischen Mythologie des Märchens. Herr Lilienstengel holt Göran am Karlbergsweg ab, fliegt mit ihm über Stockholm und landet im Kronobergs-Park, wo auf den Bäumen rote und gelbe Bonbons wachsen. Sie besuchen den Volkspark Skansen, den Tiergarten und die Landzunge am Sund. Göran darf alles ausprobieren, was Spaß macht. Aber die Stimmung enthält auch Wehmut, eine Art Feierlichkeit.

Der Höhepunkt ist das Erlebnis im Volkspark Skansen. In der »Dämmerstunde« erwacht die Vergangenheit zum Leben. Altertümlich gekleidete Bewohner des Seerosenhofes aus Härjedalen treffen sich hier, spielen Geige, tanzen und essen Fladenbrot wie in alten Zeiten. Auch Göran schwingt das Tanzbein. Die Schilderung erweitert also Raum und Zeit. Vielleicht kann man die Szene auch als einen Gruß an unser großes klassisches Kinderbuch sehen – der Volkspark bildet schließlich den Ausgangspunkt für das Stockholm-Szenarium in *Nils Holgersson*.

Auch der Flug über Stockholm erinnert an Selma Lagerlöf. Wie sie bestätigt auch Astrid Lindgren die Schönheit der Stadt:

> Wir flogen über die Eichen des Tiergartens und über spiegelndes Wasser und flogen hoch über die Stadt hinweg. In den Wohnungen wurde nun Licht angemacht. Nie habe ich gewusst, dass es so etwas Schönes gibt wie die Stadt dort unter mir in der Dämmerung.

Hier treffen wir auf Astrid Lindgrens Formel für Epiphanie: Die Begeisterung ist die gleiche wie jene, die Gunnar erfasst, als er den Schlittschuhtanz in »Peter und Petra« betrachtet, oder als Mio den Rosengarten betritt, Krümel vor dem Kirschtal steht, und jene von Lena, als sie fasziniert dem wirbelnden Tanz der Elfen zusieht.

Die Schönheit versetzt den Betrachter in Erstaunen, aber es geht hier nicht um reinen Ästhetizismus. Die Offenbarung des Allerschönsten auf der Welt wird von der Liebe initiiert. Gunnars Glücksgefühl angesichts des Tanzes ist durch seine Zuneigung für Peter und Petra bedingt. Mios Freude über den Rosengarten ist nicht von seinem Gefühl der Zusammengehörigkeit mit dem Vater zu trennen. Und »Im Land der Dämmerung« spüren wir eine Vertrautheit zwischen Herrn Lilienstengel und Göran, zwischen dem Begleiter und dem Kind.

Die Doppelbelichtung des Märchens

»Im Land der Dämmerung« ist das Märchen aus *Im Wald sind keine Räuber*, das traditionelle Elemente am kühnsten mit modernen Zeichen kombiniert. Göran aus der genannten Geschichte kann einen Bus fahren und den Bagger dirigieren und wie in *Pelle allein auf der Welt*, dem berühmten Bilderbuch des Dänen Jens Sigsgaard aus den vierziger Jahren, einen stolzen Augenblick lang die Straßenbahn lenken.[12]

Der Bagger, die Straßenbahn, die Untergrundbahn werden mythische Begriffe, die sich auf derselben Ebene mit den Winzlingen, den auferstandenen Bewohnern von Härjedalen, dem Märchenkönig und seiner Königin befinden. In der modernen Ästhetik bezeichnet man diese technischen Begriffe, die den psychologischen Archetypen entsprechen, mit dem Terminus Kenotypen.[13]

Das Märchen verwendet eine kühne Doppelbelichtung. Während wir uns in Stockholm befinden – die einzelnen Orte tragen realistische Namen wie Sankt-Erik-Straße und Westbrücke –, geraten wir zugleich in eine sonderbare Märchenwelt. Die Straßenbahn ist »voll von lauter wunderlichen Männlein und Weiblein«, die alle zum »Volk der Dämmerung« gehören. Auch Kinder gibt es unter ihnen, bemerkt Göran. Ein Mädchen erkennt er wieder. Sie ist schon lange »hier im Land der Dämmerung«, stellt Herr Lilienstengel fest. Mehr als alles andere deutet diese Bemerkung darauf hin, dass wir uns im Land der Toten befinden.

Göran darf im Land der Dämmerung eine Straßenbahn voll »von lauter wunderlichen kleinen Männlein und Weiblein« fahren. Hier in Marit Törnqvists Version.

Noch immer macht es Spaß, die Straßenbahn zu dirigieren. Doch ein Anflug von Wehmut gibt der Schilderung Kühle. Denn die Straßen sind merkwürdig leer, ohne Menschen und ohne Leben, während Stockholm in diese »geheimnisvolle blaue Dämmerung« gehüllt ist. Die Fahrt endet mit einer absurden Szene. Plötzlich »sprang die Bahn aus dem Gleis und ins Wasser« – Hans Holmberg assoziiert hier treffend den Todesfluss Styx.[14]

Die Märchenstimmung kulminiert im Besuch des Stockholmer Schlosses, wo Göran und Herr Lilienstengel »den König vom Land der Dämmerung und die Königin vom Land, Das Nicht Ist« besuchen. Damit sind wir mitten in der unvergänglichen, von Edelmetallen glänzenden Welt des Märchens angekommen: Der König »trug ein Gewand aus Gold und die Königin ein Gewand aus Silber«.

Geräusche und Töne verstärken die sakrale Stimmung bis zur Erregung – wenn der König spricht, klingt es, »als rausche ein riesiger Wasserfall«, und die Hofdamen und Hofherren stimmen einen Gesang an, »wie er in der Stadt Stockholm wohl noch nie zu hören gewesen ist«. Ein Gesang, bei dem Göran das Gefühl hat, es laufe ihm Feuer und Eis den Rücken hinunter.

Ich denke an die Szene, als Viktor Rydbergs kleiner Vigg in Gesellschaft des Zwerges vor den König und seine liebliche traurige Prinzessin tritt. Aber in jener geht es darum, den Jungen zur Rechenschaft zu ziehen. Klein Viggs Betragen wird von den höchsten moralischen Instanzen abgewogen. Bei Astrid Lindgren ist die einladende visionäre Stimmung das Wesentliche. Ein Zeichen, das wie kein anderes verdeutlicht, dass wir in einer neuen Ära des Märchens angekommen sind.

In der Geschichte »Im Land der Dämmerung« sind die Begrenzungen des normalen Daseins aufgehoben. Alles ist möglich. Auf dem Heimweg zum Karlbergsweg darf Göran das Allerschönste erleben: Er darf mit dem Greifer des Baggers Kies hochholen. Ein Schacht für die Untergrundbahn wird gebaut, und plötzlich entdeckt er »einige kleine wunderliche Greise mit roten Augen, die zu ihm heraufsahen aus einem Loch tief unten, wo die Untergrundbahn einmal fahren soll«. Das sind »die Unterirdischen«, erklärt Herr Lilienstengel. »Auch sie gehören zum Volk der Dämmerung. Sie haben große, weite Säle dort unten, die von Gold und Diamanten glänzen.«

Das Märchen knüpft an volkstümliche Vorstellungen von den ursprünglichen Bewohnern der Berge und Gruben an, die nicht abhängig von den normalen Begrenzungen des Daseins sind. Als Göran befürchtet, der Tunnel könne direkt durch die Säle dieses Volkes gesprengt werden, beruhigt ihn Herr Lilienstengel: »Die Unterirdischen ziehen einfach mit ihren Sälen um, wenn es sein muss.«

Nein, in dieser Stadt gelten die realen Begrenzungen nicht. Die Freiheit hat eine starke Verlockung, einen Sog aus dem Jenseits. Als Göran und Herr Lilienstengel zur Villa Lilienruh kommen, wird das Bild des Lustgartens sichtbar, das bei Astrid Lindgren zur sich stets wiederholenden Mythologisierung des Paradieses der Kindheit werden sollte. Hier begegnet es uns mit nahezu surrealistischen Bildern.

Über der Villa Lilienruh – der Name trägt den unverkennbaren, jedoch sanften Stempel des Todes – scheint allezeit die Sonne, der Flieder blüht und die Barsche beißen ständig. »Willst du nicht manchmal herkommen und angeln?«, fragt Herr Lilienstengel seinen Begleiter. Das will Göran natürlich – dasselbe Vergnügen wartet übrigens auf Krümel, als er die Schlafbank verlässt, um ins Kirschtal zu kommen. Und dieser Zusammenhang ist nicht zufällig. Die Geschichte »Im Land der Dämmerung« weist bereits auf Astrid Lindgrens große Märchenschilderung *Die Brüder Löwenherz* hin.

Das Sommerleben, die Höhepunkte der Sommerferien – das ist bei Astrid Lindgren das Paradies. Und im vorliegenden Fall identifiziert sie dieses Paradies als das Land, Das Nicht Ist. In der Sprache des Märchens gestaltet sie ihren Traum vom vollkommenen Leben jenseits der Materie.

Doch wird es mit Verweisen auf die mit den Sinnen erfahrbare Welt versehen. Die Traumsequenzen vom Volkspark werden damit erklärt, dass Göran, als sein Bein noch gesund war, mit Mama und Papa dort manchmal im Gartenrestaurant Kaffee getrunken hat. Seine Bagger-Phantasien korrespondieren mit der Information, dass der Vater ihn manchmal ans Fenster trug, damit er »die großen Bagger sehen konnte, die dort Kies und Steine tief aus der Erde holten«. Und die Angelrute steht unbenutzt in Görans Zimmer …

So ist die Phantasie bei Astrid Lindgren in der realen Welt verwurzelt. Auf diese Weise baut sie auch die phantastischen Welten von Mio und Krümel – Göran aus dem Karlbergsweg kann man natürlich als einen Vorläufer nicht nur von Krümel, sondern auch von Bo Vilhelm Olsson aus der Upplandsgata ansehen.

Auf dieselbe Weise wie diese beiden erschafft der Junge in der Dämmerstunde sein eigenes Märchen – bearbeitet die Erfahrungen, die er gemacht, und die Märchen, die man ihm erzählt hat. Göran schöpft, wenn man Jungs Termini verwenden will, aus den Schätzen, die sein Bewusstsein enthält, und bezwingt seine Angst vor dem Tod.

Die Mobilisierung dieser inneren Ressourcen beginnt an jenem Abend, als er seine Mutter zufällig sagen hört, dass er wohl nie wieder gesund wird. Verdeckt erzählt das Märchen von seinem baldigen Tod. Die phantastische Gestalt des Herrn Lilienstengel ist zugleich Helfer und Bote von der anderen Seite – man beachte die Verbindung zu den Farben Schwarz und Weiß (die in Astrid Lindgrens Geschichten oft Tod assoziieren) in der Zusammensetzung Lilie und dem weißen und schwarzen Hut. Nisse Larsson zieht in einer Rezension eine kühne Parallele zur *Göttlichen Komödie*:

> Die Geschichte »Im Land der Dämmerung« ist eine suggestive, noch immer sehr geheimnisvolle Geschichte von einem Jungen und jener Gestalt, die ihm den Weg weist, ein kleiner Dante und ein reizender freundlicher Vergilius, der Abend für Abend seine mystische Reise ins und – nicht zu vergessen – auch aus dem Reich der Toten wiederholt.

Allerliebste Schwester

Die poetischste Geschichte aus dem Band *Im Wald sind keine Räuber* mit dem Titel »Allerliebste Schwester« kann man vielleicht ein Alice-im-Wunderland-Märchen nennen, selbst wenn Astrid Lindgren jede Beeinflussung durch Alice verneint.[15] Der verfeinerte Stil dieses englischen Klassikers stimmt auch wenig mit Astrid Lindgrens Schreibweise überein. Die Inspiration kann übrigens ebenso gut aus ihrem Lieblingsmärchen »Der verzauberte Prinz« herrühren.

Wie auch immer: In »Allerliebste Schwester« benutzt sie den vertikalen Schnitt des Märchens. Ein kleines Mädchen, Barbro, schlüpft in der Phantasie hinunter in die Unterwelt, direkt an jener Stelle, wo der schöne Rosenbusch des Gartens, Salikon genannt, wächst. Der Name Salikon ist ein Wort voller Mystik, das einst in der Kindheit von Astrids Bruder Gunnar erfunden worden war.[16] Und der Rosenbusch ist Astrid Lindgrens bevorzugtes Symbol für alles Schöne und Faszinierende – ja »noch kann ich ihn sehen und den Duft spüren und mich der Seligkeit des Heckenrosenbusches auf der Rinderkoppel erinnern, der mir zum ersten Mal gezeigt hat, was Schönheit ist«, schreibt sie in »Das entschwundene Land«.

Aber die Rose ist oft als Motiv in Märchen zu finden. Man kommt nicht umhin, an die Bedeutung zu denken, welche die Rose in H. C. Andersens Märchen oder, in seiner Nachfolge, bei Elsa Beskow hat. Ihr Märchen »Der kleine Rosenstock«, die Geschichte von Malin, deren Seele mit dem Stock verschmilzt, habe ich bereits erwähnt. Ganz besonders denke ich an die Szene, da die Rosen welken, als Malins Liebster fortzieht. Diese Märchen haben die Traumstimmung gemeinsam. In beiden Fällen bedeutet die Konfrontation mit der Wirklichkeit das Erwachen. Bei Elsa Beskow ist die Hauptgestalt ein junges liebendes Mädchen, bei Astrid Lindgren jedoch ein Kind.

Und wie in der Geschichte »Im Land der Dämmerung« erzählt dieses Kind in der Ich-Form. Die Märchen haben auch dasselbe Anliegen. Im Dämmerungsmärchen verlässt das Kind die Wirklichkeit und findet eine phantastische Heimstatt in dem Land, Das Nicht Ist. Barbro in »Allerliebste Schwester« erschafft sich eine heimliche Zwillingsschwester, was rührend und komisch zugleich wirkt, wenn wir uns die vertrauliche Mitteilung des Kindes anhören:

Jetzt will ich ein Geheimnis erzählen, das kein Mensch außer mir kennt: *Ich habe eine Zwillingsschwester.* Erzählt es niemandem! Nicht einmal Mama und Papa wissen davon. Denn als wir vor langer Zeit geboren wurden, meine Schwester und ich – es war vor sieben Jahren –, da lief meine Schwester sofort hinaus und versteckte sich hinter dem großen Rosenbusch, der in der hintersten Ecke im Garten steht. Stellt euch vor, dass sie so weit laufen konnte, obwohl sie doch eben erst geboren war!

Ja, diese Schwester ist wahrhaftig die eigene Schöpfung der Protagonistin: ein Märchen-Ich oder ein Traum-Ich, ein Zwilling und ein Alter Ego. Sie trägt auch einen Märchennamen, heißt Ylva-li, mit jenen weichen Konsonanten, die Astrid Lindgren ihren Märchenfiguren vorbehält. Und für Ylva-li ist die Ich-Erzählerin, wie schon der Titel des Märchens berichtet, eben die »Allerliebste Schwester«.

Der psychologische Hintergrund für die Entstehung der Zwillingsschwester wird einfach und ohne Umschweife aufgedeckt, als Barbro erzählt, wie es bei ihr zu Hause ist: »Papa hat Mama am liebsten und Mama liebt von allen am meisten meinen kleinen Bruder, der im Frühling geboren wurde. Aber Ylva-li mag nur mich.« Barbro hat gebettelt, die Eltern mögen ihr einen Hund schenken, aber die wollten nicht. Sie sagten, Hunde machten so viel Arbeit und seien vielleicht auch nicht gut für den kleinen Bruder. Die Phantasie hat hier einen brisanten kompensatorischen Zug.

Ylva-li ist Barbros Märchen-Ich. Zwischen den Mädchen existiert ein geheimes Einvernehmen, eine Sprache, die nur sie verstehen. »Kim hot«, ruft Ylva-li die Schwester, als diese unter dem Rosenbusch Salikon sitzt. Und Barbro schlüpft durch das Loch in die Erde, steigt eine lange Treppe hinunter und geht durch den dunklen Gang des Märchens bis zu jener Tür, die in den Goldenen Saal führt, wo Ylva-li Königin ist. Ein Zwerg bedient sie, und zwei kleine schwarze Pudel, Ruff und Duff, kommen angerannt und bellen erfreut – hier geistert der Hund herum, den Barbro sich so sehnlich wünscht. Bei Ylva-li gibt es auch andere Tiere, in erster Linie Pferde: ein weißes Pferd, dessen Mähne und Hufe aus Gold sind, und ein schwarzes Pferd, dessen Mähne und Hufe aus Silber sind. Goldfunken und Silberfunken lauten ihre Namen. Märchenpferde also, und die Schwestern reiten zusammen aus – wie später Mio und sein Freund Jum-Jum. Hier werden auch die finsteren und lichtdurchfluteten Provinzen vorbereitet, die wir in *Mio, mein Mio* kennen lernen sollen. Im Großen Schrecklichen Wald wohnen die Bösen und strecken drohend ihre langen Arme nach den Kindern aus, um sie zu fangen. Aber Barbro und Ylva-li kommen auch zu der Wiese, wo die Artigen ihnen Kuchen und Bonbons reichen.

Das Pferd ist Träger des Unterbewussten, meint die Märchenexpertin Marie-Louise von Franz, und die Schilderung von Barbros Abenteuer ist jedenfalls eine starke Unterwelt-Phantasie, in der Träume und Ängste des Kindes zum Ausdruck kommen.[17] Eine Schilderung, die die ungestümen Ritte aus den Büchern *Mio, mein Mio* und *Die Brüder Löwenherz* ankündigt. Von *Ronja Räubertochter*, wo erneut ein Mädchen im Mittelpunkt steht, einmal ganz abgesehen.

»Allerliebste Schwester« gleicht einem wehmütigen Gedicht über jenes Spiel der Phantasie, das auch den Schmerz enthält. »Wenn die Rosen des Salikon welken, werde ich tot sein«, vertraut Ylva-li ihrer Schwester an, als sie sich trennen.

Und der Rosenbusch welkt. Der Alltag ersetzt den Traum. Barbro wird geradezu schockartig aus ihrem Traum geweckt, als sie ins Kinderzimmer kommt, wo ihre Mutter den kleinen Bruder zu Bett bringt.

> Mama war ganz weiß im Gesicht, und als sie mich sah, legte sie meinen kleinen Bruder schnell hin und lief mir entgegen. Sie nahm mich in die Arme, weinte und sagte: »Liebling, wo bist du nur gewesen? Wo bist du den ganzen Tag gewesen?« – »Hinter dem Rosenbusch«, sagte ich. – »Gott sei Dank, oh, Gott sei Dank, dass du wieder da bist!«, sagte Mama und küsste mich. »Wir haben solche Angst um dich gehabt.«

Dann folgt die freudige Überraschung. In Barbros Zimmer wartet ein kleiner schwarzer Pudel. Ein Substitut, das in der Kinderliteratur nicht ungewöhnlich ist. Doch hier verschmilzt die Wirklichkeit mit dem Märchen, denn der Hund heißt seltsamerweise Ruff, genau wie der Pudel unten im Goldenen Saal. Aber dieser hier ist noch süßer als jener. »Er war eben lebendiger, das war er.«

Barbro braucht ihren Traum nicht länger. Die Eltern haben gesehen und verstanden. Der Wunsch des Mädchens ist erfüllt worden.[18] Dennoch tut es weh, wenn Träume zerbrechen … Das Märchen endet wehmütig: »Heute Morgen, als ich in den Garten kam, sah ich, dass Salikons Rosen verwelkt waren. Und ein Loch gab es auch nicht mehr in

94

der Erde.« Die Wirklichkeit ist an die Stelle des Traums getreten, und sie hat ihren Preis: die Trauer darüber, dass die Schwester sterben musste. Oder richtiger gesagt: Die Phantasie ist erloschen – eine Seite des Mädchens selbst wird von nun an nicht mehr genutzt werden.

Unter den Märchen des Bandes *Klingt meine Linde* (1959) gibt es eine weitere Unterweltgeschichte: »Die Schafe auf Kapela«. Sie handelt ebenfalls von einem kleinen Mädchen, das durch ein Loch in der Erde verschwindet. Doch ist dieses ein Märchen mit dunklerem Vorzeichen. Die Protagonistin wird in das Spiel der unterirdischen Wesen hineingezogen. In »Allerliebste Schwester« ist das Kind – wie auch mehrere andere Kinder des Bandes *Im Wald sind keine Räuber* – vorläufig nur Betrachter.

Die Puppe Mirabell

Einem kleinen Mädchen, das sein eigenes Märchen erzählt, begegnen wir auch in »Die Puppe Mirabell«. Es heißt Britta-Kajsa, was vielleicht auf eine ländliche Umgebung verweist. Auch hier geht es um Einsamkeit und Kompensation. Das Wünschen ist eins der Grundelemente des Märchens, und hier zieht es eine wundervolle Erfüllung nach sich. Das kleine Mädchen wünscht sich so »schrecklich, schrecklich, schrecklich« eine Puppe, dass diese schließlich direkt aus der Erde wächst.

Das ist ein typisches Lindgren-Thema, dem ein stehender Ausdruck ihres Vaters zu Grunde liegt. Als junger Bursche hatte er sich einmal so sehnsüchtig ein Fahrrad gewünscht, »dass es reineweg wunderlich war, dass keins aus dem Erdboden auftauchte«, ein Satz, der bei der Tochter in mehreren Varianten wiederkehrt.[19]

Doch »Die Puppe Mirabell« hat auch ihre Wurzeln in der klassischen Märchentradition, wo das arme artige Kind seinen brennenden Wunsch erfüllt bekommt. Britta-Kajsa ist ein einsames, armes Kind, das von einer schönen Puppe aus dem Spielwarengeschäft der Stadt träumt. Die Eltern plagen sich redlich mit dem Verkauf von Gemüse, aber das Geld reicht nicht aus, um den Wunsch des Kindes zu erfüllen.

Die Beschreibung, wie die Familie wohnt – »in einem ganz kleinen Haus mit einem kleinen Garten drum herum« – lässt an Elsa Beskows

Das Märchen von der ganz kleinen Alten denken. Hans Holmberg weist auf eine andere Parallele hin: auf Hans Christian Andersens »Däumelinchen«. Er ist der Ansicht, dass Astrid Lindgren zu viel von diesem Märchen, eventuell nach der Bilderbuchfassung von Elsa Beskow, entliehen hat.[20] Aber in Wahrheit hat sie nur dieselbe Idee benutzt: Aus einem Samenkorn, von einer geheimnisvollen Gestalt übergeben, wächst ein Wesen. Die Geschichte von dem wunderlichen kleinen Mann, der sich auf einem Fuhrwerk dem Haus nähert, als das Mädchen allein daheim ist, erinnert eher an Viktor Rydbergs *Abenteuer des kleinen Vigg am Heiligabend*.

Gewiss kommen einem klassische Märchen in den Sinn, wenn man Astrid Lindgrens Bücher liest. Doch schlägt die Phantasie bei ihr eigene Wege ein. Auch die Form unterscheidet sich. Die Ich-Erzählung, die sie in »Die Puppe Mirabell« ebenso wie in »Allerliebste Schwester« und »Im Land der Dämmerung« benutzt, ist in älteren Märchen kaum denkbar. Britta-Kajsa erzählt von dem Seltsamen und Wunderbaren, das vor zwei Jahren passiert ist, als sie sechs Jahre alt war. Die Geschichte hat also eine gewisse »Es war einmal«-Perspektive. Was sie berichtet, ist obendrein »das Seltsamste«, was sie in ihrem ganzen Leben erlebt hat – eine Formel, die später in *Mio, mein Mio* wiederkehrt.

Auch hier geschieht das Wunder im magischen Augenblick der Dämmerung, in dem alles seltsam wird und alles Erdenkliche geschehen kann. Der Einsatz des Wortes seltsam suggeriert das absurdeste Geschehen in diesem Märchenbuch. »Gegen Abend, als es dämmerig wurde«, und es war ein seltsamer Abend, da geschah es. »Es lag etwas Seltsames in der Luft, ja, ich kann nicht erklären, wie seltsam alles war«. Ein Pferdefuhrwerk mit einem »wunderlichen kleinen Mann« nähert sich dem Haus. Das Mädchen öffnet diesem merkwürdigen kleinen Mann das Gattertor, damit er nicht erst abzusteigen braucht, doch statt des Gatterpfennigs bekommt sie ein gelbes Samenkorn. »Es leuchtete wie Gold« – auf die gleiche Weise wird ein paar Jahre später der goldene Apfel beschrieben, der Bosses Leben in *Mio, mein Mio* verwandelt. Das Samenkorn soll in die Erde gesteckt und ordentlich begossen werden, mahnt der Mann, »dann wirst du etwas Lustiges erleben«. »Es war alles so seltsam«, fasst das Kind zusammen.

Das Wunder geschieht, eine Puppe wächst aus der Erde. Zuerst ragt der rote Hut heraus – wie ein Radieschen – und dann der ganze Körper, eine Puppe mit rosigen Wangen und rotem Mund. Das einzigartige Erlebnis wird mit jener Formel unterstrichen, die dieses Märchenbuch rhythmisch durchzieht, der Formel für das absolut Schönste: »Das war die schönste Puppe, die ich je gesehen hatte.«

Das Wunder wird von Mama und Papa bestätigt, die die Puppe voller Erstaunen ebenfalls bemerken. Oder haben wir den Text so auszulegen, dass sie aus Liebe und Solidarität die Erzählung der Tochter akzeptieren? Hingegen sind sie nicht dabei, als die Puppe zu reden beginnt und mit Britta-Kajsa Unfug treibt. »Gewiss, sie ist ziemlich wild, das ist wahr«, fasst die Puppenmutter altklug zusammen. Sie heiße Mirabell, das verkündet die Puppe selbst – einer der vielen geheimnisvollen Namen, die das Phantastische bei Astrid Lindgren unterstreichen.[21]

Das Märchen endet mit der Beteuerung der Wahrheit. Entsprechend einer gut bekannten Märchenformel wird hier eingeschärft, dass das Geschehen tatsächlich wahr sei. Britta-Kajsa wendet sich an das Publikum und lädt alle ein, zu ihr zu kommen und sich ihre »schöne, feine Mirabell« anzuschauen. »Geht nur immer den kleinen, schmalen Weg entlang, der zu unserem Haus führt.« Sie wird ganz sicher am Zaun stehen und uns ihre Puppe zeigen …

Das Motiv des magischen Samenkorns kehrt zehn Jahre später in »Klingt meine Linde« wieder, einem der Märchen aus dem gleichnamigen Band. Es ist Malin aus dem Armenhaus, die ein Samenkorn in die Erde legt, aus dem auf dem Kartoffelacker eine Linde wächst. Dieses Märchen nähert sich der Legende. Aber schon »Die Puppe Mirabell« knüpft an das Genre an. Die Geschichte handelt schließlich von einer Art Auferstehung.

Die Prinzessin, die nicht spielen wollte

Ein weiteres Puppen-Märchen ist in dem Band *Im Wald sind keine Räuber* enthalten: »Die Prinzessin, die nicht spielen wollte«, abgedruckt, wie erwähnt, bereits 1947 in *Landsbygdens Jul*. Auch hier handelt es sich um ein »Es war einmal«-Märchen mit Merkmalen, die man beispielsweise aus »Die Prinzessin, die nicht lachen konnte« kennt. Die Geschichte erinnert an Astrid Lindgrens zweites Märchen, das im Schlossmilieu spielt: »Ich darf tun, was ich will, sagte der Prinz«, publiziert in *Sagoprinsessan* (1946). Beide Märchen lassen die geschickte Autorin erkennen, doch sind sie von einem Moralismus geprägt, der ansonsten bei *Im Wald sind keine Räuber* verschwunden ist. Sie knüpfen eher an eine ältere Märchentradition an, in der weder das unartige noch das mit Spielsachen verwöhnte Kind eine Seltenheit ist.

»Es war einmal eine Prinzessin, die nicht spielen wollte.« So beginnt das Märchen. Die Prinzessin Lise-Lotta hasst ihr schönes Zimmer, voll gepfropft mit Spielsachen:

> Da gab es die süßesten kleinen Puppenmöbel und Puppenherde mit richtigen kleinen Töpfen und Wasserkesseln, da gab es alle Arten Stofftiere, weiche Katzen und struppige Hunde. Da gab es Baukästen und Malbücher und Tuschkästen und einen richtigen Kaufmannsladen mit Rosinen und Zucker und bunten Bonbons in den Schubfächern.

Diese lustvolle Beschreibung weckt sicher das Entzücken so manchen Lesers. All diese Dinge! »Und trotzdem wollte die Prinzessin nicht spielen.«

Lise-Lotta wurde genau wie die Kinder in Hjalmar Bergmans »Sagan om lek« (Märchen vom Spielen, Anm. d. Übers.) vom Überdruss gepackt.[22] Ebenso gut kann man in ihr, wie ein Vorschlag lautete, ein verwöhntes Kind aus einer Millionärsvilla sehen – oder, was das betrifft, auch ein Symbol für das moderne Einzelkind im Wohlstands-Schweden. Die Dinge sind mit den Jahren schließlich nicht weniger geworden.

Hjalmar Bergmans Märchen erzählt von zwei Geschwistern, die der Überfluss so erstickt, dass sie nicht spielen können.

Kannst du dir das vorstellen! Ihr Vater schenkte ihnen Schlafpuppen, die sprechen konnten, dazu Zinnsoldaten und Schaukelpferde, aufziehbare Eisenbahnen, Straßenbahnen und vieles andere. Nils und Greta sagten danke, und dann standen sie ein Weilchen da und betrachteten all die schönen Dinge. Und dann schaute einer den anderen an, sie schüttelten den Kopf und gingen gähnend davon.

Was Stimmung und Ton in »Die Prinzessin, die nicht spielen wollte« anbelangt, gibt es auch Anlass, die Freundschaft zwischen dem Prinzen und dem Hirtenjungen im Märchen von Bam-Bam und Viribunda zu erwähnen. Der Prinz wird zum besten Freund von Toto, der die Schafe vor dem Gefängnis des Schlossgartens hütet – und Toto ist es, der dem Prinzen die eigenhändig angefertigte Rohrpfeife schenkt.

Anna Maria Roos' Märchen vom Beginn des vergangenen Jahrhunderts vertritt eine demokratische Haltung, die jene Astrid Lindgren angesprochen haben dürfte, für die die Prinzen- und Prinzessinnenrolle eher ein Kostüm, eine Art Verkleidung ist. In den beiden von ihr verfassten Märchen, die im Schlossmilieu spielen, fungiert dieses Kostüm beinahe wie eine Zwangsjacke. Denn Astrid Lindgren kennt nicht nur das Bullerbü-Kind mit den rosigen Wangen, sondern auch das deprimierte Kind.

Die unvermutete Begegnung mit einem Kind außerhalb der Treibhausatmosphäre des Schlosses verwandelt auch das Leben für »Die Prinzessin, die nicht spielen wollte«.

Es kommt zur Metamorphose, als die Prinzessin dem Mädchen Maja begegnet, die ihr selbst in vielem ähnelt und dennoch völlig anders ist, ein normales Kind, das der Prinzessin beibringt, die Phantasie bei einfachen, alltäglichen Dingen spielen zu lassen. Mit diesem Mädchen aus dem Volk geht die Prinzessin Lise-Lotta zu beider Nutzen einen Tausch ein. Maja bekommt die schöne Schlafpuppe der Prinzessin, während Pia, die selbst gebastelte abgewetzte Puppe Majas, Eingang in die Säle des Schlosses findet – es ist wie Roggenbrot nach feinem Gebäck zu essen. Der Überfluss des Märchens wird durch die schlichte Wirklichkeit ersetzt, genau das Gegenteil also zu den anderen Geschichten des Bandes. Wie das Märchen vom unartigen Prinzen enthält auch dieses Prinzessinnen-Märchen einen demokratischen Zug.

Die eingesperrte Prinzessin begegnet Maja, einem normalen Mädchen, das ihr das Spielen beibringt. Bild Eva Billow

Doch ist natürlich nicht die Puppe das Wichtige, sondern die Euphorie, durch die die sterile Muffigkeit, verkörpert von Schloss und Luxus, behoben wird. Das Märchen ist eine Hymne auf das Spiel zu den Bedingungen des Kindes.

Kuckuck Lustig

Mehrere der Märchen des Bandes *Im Wald sind keine Räuber* unterstreichen die Bedeutung des Spiels. Das Märchen von Kuckuck Lustig ist in der Mittelschicht angesiedelt, in der es sich die Eltern leisten können, ihren Kindern Geschenke zu machen. Die Geschwister Gunnar und Gunilla liegen krank im Bett – doch steht es um sie nicht schlimmer, als dass sie unterhalten werden wollen –, und um sie zu zerstreuen, kauft ihr Vater ihnen eine Kuckucksuhr. Jede Stunde springt der Vogel aus der Uhr und ruft sein »Kuckuck«, um die Zeit anzugeben.

Dann geschieht »etwas Merkwürdiges«. Der Kuckuck erweist sich als lebendig. Er stellt sich als Kuckuck Lustig vor und amüsiert die Kinder mit Spielen und Kunststücken. Kuckuck Lustig macht Sturzflüge über ihren Betten, redet ohne Unterlass, prahlt und macht Späße.

Ein wenig knüpft die Geschichte an Zacharias Topelius' klassisches Märchen »Kyrktuppen« (Der Wetterhahn, Anm. d. Übers.) an, ebenfalls ein sich groß tuender Vogel aus Holz. Aber dieses Märchen macht sich auf moralisierende Weise über die Aufgeblasenheit des Hahns lustig. Bei Astrid Lindgren verkörpert der Vogel Freude und Schönheit. Der Kuckuck legt »niedliche kleine Goldeier«, was zur Standardbemerkung für das superlative Schönheitserlebnis führt: Gunilla meint, »noch nie etwas so Hübsches gesehen zu haben«.

Dass Kuckuck Lustig zum Winzlingsvolk gehört, geht aus seinen Kontakten zu den Elfen im Königsgarten und den Wichteln in der Stockholmer Altstadt hervor. Er selbst ist ein wirklicher Tausendsassa, der alles tut, damit sich die Kinder wohl fühlen, er fliegt sogar aus dem Haus, um Weihnachtsgeschenke einzukaufen, da sie selbst ja im Bett liegen müssen.

Das Phantasiespiel des Märchens läuft vor den Kindern ab, die hier Betrachter sind. Kuckuck Lustig entspricht ihrem Bedürfnis nach Spiel und Lärm, und ganz sicher ist er ein Vorläufer von Karlsson auf dem Dach, als er sich auf etwas ungehörige Weise über die Erwachsenen lustig macht: »Jetzt wollen wir uns mal einen Spaß mit eurer Mama machen!« Schließlich nicht seine Schuld, dass Erwachsene aus Holz sind.

Er selbst hat, wie bereits im Kapitel »Erproben im Märchen« erwähnt, einen Vorläufer in einer der Geschichten, die in *Landsbygdens Jul* erschienen sind, der Geschichte von »Filiokus«, dem Männlein in der Uhr, das den faulen Kalle überwacht. Deutlicher als jede Analyse zeigen diese beiden Märchen, wenn man sie nebeneinander legt – »Filiokus« von 1934 und »Kuckuck Lustig« von 1949 –, die Veränderung, die Astrid Lindgrens Märchendichtung erfahren hat, vom Moralismus zum reinen Fabulieren. Die ehemals so handfeste Geschichte hat sich in ein heiter schwebendes Gebilde zwischen Wirklichkeit und Phantasie verwandelt, mit einer als Denkanstoß wirkenden Unsicherheit.

»Kuckuck Lustig« endet zweideutig. Gewiss können wir das Märchen so lesen, als ginge es um die Phantasien der Kinder zur Kuckucksuhr, als wäre es ein Spiel der beiden. Dennoch nimmt Kuckuck

Lustig als wahrer Spaßvogel die Wirklichkeit unter Beschuss, als er am Ende ganze sechsundzwanzig Mal ruft, obwohl die Uhr gerade acht schlägt. Die Mutter hört diesen Verstoß gegen die Naturgesetze und findet die Sache eigenartig.

Natürlich könnte es ja sein, dass der Mechanismus nicht funktioniert ...

Im Wald sind keine Räuber

»Kuckuck Lustig« lässt unser Verhältnis zur Wirklichkeit unsicher werden. Das Titelmärchen des Bandes jedoch mit seinem rhythmisch suggestiven Namen zieht eine deutliche Grenze zwischen Wirklichkeit und Phantasie. Es schließt den Kreis des Märchenbuchs, indem es erneut die Miniaturwelt des Puppenhauses einführt und sie mit Magie auflädt.

»Im Wald sind keine Räuber« ist ein Beispiel für Astrid Lindgrens Fähigkeit, Doppelbelichtungen vorzunehmen: Wir können ihre Inszenierung der Handlung betrachten. Peter weilt bei der Großmutter. Er hat draußen mit »Janssons Jungen« gespielt. Mit dem Schlachtruf »Im Wald sind keine Räuber!« läuft er die Treppe zu Großmutters Haus hinauf, es wird langsam dunkel und Großmutter hat schon eine Weile versucht, ihn ins Haus zu rufen.

Das Spiel ist stürmisch gewesen, war er doch mit Holzschwert und Platzpatronenpistole ausgerüstet. Doch jetzt sucht er Geborgenheit. Wo eigentlich ist Großmutter? Während er wartet, hockt er sich vor das Puppenhaus, das früher einmal seiner Mama gehört hat.

»Im Wald sind keine Räuber ...«
In der Küche war Großmutter nicht.
»Im Wald sind keine Räuber ...«
Im Wohnzimmer war sie auch nicht. Hinter den Klappen des Kachelofens brannte ein Feuer. Im Zimmer war kein Licht. In allen Ecken war es dunkel. Großmutters Schaukelstuhl stand neben dem Nähtischchen. Auf dem Sofa lag »Tausendundeine Nacht« noch genau so aufgeschlagen, wie Peter es verlassen hatte, als die Jungen von Janssons ihn abgeholt hatten.

»Im Wald sind keine Räuber …«

Peter stieß das Holzschwert ins Sofa und eine kleine weiße Feder kroch aus der Füllung hervor.

»Im Wald sind keine Räuber …«

Hinten in der Ecke stand das Puppenhaus, das Mama gehört hatte, als sie klein war. Es war ein sehr schönes Puppenhaus, da gab es unten eine Küche und ein Esszimmer und im oberen Stockwerk ein Schlafzimmer und einen Salon. Im Salon saß eine kleine Puppe, die ein blaues Kleid anhatte. Sie hieß Mimmi.

Peter zielte mit seiner Platzpatronenpistole auf Mimmi und schrie wieder: »Im Wald sind keine Räu-be-e-er!«

Rhythmisch, knapp und konkret werden das Milieu und die Voraussetzungen für die Metamorphose geschildert: die Abwesenheit der Großmutter, die Stimmung mit dem Feuer im Ofen und der Dämmerung, die weiße Feder, die Peter mit seinem Schwert herausgerissen hat, *Tausendundeine Nacht,* das aufgeschlagen auf dem Sofa liegt, vermutlich genau bei »Ali Baba und die vierzig Räuber«. Aber da ist vor allem der Satz »Im Wald sind keine Räuber«, der in das Bewusstsein des Lesers eingehämmert wird. Das wilde Spiel mit »Janssons Jungen« wird in der Phantasiegeschichte von der Miniaturwelt zu Ende gebracht, die – wie Hans Holmberg betont – paradoxerweise weit konkreter ist als das Spiel mit den Nachbarjungen. Er unterstreicht auch, dass Astrid Lindgren bereits hier mit jener Metaebene arbeitet, die in *Mio, mein Mio* dominierend werden sollte: Peter ist sich bewusst, dass er in einem Märchen auftritt – während all das zugleich blutiger Ernst ist.[23]

Von außerhalb des Puppenhauses, aus dem dunklen Wald, droht der Überfall durch Fiolito, den Räuberhauptmann mit schwarzem Schnurrbart, Schlapphut und Pelerine, und durch all seine vierzig Räuber, die ihm auf den kleinsten Wink gehorchen. Peter, der in seiner Phantasie zu einem Akteur im Puppenhausdrama verkleinert wurde, beabsichtigt, Mimmi bis auf den letzten Blutstropfen zu verteidigen. Fiolito stiehlt ihre schöne Perlenkette – die Peters Mama als kleines Mädchen aufgefädelt hatte (und die in Wahrheit nicht mehr als zehn Öre wert ist). Aber Mimmi hat den Räuberhauptmann hinters Licht geführt.

Puppe Mimmi zeigt Peter, wo sie die wirklich wertvolle Halskette versteckt hat. Bild Eva Billow

Im Topf der Pelargonie hat sie ihre Kette Nummer zwei versteckt, die mit den echten Perlen (obwohl Peter weiß, dass es eigentlich genau dieselben Perlen sind: Seine Mutter hatte damals zwei Ketten aufgefädelt). Der Text arbeitet mit einer Art Einflüsterungen, wodurch verschiedene Bilder und Erklärungen der Ereignisse gegeben werden, die hier geschehen.

Das Märchen gestaltet aus dem Spiel heraus den Zauber des Phantastischen. Ein typisches Jungenspiel – jeder, der mit kleinen Jungen zu tun hatte, weiß, dass es eine Zeit lang ungeheuer wichtig ist, mit dem Schwert zu kämpfen und Pistolen abzufeuern, ohne dass das Kind deshalb zum Raufbold werden muss. Die klassische Ritterfigur des Märchens, die Astrid Lindgren in späteren Erzählungen weiterentwickelt, hat hier einen Vorläufer in diesem kleinen ritterlichen Verteidiger der Puppe Mimmi.

Puppe, Puppenhaus, Mama, Halskette – eine weibliche Sphäre, der eine maskuline Haltung gegenübergestellt wird, die einerseits wild und aggressiv, andererseits ritterlich ist – Ritter und Räuber sind zwei männliche Prototypen, die Astrid Lindgren interessieren.

Doch ist es in Wahrheit die Puppe Mimmi, die in diesem Märchen die Situation beherrscht. Eine echte Pippi Langstrumpf, die Peter überlegen mustert und ihn einen richtigen Dummkopf nennt. Sie ist es, die ihm beibringt, dass es *doch* Räuber im Wald gibt. »Und wie viele! Merk dir das fürs nächste Mal!« So bestimmt wird die Phantasie geltend gemacht – auch wenn sie gefährlich und herausfordernd ist.

Die scheinbar einfache Geschichte ist kunstvoll gebaut. Ausgehend von der geheimnisvollen abendlichen Stimmung, der Stimulanz durch *Tausendundeine Nacht* und den Erinnerungen an Mutters Erzählungen wird das dramatische Spiel um die Formel »Im Wald sind keine Räuber« – eine in Schweden allgemein übliche Spielfloskel – geschaffen.[24]

Dieses Märchen ist mit einem Epilog versehen, durch den wir von der Dämmerung in die nüchterne Wirklichkeit versetzt werden. Als die Großmutter durch die Tür hereinkommt und das Licht anknipst, entsteht eine Distanz zu den wilden Phantasien. Was sie sieht, ist Folgendes: »Hinten beim Puppenhaus saß Peter und guckte zu Mimmi hinein, der kleinen Puppe im blauen Kleid, mit der seine Mama so oft gespielt hatte, als sie noch klein war.«

Diese Szene enthält eine stille Wehmut, die andeutet, dass die Mutter des Jungen tot ist. Vielleicht ist es – wie Hans Holmberg vermutet – seine Sehnsucht nach ihr, die im Spiel mit der Puppe Mimmi zum Ausdruck kommt, von der gesagt wird, dass sie keine Mutter hat. Wie dem auch sei: Jedenfalls gibt es auch in diesem Dämmerungsmärchen einen Anflug von Sehnsucht und Trauer.[25]

Mio, mein Mio –
tiefer hinein ins Märchen

In *Mio, mein Mio*, Astrid Lindgrens erstem Märchenroman, gibt es auch einen Räuber. Es ist der Ritter Kato, der die Kinder von der Insel der grünen Wiesen entführt, wo das Leben sonst so wundervoll sein könnte. In *Mio, mein Mio*, das 1954 erschienen ist, öffnet Astrid Lindgren die Tür des Märchens auch für das Böse und Grausame, das im Band *Im Wald sind keine Räuber* nur zu erahnen ist. Das Kind steht vor einer neuen, größeren Herausforderung.

Dieses Kind ist jener Junge, den Astrid Lindgren auf einer Bank im Tegnér-Park so einsam sitzen sah. Sie schildert seine Verlassenheit und Sehnsucht nach einem Zuhause, wie Per Svensson es ausdrückt.[1]

Das Leichte und Spielerische in den Geschichten des oben genannten Bandes ist so gut wie gänzlich verschwunden. Zwar gibt es Spiel und Humor auch in *Mio, mein Mio*, doch vor allem erzählt das Märchen vom schweren Auftrag des Lebens, von Angst, Kampf und Befreiung.

Obwohl Astrid Lindgrens vorausgegangene Geschichten Originalität und Eigenwert besitzen, können sie als Vorstudien zu *Mio, mein Mio* betrachtet werden. Jetzt dringt sie tiefer in das Märchen und tiefer in die Seele ein. Während sie sich paradoxerweise zugleich auch vom Märchen entfernt.

Gast in der Wirklichkeit

Der Ausgangspunkt ist der gleiche wie bei den Märchen des Bandes *Im Wald sind keine Räuber*. *Mio, mein Mio* ist aus einer kurzen, abgeschlossenen Erzählung hervorgegangen, die mit diesen Geschichten verwandt ist. Das erste Kapitel, 1950 in der Zeitschrift *Idun* abgedruckt, ist ein Märchen vom Wunder der Dämmerstunde. Genau wie in den vorausgegangenen Geschichten öffnet die Wirklichkeit das Tor zu einer phantastischen Welt. Doch geht es hier um eine stärkere Kollision zwischen Märchen und Alltag und um eine größere Vision.

Die Ausgangssituation ist steriler als bei den Märchen des genannten Bandes. Wie bereits in mehreren dieser Geschichten ist der Protagonist ein Stockholmer Junge. Doch ist er nicht Teil der romantischen Seite der Stadt, sondern gehört deren Kehrseite an – der Steinwüste, der Tristheit, dem grauen Nebel.

So empfindet es Bo Vilhelm Olsson, neun Jahre alt und Gast in der Wirklichkeit, der in der Upplandsgatan wohnt und an diesem Abend auf einer Bank im Tegnér-Park sitzt. Er ist im Leben auf der falschen Seite gelandet, bei Pflegeeltern, die ihn nicht leiden können und die er Tante Edla und Onkel Sixten nennt. Er weiß, dass seine Mutter tot ist, doch träumt er davon, dass es seinen Vater gibt, der irgendwo auf ihn wartet. Von dieser untergründigen Sehnsucht wird die Erzählung gelenkt.

Und gerade an diesem Herbstabend, an dem ihm alles genauso düster und verlassen erscheint, wie es Bertil in »Nils Karlsson-Däumling« erging, geschieht das Wunder, die Begegnung mit dem Übernatürlichen. Diesmal ist es kein freundliches kleines Männlein, sondern ein Flaschengeist – nicht von ungefähr sind Bosse die Märchen aus *Tausendundeine Nacht* wohl vertraut. Ein dramatischer Wechsel geschieht, als der Geist mit Bosse in den Armen aus dem Tegnér-Park davonfliegt ins Land der Ferne.

Hier handelt es sich nicht nur um einen Ausflug in der Dämmerstunde – ein Dahinschweben über Stockholm, von dem man wieder zurückkehrt – wie in der Geschichte vom Land der Dämmerung. Bosse folgt dem Geist auf eine Reise ins Universum, in eine Welt jenseits der Sterne. Und dort bleibt er.

Ein erhabener kosmischer Ton erklingt bei dieser Himmelsfahrt. Vielleicht gibt es hier einen Zusammenhang mit dem in den fünfziger Jahren erwachten Interesse am Kosmos. Der Weltraum schien offen zu stehen. Die ersten Verse von Harry Martinsons *Aniara* wurden 1953 in der Gedichtsammlung *Cikada* (Zikade, Anm. d. Übers.) veröffentlicht. Eine ganze Literatur der phantastischen Reisen in Zeit und Raum bildete sich heraus, und in der Lyrik wurde der Ikarus-Mythos zum bevorzugten Thema.

Mio, mein Mio gehört in diese Strömung, doch folgt das Buch seiner eigenen Richtung, indem es sich auf die Erlebnisse und das Heranwachsen des Kindes konzentriert. Die Schwindel erregende Reise in das Land der Ferne ist auch eine Reise in die Gefilde der Seele. Während das Märchen seinen Horizont in immer größere Ferne verlegt, wird die psychologische Schilderung vertieft. Die große Vision von den Märchenwelten gibt dem Weite, was auf der inneren Bühne des Kindes geschieht.

Denn während wir uns im suggestiven Fluss des Märchens befinden, in dem Mio die Hauptperson ist, führen wir zugleich ein vertrauliches Gespräch mit jenem Bosse, der im Tegnér-Park sitzt und deprimiert zu den Mietshäusern emporschaut. Dieses Bild ist so stark, dass wir es während der gesamten Lektüre vor Augen haben. Es bildet die Voraussetzung für die Finsternis des Märchens, aber es ist auch der Schatten, vor dem sich das Lichte abzeichnet.

Wie in einem Märchen

Und von Licht umstrahlt ist die Insel der grünen Wiesen im Land der Ferne, wo Bosse dem Vater begegnet, von dem er geträumt hat. Wie sich herausstellt, ist jener dort König, und Bo selbst verwandelt sich in einen Prinzen, einen Königssohn, den der geliebte und liebende Vater zärtlich und voller Wärme willkommen heißt. Endlich wird alles, was falsch war, richtig, und Bosse erhält seinen wahren Namen: den Märchennamen Mio, der »so weich und warm« klingt.

In *Mio, mein Mio* arbeitet Astrid Lindgren mit traditionellen, naiven Märchenbegriffen. Sie unterscheidet sich von zeitgenössischen Erzählern, die eine eigene Märchenmythologie erschaffen, wie C. S. Lewis, Tove Jansson oder Tolkien. Sie begibt sich stattdessen zurück zum »Urschauplatz« mit dem starken Märchenerlebnis der Kindheit und lässt diese Erfahrung produktiv werden.

Das geschieht, indem sie ihre Erzählung nun zum ersten Mal auf echten Märchenelementen aufbaut. Die Rhetorik des Märchens gestattet auch, die Naturgesetze aufzuheben – Pferde können fliegen, die Natur hilft Mio und Jum-Jum auf ihrer schweren Reise zu Kato, selbst die Dinge besitzen magische Eigenschaften zum Nutzen der Helden.

Andrerseits folgt Astrid Lindgren der goldenen Regel, die besagt, je phantastischer eine Szene ist, desto realistischer müssen die einzelnen Details sein. Deshalb steckt der Geist bei ihr in einer normalen Bierflasche, die das Etikett »Stockholmer Brauerei-Aktien-Gesellschaft Klasse II« trägt. Hier hat der Leser Gelegenheit zum Schmunzeln. Dazu kommt er sonst nicht eben häufig in *Mio, mein Mio*, das nicht nur eine ernste, sondern auch eine traurige Geschichte ist.

Doch je tiefer sich Astrid Lindgren in das Märchen hineinbegibt und dessen wohl bekannte Atmosphäre erschafft, desto komplizierter wird der Märchencode. Im Grunde genommen ist das Buch ein Märchen, das ein Märchen imitiert, ihm nur ähnelt. Wir befinden uns nicht in der unmittelbaren, naiven Welt des Märchens, sondern in einer Erzählung, die die Märchentradition bewusst macht.

Die Häuser, die Menschen und der Brunnen tragen realistische Züge, doch für Mio ist es wichtig, dass er alles, was ihm begegnet, aus den gelesenen Märchen wiedererkennt. Als er zu Jiris Häuschen kommt, wo sich der Märchenbrunnen befindet, erfahren wir, dass es genauso aussah »wie ein Haus aus einem Märchen«. Und Nonnos Großmutter »sah gleichsam etwas märchenhaft aus, obwohl sie eine richtige, lebendige Großmutter war«. Diese Metaebene lässt die Erzählung zu etwas anderem als einer Wiederholung des klassischen Märchens werden.

Rosengarten und Pastorale

Auch die abgenutzte Bezeichnung Rosengarten erhält in *Mio, mein Mio* Sinn und Leuchtkraft. Während der goldenen Zeit des Märchens zu Beginn des zwanzigsten Jahrhunderts war der Rosengarten fast zum Synonym für das Märchen geworden. Nun füllt Astrid Lindgren diese Schablone mit neuem Leben. Der Lustgarten des Königs im zweiten Kapitel, das einfach »Im Rosengarten« heißt, ist übervoll von Liebe, Schönheit – und Trauer.

Vor allem wird mit dem Rosengarten eine Leidenschaft für die Schönheit zum Ausdruck gebracht, die alles andere im Werk der Autorin übertrifft. »Niemand kann jemals etwas so Schönes gehört oder gesehen haben wie das, was ich in meines Vaters, des Königs, Rosengarten hörte und sah.«

Zugleich reflektiert der Rosengarten des Märchens das tatsächliche Erlebnis mit den Heckenrosen, das Mio von einem Besuch bei Benka in Vaxholm in Erinnerung geblieben ist – und an das sich Astrid Lindgren von der »Rinderkoppel« daheim in Näs selbst erinnert.

Doch während die Heckenrosen als das, was sie sind, erstrahlen, knüpft der Rosengarten des Märchens an eine literarische Tradition an. Allusionen zur romantischen Dichtung verleihen ihm eine übersinnliche Dimension, die Metaphorik liegt nicht weit von der Symboldarstellung in Per Daniel Atterboms *Lycksalighetens ö* (Die Insel der Glückseligkeit, Anm. d. Übers.). Der Rosengarten, den Mio an der Hand des Königs besucht, schließt den Gedanken der Schönheit und der Liebe mit ein. Der Ort ist zugleich das Zentrum des Märchens und der Lustgarten des Paradieses mit singenden Silberpappeln und seltsamen Vögeln.[2]

Das Gefühl, im Paradies zu sein, bleibt bei der Schilderung des guten Lebens auf der Insel der grünen Wiesen erhalten. Jene wird als ein Idyll und ein Wunderland dargestellt, mit Lämmern und Hirten, freundlichen Menschen und lieben Spielkameraden. Weil wir uns im Märchen befinden, kann Mios Pferd Miramis »über die Wolken laufen und über Sterne springen«. Und im Brunnen bei Jiris Häuschen rieselt kein Wasser, sondern er raunt Märchen und Sagen.

Auf der Insel der grünen Wiesen lebt Mio das Leben, das Astrid

Lindgren stets als das ursprüngliche glückliche Leben beschreibt. Das Kind in Harmonie mit der Natur und allem Lebendigen, im Einklang mit dem Spiel und dem Lauschen. Doch bald häufen sich die Zeichen der Bedrohung. Eine tiefe Verzweiflung quillt in eruptiven Ausbrüchen hervor, sie lässt die Pferde Blut weinen und die Rosen sterben. In der lichten Welt, dem sanften Idyll, wissen die Menschen, dass Ritter Kato – das Gegenbild des guten Königs – Kinder von der Insel der grünen Wiesen raubt und sie in Vögel verwandelt. Wie im Mythos und in der Literatur wird das Idyll von der Schlange angegriffen, dem Symbol des Bösen. Auch Ritter Kato hat »Schlangenaugen«.

Nun gestaltet Astrid Lindgren zum ersten Mal das schwärzeste Schwarze, das entsetzlichste Gefängnis, die schrecklichsten Späher. Das Märchen geht über zu neuen verschlungenen Wendungen, hinein in den uralten Kampf zwischen Gut und Böse. Mio wird von einem kleinen Prinzen, einem sorglosen spielenden Kind, in einen Ritter verwandelt.

Der Spiegel des Märchens

Wie der Held im Märchen zu allen Zeiten muss auch er hinaus in Gefahren, in die Finsternis. Mios Schicksal wird vorbereitet, die Fäden gesponnen. Auch hier folgt die Erzählung dem Code des Märchens: Da gibt es den Auszug des Helden, sein Weiterziehen, die Person, die ihn aussendet, die Helfer auf seinem Weg, den endgültigen Kampf mit dem Ungeheuer.

Die verschiedenen Phasen des Märchens allegorisieren den psychologischen Verlauf, die Auflehnung des Helden gegen sein Schicksal, seine Pein und wie er vom Nichtwissen zu Einsicht und Entschlossenheit gelangt, kurz gesagt, seine Individuation.[3] Mio möchte im kindlichen Leben, in Spiel und Idyll, verbleiben. Doch empfängt er störende, beunruhigende Signale. Am Ende lassen sie sich nicht länger abwehren. Sein Schicksal ist vorausbestimmt, er ist der Held, auf den alle gewartet haben, der das Land erlösen soll, und seine Handlung als Held steht kurz vor ihrer Erfüllung. Schritt für Schritt wird er mit seinem Auftrag vertraut gemacht.

Entscheidend ist der Wunsch des Vaters, dass der Sohn fortzieht und gegen Ritter Kato kämpft. Der König ist traurig darüber, dass der Sohn ihn verlassen muss, aber er hindert ihn nicht – es gibt Literaturkritiker, die hier ein Christus-Motiv und eine messianische Struktur konstatieren. Der Vater erscheint als die wichtigste Sendeperson des Märchens. Seine Liebe lenkt den Sohn und er hält die Hand über ihn. Aber die Menschen in den kleinen weißen Hütten bereiten Mios Kampf gegen Kato ebenfalls vor. Der Widerstand des Märchens gegen die Übermacht – was später in *Die Brüder Löwenherz* noch stärker betont werden wird – ist ein verborgenes, doch konsequentes Thema des Buches. Die Hütten, von Wladimir Propp als bedeutende Stationen im russischen Märchen hervorgehoben, haben auch hier ihre Märchenfunktion.[4] Sie sind die Zentren der Trauer und des stummen Widerstands gegen Kato. Jede Begegnung mit den Leuten in den Hütten bringt Mio der Vollendung seines Schicksals näher. Er wird zum Ritter gekürt durch die Riten, als man ihm »Brot, das den Hunger stillt« reicht und »Wasser, das den Durst löscht«. Der rote Mantel, in den man ihn bei Nonnos Hütte kleidet, wird zum Zeichen seiner Verantwortung und seines Auserwähltseins.

Und zum Schluss wird er vom Märchen selbst auserkoren. Eine Wiedergeburt findet in der wichtigen Szene statt, als er sich über den Rand des Brunnens beugt, der am Abend Märchen raunt. Plötzlich hört er Worte, die von ihm selbst handeln, die Einleitung zu dem, was sein eigenes Märchen werden soll: »Es war einmal ein Königssohn, der war unterwegs und ritt im Mondschein.« Es gibt einen Zug von Narzissmus in der Szene, als sich der Text im Märchenbrunnen spiegelt. Wovon sein eigenes Märchen handelt, weiß Mio noch nicht, nur dass es »seit tausend und aber tausend Jahren« vorausbestimmt ist. Die Zeichen weisen den Weg. Als er nach Hause reitet, versilbert der Mondschein die Welt und erzeugt eine Stimmung, in der das Märchen fast zu etwas Sakralem wird.

»Es war einmal ein Königssohn, der war unterwegs und ritt im Mondschein«, lautet die Bildunterschrift zu John Bauers Bild von einem reitenden Prinzen zu Helena Nybloms Märchen »Der Ring«.

Der Sieg des Märchens

Nun gibt es kein Zurück mehr für Mio auf dem Weg zu seinem schweren Auftrag. Sein Ritt führt in den Wald der Dunkelheit und zum Haus der Weberin – das »so ein kleines weißes Märchenhaus mit einem Strohdach« ist –, der letzten Station vor dem Land Außerhalb. Die Stimmung verdichtet sich, wird mystisch und raunend. Die Weberin summt uralte Verse – wie die Nornen der Mythen –, als sie das Unsichtbarkeitsfutter für Mios Mantel webt, ein Teil der Ausrüstung des Helden, das seinen Sieg über Kato entscheiden wird. Trauervogel, dem er im Rosengarten begegnet war, ist am selben Ort, und jetzt versteht Mio, was sein Gesang erzählt.

Damit ist er für die schwere Aufgabe gerüstet. Zusammen mit Jum-Jum reitet er in das sterile steinerne Reich Katos. Der Ritt wird mit all der Faszination geschildert, die Astrid Lindgren der Finsternis stets zukommen lässt.

Das allerwichtigste Attribut, sein Schwert, das ihn endgültig zum Ritter und Helden macht und das die besondere Eigenschaft besitzt, durch Stein schneiden zu können, findet er in der tiefsten Höhle im schwärzesten Berg beim Schwertschmied, einem Helfer, der zur verdeckten Widerstandsbewegung gegen Kato gehört, obgleich er »mit den Ketten des Hasses« gefesselt ist.

Auch die Natur steht auf der Seite von Mio und Jum-Jum. Als alles hoffnungslos wirkt und Katos Späher unüberwindlich scheinen, werden die beiden Jungen von Wundern gerettet, die das Märchen zur Legende verwandeln. Doch auch wenn Wunder, helfende Gestalten und magische Elemente die Helden auf ihrem Weg unterstützen, gibt doch ihre Tapferkeit den Ausschlag.

In der Urfinsternis des Märchens, in Katos schwarzer Burg, wird der endgültige Kampf zwischen Gut und Böse ausgefochten. Mio stößt das Schwert in Katos Herz aus Stein – und das Entsetzliche des Mordes wird dadurch gemildert, dass Kato selbst erleichtert ist, die scheuernde Plage in seiner Brust loszuwerden.

Durch Mios mutige Tat wird die Ordnung in Natur und Gesellschaft wiederhergestellt. Jene Kinder, die in Vögel verwandelt waren, werden wieder zu Kindern. Und Milimani, die Tochter der Weberin, die sich für ihre Freunde geopfert hatte und von der Fackel zu Tode verbrannt worden war, wird, ganz im Geist der Legende, zum Leben erweckt, als Mio sie in das Märchengewebe seines Mantels hüllt. Wie ein Sankt Georg, der den Drachen getötet und die Prinzessin gerettet hat, kehrt Mio zur Insel der grünen Wiesen zurück, wo er erneut mit seinem Vater vereint wird.

Das Glück ist vollkommen. Vater und Sohn wandern zusammen durch den Rosengarten. Und Mio beteuert, dass er nun bei seinem richtigen Vater im Land der Ferne sei und von da werde er niemals fortgehen. Er bleibt im Märchen. Es ist der totale Triumph des Märchens, der gleichbedeutend ist mit dem der Dichtung, dem Triumph der Phantasie.

»Ja, so ist es. Bo Vilhelm Olsson ist im Land der Ferne und er hat es gut dort, so gut, bei seinem Vater, dem König.« Mit diesen Worten endet *Mio, mein Mio*.

Die Macht des Märchens

Mio, mein Mio wurde Astrid Lindgrens großer künstlerischer Durchbruch. Man nannte sie eine neue Märchendichterin, vergleichbar allein mit den größten Vertretern dieser Tradition. Ein neuer Topelius, schrieb Daniel Hjort in *Sydsvenska Dagbladet*. In Dänemark verglich man sie mit den Brüdern Grimm und in Deutschland mit H. C. Andersen.

Das verweist auf gewisse Meinungsverschiedenheiten bei der Auslegung dieses bemerkenswerten Märchenromans. Ein Rezensent bezeichnet das Buch als Parsifal-Märchen, Eva von Zweigbergk ordnet es in die Kategorie Rittermärchen ein, Olle Holmberg nennt es schlechthin ein romantisches Märchen, während die *Chicago Tribune* vom 2. 3. 1957 es als »a poetic fairy tale« beschreibt. Doch alle stimmen darin überein, dass *Mio, mein Mio* ein herausragendes Buch ist.[5]

Ein späterer Kritiker und Literaturforscher hat *Mio, mein Mio* in die Tradition der phantastischen Erzählung gestellt, die ihren Ursprung bei E. T. A. Hoffmann hatte und die sich in England zu einem großen Genre entwickelte mit Namen wie Edith Nesbit, Tolkien und C. S. Lewis, Autoren, die die Wirklichkeit mit fremden Welten kombinierten.[6] *Mio, mein Mio* hat auch etwas typisch Schwedisches. Vilhelm Olsson ist verwandt mit dem kleinen Vigg und mit Nils Holgersson, die ebenfalls ein bemerkenswertes Ausbrechen aus der Wirklichkeit erleben, einen Aufbruch, der die innere Veränderung des Kindes symbolisiert.

Aber in *Mio, mein Mio* kommen wir dem Kind näher. Das Buch ist – wie bereits ein paar der Märchen aus *Im Wald sind keine Räuber* – in der ersten Person geschrieben, eine Methode, die radikal mit der Märchenkonvention bricht. Bosse selbst vertraut uns »das Unglaublichste« an, was er je erlebt hat. Oder führt hier Mio das Wort? Die Er-

John Bauers Drachentöter

zählersituation bleibt in der Schwebe, was die Mystik des Buches noch verstärkt.

Die Erzählung wird durch einen Dialog zwischen Wirklichkeit und Märchen – zwischen Bosse und Mio – gelenkt. Die Düsternis des Tegnér-Parks, aber auch die Heckenrosen von Vaxholm bilden den einen Pol, der Rosengarten auf der Insel der grünen Wiesen ist der andere. Die herrliche Welt beschwört die finstere herauf – die Dunkelheit erzeugt die Einsicht von einer anderen, lichten Welt. Das Märchen enthält beides, die lichte und auch die dunkle Seite.

Mio, mein Mio bearbeitet die Angst, die Märchen und Traum freilegen. Ein Durchleuchten der Situation findet statt, das zu Harmonie und Befreiung führt.

Aber bei weitem nicht alle waren sich der tiefen Dimension des Astrid-Lindgren-Märchens bewusst.

Woher nimmt sie den Mut, mitten in den fünfziger Jahren, die doch das Jahrzehnt sein sollten, in dem man für die Sicherheit und Geborgenheit des Kindes eintrat, ein Märchen mit so viel Schwärze zu schreiben? Diese Frage stellt Eva von Zweigbergk in *Vänkritik*, einer Festschrift für Olle Holmberg (1959). Astrid Lindgren gibt zur Antwort, dass sie einfach der Ästhetik des Märchens folgt: »Damit die Sprache des Märchens deutlich wird, muss dieses genau wie die alten Volksmärchen das Schwarze gründlich schwarz und das Weiße in weißestem Weiß gestalten.«

Eine ähnliche Erklärung für die Struktur ihres Buches gibt sie in einem deutschen Interview:

»Das ist die uralte Geschichte vom Kampf zwischen Gut und Böse«, antwortet sie Reinbert Tabbert auf die Bitte, den Aufbau von *Mio, mein Mio* zu erklären. »Alles ist ganz weiß und ganz schwarz, und das, glaube ich, verstehen die Kinder. Und das ist auch etwas, das so weit vom Alltag ist, und alle Menschen brauchen es doch wohl, vom Alltag wegzukommen. Das tun sie vor allem in den Märchen.«[7]

Vom Alltag wegzukommen ermöglicht Kreativität. Bei Astrid Lindgren öffnet das Märchen den Weg in eine Welt, in der verborgene, gebundene Kräfte auf ihre Befreiung warten. In ihrem großen Buch *Orden & kaos* (Worte & Chaos, Anm. d. Übers.) zeigt Åsfrid Svensen, was für eine Quelle des Reichtums die Phantasie ist. Sie rechnet resolut mit der Auffassung ab, das Phantastische wäre gleichbedeutend mit Eskapismus, der verheerenden Gleichgültigkeit gegenüber der Wirklichkeit.[8]

Vorstellungen vom Übersinnlichen appellieren an die Freiheitssehnsucht des Menschen, erzeugen den Wunsch nach positiver Veränderung, befriedigen das Bedürfnis nach Spannung, Herausforderung, nach einem Einsatz, der Kampf erfordert. Sie stärken unsere Verwunderung über das Leben, unsere Träume von geheimen Kraftressourcen und Quellen des Reichtums.

Doch wer diese Schätze gewinnen will, muss damit rechnen, dass auch Dämonen freikommen, fährt Svensen fort. Der Prozess der Befreiung verläuft niemals ohne Gefahren, nie ohne Schmerz oder Angst. Sich dem hinzugeben, was jenseits des Wirklichen liegt, bedeutet, dass man sich der totalen Unberechenbarkeit und Unsicherheit öffnet. Die Gefahr zu versinken ist groß.

Doch können aus dem Unterbewussten selbst heilende Kräfte freigesetzt werden, wenn die Gesellschaft und der bewusste Teil der Persönlichkeit in Zwang und Sinnlosigkeit erstarrt sind. Svensens Gedankengang lässt sich auf *Mio, mein Mio* anwenden, in dem Katos steinerne Welt jene Erstarrung symbolisiert, die durch die Quelle des Lebens, die das Märchen darstellt, beseitigt wird. Das grüne Blatt, das man in Ritter Katos Steinwüste findet, signalisiert Hoffnung, es erinnert daran, dass das Leben erneut gelebt werden kann. Der Kampf zwischen Gut und Böse ist identisch mit dem Kampf zwischen Tod und Leben, der im Grunde im Kind ausgefochten wird. Die Phantasie steht für Flucht, aber auch für Widerstand. Ihre Kraft erschafft die Welt neu.

Die Größe des Buches besteht nicht zuletzt darin, dass man es als ein Märchen zu den Bedingungen des Märchens lesen kann, zugleich aber auch als eine Erzählung über den Weg, den das gefährdete Kind zur Heilung einschlägt. Diese psychologische Dimension gibt *Mio, mein Mio* einen modernen Aspekt. Mit diesem Buch wird den Diskussionen über die schwarze Pädagogik vorgegriffen, die mit Autoren wie Alice Miller, Marlen Haushofer, Sven Delblanc und Ingmar Bergman aktuell wurden.

Astrid Lindgren sollte auf diesem Weg weitergehen. In *Klingt meine Linde*, der Märchensammlung von 1959, dringt sie noch tiefer in die Qualen des einsamen, zu kurz gekommenen Kindes ein. Aber hier benutzt sie nicht mehr die typischen Märchenelemente – in den Geschichten gibt es nicht mehr den Rosengarten, das Schloss oder den Prinzen. Es existiert auch keine direkte Märchenhandlung mehr, obwohl sie noch immer die Struktur des Märchens verwendet, den typischen Bogen von der Finsternis zur Befreiung. Hier wird das Spiel selbst, das Spiel zwischen Schwärze und Licht, zwischen Armut und Freude, zum zentralen Punkt.

Denn in *Klingt meine Linde* geht es in noch höherem Maße als in *Mio, mein Mio* um Geschichten, die durch die Macht der Sprache selbst leben. Oder sagen wir besser: durch die Macht des Märchens.

Klingt meine Linde – Liebe und Tod

Astrid Lindgrens Wesen birgt starke Gegensätze. Sie lacht genauso rasch, wie sie in Tränen ausbricht. Anfangs benutzte sie das Schreiben als Schutz gegen die eigene Melancholie, schreibt Margareta Strömstedt. Ihre Werke »waren verankert in der Geborgenheit der Kindheit, im Lachen, Spiel und Spaß. Von der Kindheit ging Kraft aus.« Doch erst »als sie es wagte, tiefer in ihr eigenes Selbst einzudringen und ihren dunkleren Gefühlen zu begegnen«, bekam ihre Dichtung ihren besonderen Charakter, »jene unerhört starke gefühlsmäßige Intensität, jene Schwankungen zwischen Verzückung und Trauer, Angst und Übermut«.

Laut Margareta Strömstedt geschieht das erst mit der Märchensammlung *Klingt meine Linde* (1959). Hier gibt sie sich »vorbehaltlos den Gefühlen hin, die sie jahrelang zurückgehalten hat. Hinter der Trauer in *Klingt meine Linde* ist eine starke Erregung zu spüren, wie wahnsinnig rief der Kuckuck in der Frühlingsdämmerung«.[1] Ich bin jedoch der Ansicht, dass bereits die Geschichten des Bandes *Im Wald sind keine Räuber* die Tür für die starken Gefühle öffnen, jedenfalls einen Spaltbreit. Bereits hier kombiniert sie Trauer und Verzückung. Die Polarität ihres sensiblen Wesens erinnert an die Beschreibung, die die polnische Dichterin und Nobelpreisträgerin Wisława Szymborska von sich selbst gegeben hat: »Entzücken und Verzweiflung«. Diese Ambivalenz ist auch typisch für *Mio, mein Mio*, das nach den Märchen des genannten Bandes folgte.

Aber vielleicht ist *Klingt meine Linde* dennoch etwas Besonderes. Die Trauer über die Vertreibung aus der Kindheit bekommt einen neuen Ausdruck. Die Märchen öffnen dem inneren Chaos das Tor, jenem Schwarzen, das die ältere Märchentradition selten zu zeigen wagte. *Klingt meine Linde* ist natürlich kein Kinderbuch im landläufigen Sinn. Die Kindheit dient hier dem Zweck, die äußerste Gefährdung aufzuzeigen. Doch in der uralten Weise des Märchens erzählt Astrid Lindgren auch von der Hoffnung, die in der Güte liegt, und von der Heilkraft der Schönheit, also von der Wiedergeburt.

In den Tagen der Armut

Klingt meine Linde enthält vier Erzählungen, die alle auf dieselbe Weise beginnen: »Vor langer Zeit, in den Tagen der Armut ...« Dieser Satzanfang ist eine präzisere Variante jener Formel, die das Märchen einzuleiten pflegt: »Es war einmal ...«

Kennzeichnend für das Märchen ist, dass die Handlung nicht in einer bestimmten Zeit verankert ist. In den Geschichten des genannten Bandes meinen wir dennoch unserem früheren Armen- und Schwindsucht-Schweden zu begegnen. Man kann sich die Notjahre um 1860 vorstellen, die Laura Fitinghoff in ihrem Buch *Sieben kleine Heimatlose* geschildert hat. Doch Kindern ist es bis weit in unser Jahrhundert hinein schlecht ergangen, wie Harry Martinson in *Die Nesseln blühen* oder Åke Wassing in *Der Sohn des Totengräbers* gezeigt haben. Die anonyme Zeit in *Klingt meine Linde* ist vielmehr eine mythische Zeit – eine Zeit, die lange zurückliegt und von Armut gekennzeichnet ist. Ein Chronotop, in dem es kein Schloss-Prinz-Syndrom gibt wie in *Mio, mein Mio* und ebenso wenig ein modernes Stadtkind, das der Mythologie des Märchens begegnet, wie in den Geschichten von *Im Wald sind keine Räuber*.

In diesem Band schreibt Astrid Lindgren mit ursprünglicheren Vorzeichen. Sie dringt tiefer in das Leben des Volkes, in die Traditionen und Lebensverhältnisse einer vergangenen Zeit ein. Zugleich begibt sie sich auch auf kraftvollere Weise in das Märchen hinein.

Die Armut hat auch in ihrer eigenen Familie Spuren hinterlassen. In einem Interview mit der Zeitschrift *Vi* (12/1995) erwähnt sie ihren Ur-großvater, der ins Gefängnis gekommen war. Er hatte zusammen mit anderen einen Mann erschlagen, der das Schwein, an dessen Aufzucht ihr Urgroßvater beteiligt war, gestohlen hatte.

Die kargen Bedingungen der früheren Generationen veranschaulicht sie in dem Buch über die Liebe ihrer Eltern, *Das entschwundene Land,* und ebenso in *Sammelaugust und andere Kinder.* Aber diese Bücher enthalten keine Märchen. Sie sind sachlich und zuweilen lustig. In der *Klingt meine Linde*-Sammlung ist die Stimmung eine andere. Mit seinem lyrisch rhythmischen Ton und seiner Verbindung von Wirklichkeitskritik und Märchen schlägt das Buch eine Brücke von *Mio, mein Mio* zu *Die Brüder Löwenherz.*

Klingt meine Linde handelt von der Gefährdung der Kinder »in den Tagen der Armut«: die Misere der ärmlichen Hütte, die Geißel der Krankheiten, die Bedrohung durch böse Erwachsene. »Ich fror am Herd meiner Kindheit.« So lautet das Motto von *Die Nesseln blühen,* und es ist, als würde Astrid Lindgren an genau diesem Thema weiterarbeiten.

Der Leser begegnet in diesen Märchen einer Zeit und einem Milieu, die einen starken Gegensatz zum Wohlstands-Schweden der fünfziger Jahre darstellen. Ein Ton der Entrüstung und des Mitgefühls ist in diesen Geschichten zu vernehmen.

Das Thema des gefährdeten Kindes hat seine Ursache auch in der persönlichen Mythenbildung. In einem Interview in der Zeitung *Expressen* (vom 12. 12. 1993) berichtet sie von »einem Tagtraum, der häufig wiederkehrt. Das Ganze spielt vor vielen Jahren. Ich stelle mir vor, wie ein kleiner Junge einsam und frierend von Hof zu Hof geht. Wenn er weinend vor mir steht, kümmere ich mich um ihn und lasse ihn in einem Kessel vor dem Kamin baden. Dann gebe ich ihm warme Kleider, etwas zu essen und einen Schlafplatz.«

Diese Phantasien spiegeln sich in mehreren von Astrid Lindgrens Erzählungen wider. In »Nils Karlsson-Däumling« kümmert sich Bertil um Essen, ein Bad und ein Bett für den Winzling. In *Ronja Räubertochter* sorgt Ronja dafür, dass der hohlwangige Birk Brot und Pflege bekommt. »Sonnenau« handelt von zwei Geschwistern, die im Winterland der Kindheit frieren und hungern. Diese beiden führt die Autorin schließlich in ein Frühlingsparadies, wo sie sich satt essen können, nicht mehr frieren müssen und, das Wichtigste von allem: nach Herzenslust spielen dürfen.

Denn Astrid Lindgren ist im Grunde genommen eine Paradiesdichterin.

Sonnenau – ein Wintermärchen

Der Anstoß zu diesem Märchen kam, wie so oft bei dieser Autorin, von einem Namen. Sunnanäng (dt.: Sonnenau) stand auf einem Ortsschild, an dem sie »an einem raukalten Frosttag oben am Siljan vorbeikam«. »Sonnenau« klang es ihr danach in den Ohren. »Bis schließlich zwei kleine Armeleutekinder, geplagt von Frost und Winterkälte, irgendwoher gewandert kamen und wünschten, dass ihre Sehnsucht in dem ewigen Frühling von Sonnenau gestillt und ihre frierenden Glieder gewärmt würden.«[2]

Ein Bild, ein Name, mehr ist nicht vonnöten, um Astrid Lindgrens Phantasie zu entzünden. Sonnenau steht tatsächlich auf einem Wegweiser irgendwo zwischen Tällberg und Leksand. Der Begriff Sonnenau ist voll von Sommer und Behaglichkeit – und diese Stimmung bildet den wehmütigen Hintergrund zur Handlung des Märchens. Denn es war an einem raukalten Frosttag, als die Autorin das Bild der frierenden kleinen Armeleutekinder vor sich sah.

»Sonnenau« wurde erst separat in *Bonniers Litterära Magasin* (1958/I) abgedruckt, also in einem Medium, das nicht zur Kinderliteratur gehörte. Die Geschichte von dem Geschwisterpaar erinnert an klassische Märchen, z. B. an »Brüderchen und Schwesterchen« der Brüder Grimm, in dem die mutterlosen Kinder den Gefahren des Waldes ausgesetzt sind, um schließlich ihr Glück im Märchenschloss zu finden.

Matthias und Anna heißen die Geschwister in »Sonnenau« – dass die Kinder mit Namen genannt werden, ist nichts Ungewöhnliches in der Tradition des Märchens. Hänsel und Gretel heißt ein bekanntes Geschwisterpaar. Wie diese beiden sind die Hauptpersonen in »Sonnen-

Ein Ortsschild, an dem Astrid Lindgren »an einem raukalten Frosttag oben am Siljan vorbeikam«. Foto Margit Schyborger

au« unglücklich und verlassen. Sie wurden »verzagt und verloren vor Gram über den Tod der Mutter« von dem geizigen Bauern auf Myra übernommen, wo die Tage »grau wie die Feldmäuse im Stall« sind und das Essen lediglich aus »Kartoffeln, getunkt in Heringslake« besteht.[3] Für Anna und Matthias hat die Wirklichkeit nur Kummer und Sorgen bereit. Die Veränderung geschieht in der Welt der Vorstellung.

Der Archetypus des Spiels

Leere, Mangel, die von der Phantasie am Ende aufgehoben werden. So kann der Verlauf eines Märchens beschrieben werden, und so kann man auch das Geschehen in »Sonnenau« schildern. Hingegen ereignen sich keine glücklichen Begebenheiten auf der realen Ebene wie in *Sieben kleine Heimatlose*. Dieses Buch kommt einem rasch in den Sinn, wenn man Astrid Lindgrens Märchen über die Tage der Armut liest, obwohl es sich bei dem erstgenannten um kein Märchen handelt.

125

Ein Kind wird zu Beginn des zwanzigsten Jahrhunderts an die Bauern der Gegend versteigert.
Foto Severin Nilsson, Fotoarchiv von Nordiska museet

Laura Fitinghoffs Buch ist ungefähr fünfzig Jahre zuvor geschrieben worden, Astrid Lindgren jedoch ist eine moderne Autorin, die diese Probleme auf eine andere, auf symbolische Weise handhabt.

»Sonnenau« basiert auf dem Gegensatz zwischen Bauer und Kindern – die zwar machtlos sind, doch am Ende den Sieg davontragen, eine Lösung im Zeichen des Märchens. Andererseits wird die Erzählung von einem sozialen und moralischen Pathos getragen, das nicht ins Märchen gehört. Die einleitende Präsentation der Kinder ist voller Indignation, die der »objektiven« Erzählhaltung des Märchens entgegensteht.

So beginnt »Sonnenau«:

> Vor langer Zeit, in den Tagen der Armut, da gab es zwei kleine Geschwister, die waren ganz allein auf der Welt. Aber Kinder können nicht allein sein auf der Welt, bei irgendjemand müssen sie sein und darum kamen Matthias und Anna von Sonnenau zum Bauern auf Myra. Er nahm sie nicht zu sich, weil sie die klarsten, treuherzigsten Augen hatten und die zutraulichsten kleinen Hände oder weil sie ganz verzagt und verloren waren in der Welt vor Gram über den Tod der Mutter, nein, er nahm sie auf, damit sie sich nützlich machten. Denn Kinderhände können recht gut arbeiten, wenn man sie nur daran hindert, Borkenschiffchen zu schnitzen und Weidenflöten zu schneiden und Spielstübchen am Bergeshang zu bauen. Kinderhände können die Myrakühe melken und bei den Ochsen ausmisten, wenn man sie nur von allen Borkenschiffchen fern hält und von allen Spielstübchen und überhaupt von allem, womit sie am liebsten spielen.

Das Märchen geht von einem fundamentalen Mangel aus. Die archetypischen Rituale des Spiels werden verhindert: Anna und Matthias dürfen weder Borkenschiffchen schnitzen, Weidenflöten schneiden noch Spielstübchen bauen. Den Kindern werden ihre elementaren lustbetonten Rechte versagt. Dieses Thema durchzieht die ganze Erzählung »Sonnenau«. Mit einer rhetorischen Negation registriert das Märchen, wie grausam Kinderarbeit ist:

> Als der Frühling nach Myra kam, da bauten Matthias und Anna keine Mühlräder an den Bächen, da ließen sie keine Borkenschiffchen in den Gräben schwimmen. Sie melkten die Myrakühe und misteten aus bei den Ochsen, sie aßen Kartoffeln, getunkt in Heringslake, und weinten gar viel, wenn niemand es sah.

Der Kontrast zwischen Gut und Böse gehört zum Märchen. Doch hier ist es wohl eher der Gegensatz zwischen Freude und Leid als der zwischen Gut und Böse, der die Konturen des Märchens bestimmt. Das »Elendsgrau« erstickt die Freude, deren Symbol die rote Farbe ist. Der Kontrast zwischen dem Grauen und dem Roten formt das Thema bis in die stilistischen Einzelheiten.

Das Mausgraue

»Sonnenau« hat eine strenge Komposition, die das leidvolle Thema der Geschichte erfordert. Wie bei einem Drama geht diese Geschichte Akt für Akt ihrem Höhepunkt entgegen. Die Akteure sind, wie immer im Märchen, kaum individuell gezeichnet. Der Myrabauer trägt fast keine menschlichen Züge, er ist nur als bedrohliche Stimme zu vernehmen. Wie der Riese im Berg, der Kinder gefangen hält, raubt er den beiden die Lust zu leben – bei Astrid Lindgren das schlimmste aller Verbrechen.

Anna und Matthias hingegen gleichen benachteiligten Kindern aller Zeiten. Oder vielmehr benachteiligten Menschen.

Die Geschwister sind nicht kindlich auf eine ihrem Alter entsprechende Weise. Das haben sie eigentlich mit den meisten Märchenkindern gemein, aber in diesem Fall verrät ihre Sprache eine Missbildung. Sie sprechen nicht wie Kinder. Die stilisierten Sätze sind gewichtig, gleichen stehenden Redensarten, was uns verrät, dass diese Kinder keine Kinder sein dürfen: »›Niemals wieder werde ich wohl fröhlich sein in meinem Kinderleben‹, sagte Anna, als sie auf dem Melkschemel saß und weinte. ›Nein, hier auf Myra sind alle Tage grau wie die Feldmäuse im Stall‹, sagte Matthias.«

Die Vergleiche sind wichtig, und sie werden ausdrucksvoll durch die Farben. Plötzlich wird das Grau gebrochen und »rote Freude« entsteht. Das geschieht, als die Kinder erfahren, dass sie im Winter ein paar Wochen zur Schule gehen sollen. Ihre Erwartung steigert sich bis zur beschwörenden Bitte, die auf Märchenweise gleich dreimal eingehämmert wird: »Bliebe ich doch nur bis zum Winter leben und dürfte zur Schule gehen.« Dieser Wendung steht der Satz des Myrabauern entgegen: »Gnade euch Gott, wenn ihr zur Melkzeit nicht wieder zu Hause seid!« – eine Drohung, die verhängnisvoll in Matthias' Feststellung widerhallt: »Gnade uns Gott, wenn wir nicht zur Melkzeit zu Hause sind.« Diese eintönigen Wiederholungen werden zu einer eigenen Formel der Trostlosigkeit.

Denn es zeigt sich, dass auch die Schule eine Enttäuschung ist – sie verstärkt am ehesten noch die Unterdrückung. Zwar bringt sie etwas Linderung, da die Kinder dort sitzen und buchstabieren dürfen. Aber Matthias bekam etwas mit der Rute auf die Finger, weil er nicht still sitzen konnte, und der erbärmliche Proviant der Geschwister, der nur aus ein paar kalten Kartoffeln bestand, erweckte die Verachtung der Schulkameraden. Wie graue Feldmäuse hasteten Anna und Matthias nach Hause in das Rattenloch beim Myrabauern, um nicht zu spät zur Stallarbeit zu kommen.

»Und die Kälte. Sie konnte an ihren Händen und Füßen wie große Ratten nagen«, schrieb Sara Lidman von ihren armen Kindern, die sich in *Land der gelben Brombeeren* auf dem Schulweg befanden, einem Buch, das nur wenige Jahre vor »Sonnenau« erschienen war.

Rote Freude

Die Wanderungen zur Schule bilden in »Sonnenau« ein trauriges Gegenbild zur sonst im Märchen traditionellen Wanderung von daheim in die weite Welt hinaus. Diese Bewegung steht gewöhnlich für Veränderung und Befreiung. Doch der Winterweg tötet jede Hoffnung. Das Stapfen durch den Schnee, die Eiseskälte, das Rissigwerden der Nägel an Fingern und Zehen, all diese Qualen nehmen den Kindern die letzte Kraft. So weit ist die Geschichte ein schwarzes Märchen.

Der Wald, den Astrid Lindgren liebt, ist der schöne, duftende Sommerwald, mit Stellen voller Walderdbeeren und Lichtungen, die von Tannen gesäumt sind. Die Bedrohung durch den Winter hat sie mehrere Male geschildert: in der Geschichte von Michel, der Alfred im Schneetreiben zum Doktor nach Mariannelund bringt, in einem der nervenaufreibendsten Abenteuer in *Ronja Räubertochter* und in dem Bilderbuch *Guck mal, Madita, es schneit!* (1983), wo Lisabet im Wald

*Der rote Vogel weist ihnen den Weg
durch eine Pforte in der Mauer. Bild Ilon Wikland*

verschwindet. Der schneereiche Winter ist für Astrid Lindgren äußerst
inspirierend.

In diesen Erzählungen wird das Kind genau in dem Moment gerettet, als die Gefahr am größten ist. Die Rettung in »Sonnenau« geschieht auf einer mystischen Ebene. In dem Augenblick, als die Geschwister alle Hoffnung aufgeben wollen, findet sich ein Helfer. Ein roter Vogel fliegt vor ihnen auf, ein Vogel, »so flammend, flammend rot« vor dem weißen Schnee, ein Vogel, der nicht einmal weiß, »dass es graue Feldmäuse auf der Welt gibt«. Die Szene ist ein poetisches Bild vom plötzlichen Erscheinen des Wunders in der Wirklichkeit. Im Sieg der roten Farbe und im Klang der zauberhaften Töne wird das glückliche Erlebnis geschildert. Es ist, wie es in einem Gedicht heißt: Der Vogel »sang so klar, dass der Schnee auf den Tannen zu tausend Schneesternen zerbarst, und sie fielen sacht und still zur Erde«.

Wie so oft im Märchen – und ganz besonders bei Astrid Lindgren – hat der Vogel einen Auftrag von einer anderen Welt, und er spielt die magische Rolle des Wegweisers. Eine rote Feder zeigt den Kindern den Weg, und wenn wir Marie-Louise von Franz, der jungianischen Psychologin und Märcheninterpretin, glauben dürfen, steht die Feder im Märchen für einen verborgenen Wunsch des Protagonisten.[4]

Hier führt sie die Kinder zu einem Berg mit einer tiefen, engen Schlucht. So mager, wie Anna und Matthias sind, können sie sich hindurchzwängen. Und plötzlich stehen sie vor einer Mauer, über die der Lebensbaum selbst, ein Kirschbaum – eins von Astrid Lindgrens Symbolen mit dem höchsten Glücksgehalt –, seine blühenden Zweige streckt. Eine Pforte führt zu einer Landschaft mit Vogelgezwitscher und frisch ausgeschlagenem duftendem Birkenlaub. Eine Flut von Frühling und Leben mitten im alptraumhaften Winter!

Das Land der Freude wird von der heißen Sehnsucht der Kinder heraufbeschworen. Alles dreht sich um ihr Spiel und Glück – Bedürfnisse, die für Astrid Lindgren die Essenz der Kindheit und des Lebens selbst darstellen. Was geschieht, ist ein Wunder, und das Wunder ist, wie Max Lüthi unterstreicht, sowohl erschreckend als auch wunderbar. Die Erzählung erinnert an eine der schönsten Geschichten Selma Lagerlöfs, »Die Legende von der Christrose«, wo Wärme und Blütenpracht die Kälte des Winterwalds aufheben und die Misere des Daseins in Jubel verwandeln.

Aber diese Verwandlung verlangt – sowohl bei Lagerlöf als auch bei Lindgren – den Einsatz des Lebens. In »Sonnenau« geht es um das zweimalige Überschreiten einer Grenze und um zwei Entscheidungen: Zunächst gilt es, das Nadelöhr, die enge Schlucht, zu überwinden. Dann müssen die Kinder es wagen, die Tür zu öffnen, die nur angelehnt ist. Erst dann erlangen sie den Sieg, der stets das Ziel des Märchens ist.

Die Verwandlung wird im Farbenspiel gespiegelt. Die Kinder sind nicht mehr grau wie Feldmäuse. Ihre Kleider sind leuchtend rot geworden. In »einem klingenden Hui« gelangen sie in eine Frühlingslandschaft, wo Vögel singen und jubilieren, Bäche plätschern und Kinder spielen »auf einer Wiese, so grün wie die des Paradieses«. Es ist fast wie in Bullerbü. Aber das hier ist Sonnenau, und das Spiel wird lebendig und frisch, aber dennoch stilisiert und ritualisiert dargestellt – wie auf einem Gemälde. Das magische Thema wird fortgeführt, als die Kinder die Feder des Vogels als Segel auf das von Matthias geschnitzte Borkenschiffchen setzen – unser aller frühlingsfrohes Symbol für Sehnsucht und Flucht: »und es segelte davon mit seiner roten Feder, fröhlicher als alle anderen Borkenschiffchen«. »Ein Mühlrad bauten sie sich auch, das sich im Sonnenschein drehte, und sie liefen barfuß im Bach und spürten weichen Sand unter den Füßen.«

Der Mangel, den das Märchen zu Beginn aufgezeigt hat, ist also am Ende in der Wunscherfüllung des Spiels beseitigt. Und natürlich ist es typisch für Astrid Lindgren, dass »rote Freude« nicht in der Schule – dieser Institution des Zwanges – entsteht, sondern beim fröhlichen, schöpferischen, »nutzlosen« Spiel im Freien!

Die Begegnung mit der Mutter

Höhepunkt in »Sonnenau« ist die Begegnung mit der Mutter. Eine großzügige, nährende Allmutter, die den ausgehungerten Kindern Eierkuchen reicht – bei Lindgren stets ein Symbol des Überflusses –, für Anna und Matthias hier eine Kompensation für die kalten Kartoffeln der Schulmahlzeit. Diese archetypische Mutter kann man als Gegensatz zum streng männlichen Prinzip auffassen, das der Myrabauer und der Lehrer, jener, der Matthias auf die Finger schlägt, repräsentieren.[5]

Das Märchen wird die Rettung der Kinder. Solange die Schule andauert, können die Geschwister auf ihrem mühsamen Heimweg jeden Tag in Sonnenau spielen. Im letzten Moment reißen sie sich vom Paradies los, um rechtzeitig nach Hause in den Stall von Myra zu kommen. Doch am letzten Schultag wird aus der Phantasie »Wirklichkeit«. Die Kinder schließen die Pforte in der Mauer und bleiben für immer in Sonnenau.

Die Tatsache, dass Astrid Lindgren die Kinder in ein Reich der Seligkeit entführt, hat manch einen Kritiker empört.[6] Die Ansicht, dass Literatur für Kinder positive Lösungen anbieten, Optimismus schaffen und den Glauben an die Zukunft vermitteln sollte, behinderte die Erkenntnis, dass die Autorin eine Dichterin ist, die das Recht für sich beanspruchen kann, nicht wortwörtlich genommen zu werden.

Ausgehend von einer realistischen Perspektive muss man natürlich den Entschluss der Kinder, niemals mehr zu dem Feldmausleben im Stall des Myrabauern zurückzukehren, so auslegen, dass sie sich für den Tod in den Schneewehen entscheiden.

Aber die symbolischen Obertöne des Motivs zeigen etwas anderes. Hinter der Pforte öffnet sich ein schönes und frühlingshaftes Dasein – ein Archetyp des Spiels und des Schaffens. So ausgelegt, erscheint »Sonnenau« am ehesten als Metamärchen, als Allegorie zum Thema Inspiration. Als Bild der Dichtung, die immer vor der Vereisung geschützt werden muss.

Wie viel Trauer über die Schwere und Kälte des Lebens dieses Märchen doch ausdrückt – abseits der Euphorie des Schöpferischen leben wir ein Feldmausleben. Das Schöpferische gehört bei Astrid Lindgren dem nicht instrumentalen Leben an, einem Dasein nahe dem Mütterlichen, der Natur und dem spontanen freien Spiel. Durch das Todesmotiv wird der Kindheitsmythos sichtbar – den bereits Pippi Langstrumpf mit ihren Krummeluspillen verteidigt hat.

Der ewige Frühling

»Sonnenau« steht für die heile Welt, aus der die Kinder vertrieben worden sind, als man sie zwang, nach Myra zu gehen. Sonnenau hieß ihr Zuhause, und dieses, »das Sonnenau des ewigen Frühlings«, ist ein Urbild des Landes der Freude und des Spiels. Das Milieu erinnert an jenes, das Mio auf »der Insel der grünen Wiesen« vorfindet, doch wird die Landschaft hier – trotz ihrer Paradiesstimmung – realistischer geschildert, frühlingshaft mit Birkenlaub und Kirschblüte.

Die totale Wunscherfüllung des Märchens wird normalerweise durch bestimmte Klischees verdeutlicht: Der Held gewinnt die Prinzessin und das halbe Königreich, und beide leben glücklich bis ans Ende ihrer Tage. In »Sonnenau« erfüllt sich der Traum, erneut zum ursprünglichen, intakten Leben zurückzufinden, eins zu werden mit dem Mütterlichen und teilzuhaben an der paradiesischen Freude. In diesem Moment gehen die Kinder ins Märchen ein.

Olle Holmberg hat die Frage gestellt, ob Astrid Lindgren in »Sonnenau« die Pforte meint, die ins Todesreich führt. Er illustriert die geschlossene Tür von Sonnenau mit einem Gedicht von Hjalmar Procopé: »Dort ist eine Pforte, die sich still öffnet und schließt, ohne Getöse. / Und alle Wege führen dorthin, doch keiner von dort fort.«[7] Ein anderes Gedicht, ziemlich interessant in diesem Zusammenhang, ist Erik Axel Karlfeldts recht unbekanntes Poem »En fader« (Ein Vater, Anm. d. Übers.) aus *Fridolins visor* (Fridolins Gesänge, Anm. d. Übers.). Dieses hat Astrid Lindgren offenbar angesprochen, sie zitiert es nämlich in *Kati in Paris* (1953), dem dritten Teil der Serie über das Stockholmer Mädchen Kati.

Das Zitat taucht ziemlich unmotiviert in dem heiteren Genre des Mädchenbuches auf. Kati erwartet ein Kind und wird plötzlich von der Angst ergriffen, es könnte nicht gesund sein. Wenn das der Fall wäre, würde sie ins Wasser gehen! Aus diesem Schreckensszenario werden wir in die wehmütige Vision des Kinderparadieses im Karlfeldt-Zitat versetzt.

Ein paar Jahre darauf gestaltet sie also in »Sonnenau« selbst dieses schmerzhaft euphorische Motiv mit dem seligen Spielplatz der Kinder, ein Stoff, zu dem sie später in *Die Brüder Löwenherz* mit dem Kirschtal zurückkehrt.

»Sonnenau« hat die typische Struktur des Märchens, schlägt den Bogen vom Mangel zur Glückseligkeit. Es enthält auch die Kontraste des Märchens – Freude und Trauer, Gut und Böse – ebenso wie dessen Verbindung von Präsenz und Distanz. Alles ist entlegen, weit weg in einer anderen Zeit, aber das, was geschieht, berührt uns hier und jetzt. Werden wir in Presse und Fernsehen nicht ständig mit Bildern benachteiligter großäugiger Kinder konfrontiert? In »Sonnenau« hat Astrid Lindgren ein dunkles, kritisches Modell der Welt geschaffen. Zugleich zeigt sie uns die heilenden Kräfte des Daseins. Die Erzählung ersteht aus starken Gefühlen, die in einer lyrischen, aber auch nüchternen

Sprache, die vor Indignation und Mitgefühl vibriert, ausgedrückt werden, in einer »literarischen« Sprache.

Und damit imitiert »Sonnenau« nicht das klassische Märchen, bei dem die Handlung selbst das A und O ist. Hier werden traditionelle Märchenmuster umgeschrieben oder geradezu ein Gegenbild dazu entworfen.

Es besteht auch ein Unterschied in der Konkretheit. Im Märchen werden die Metamorphosen als wirkliche Geschehnisse geschildert – Menschen werden in Frösche verwandelt und Frösche in Menschen. Im anfangs erwähnten Märchen der Brüder Grimm, »Brüderchen und Schwesterchen«, wird der Bruder in ein Rehkitz verwandelt, um das sich das Schwesterchen kümmert. In »Sonnenau« geht es um Analogien: Die Kinder werden mit grauen Feldmäusen *verglichen*.

Aber »Sonnenau« kann man auf verschiedene Weise lesen. Entweder als Märchen über die Befreiung der Seele. Oder als Mythos von der Geburt des Frühlings aus den Fesseln des Winters. »Sonnenau« knüpft an die schwedischste aller Traditionen an, die von Viktor Rydbergs »Abenteuer des kleinen Vigg« bis zu den »Sieben kleinen Heimatlosen« reicht. Es umfasst auch unseren ewigen Traum von Wärme und Wachsen. So wie in »Ute blåser sommarvind« (Draußen bläst der Sommerwind, Anm. d. Übers.) – einem unserer klassischen Lieder vom Sommeridyll – wird auch in »Sonnenau« das kindlich arkadische Leben, der Archetypus des Spiels besungen.

Aber Regie führt das Märchen.

Klingt meine Linde –
ein Märchen über die Macht des Märchens

Ein anderes Märchen des Bandes heißt im Original »Spelar min lind, sjunger min näktergal?« (Klingt meine Linde, singt meine Nachtigall?, dt.: Klingt meine Linde). Diese schönen Worte sind der Kehrreim aus »Die kleine Rosa und die lange Leda«, einem poetischen Märchen, wiedergegeben in der småländischen Version, bearbeitet von Hyltén-Cavallius und Stephens. Wie schon erwähnt, ist es in einer kinderfreundlichen Fassung auch in Fridtjuv Bergs Ausgabe *Schwedische Volksmärchen* (1899) enthalten, dem ersten Band der Saga-Reihe.

Auch andere Autoren sind von den schönen Worten über die Linde und die Nachtigall berührt worden, Strindberg beispielsweise und Karl Asplund, der ein Gedicht zu diesem Thema verfasst hat.

Meines Wissens hat jedoch nur Astrid Lindgren eine neue Geschichte zu dem suggestiven Kehrreim geschrieben. Dieser verleiht ihrem Märchen eine äußerst lyrische Stimmung, und zugleich wird er auch als symboltragendes Element verwendet. Die Sprache in »Klingt meine Linde« ist melodisch, voll von rhythmischen Wiederholungen, die im Kontrast zu einem drastischen Realismus stehen.

Die Stimmung des Märchens ist in den für Astrid Lindgren so typischen Paarworten konzentriert: »schön und lustig«, »Glauben und Sehnen«, »Leben und Seele«. Aber auch »Not und Elend«. Wörter, die sich gegenseitig verstärken.

Andererseits arbeitet sie gern mit den starken Kontrasten des Daseins: Licht und Dunkelheit, Trauer und Freude, schön und hässlich. Und dieses Märchen hier setzt vor allem auf den Gegensatz schön und hässlich. Der schöne Kehrreim »Klingt meine Linde, singt meine Nachtigall?« bildet das Gegenthema, das zwar voller Verzweiflung, aber auch voller Hoffnung ist zu der düstersten aller Wirklichkeiten: dem Armenhaus von Norka.

Armut und Elend

»Willkommen im Hause der Armut«. Es klingt wie »Ihr, die Ihr eintretet, lasst jede Hoffnung hinter Euch« aus Dantes *Göttlicher Komödie*. Formulierungen von biblischer Wucht unterstreichen das Tragische der Szene, als Pompadulla, die Erste unter den Armenhäuslern, Malin empfängt, das kleine Mädchen, das im Armenhaus untergebracht werden soll. Man lässt sie sofort wissen, wo ihr Platz ist: »›Und kein Hopsen und Hüpfen, kein Toben und Tollen, das wollen wir hier nicht haben‹, sagte Pompadulla. ›Damit du es von vornherein weißt.‹«

Genau wie in »Sonnenau« wird das Kind um das Spielen gebracht, das gleichbedeutend ist mit Lebenslust. Und wie im zuvor besprochenen Märchen ist deshalb der Verzicht auf das Leben bereits in der Einleitung vorgezeichnet.

Ein Zug der Indignation und des dunklen Mitgefühls ist in »Klingt meine Linde« zu spüren. So beginnt das Märchen:

> Vor langer Zeit, in den Tagen der Armut, da gab es noch Armenhäuser im ganzen Land, in jedem Kirchspiel eins. Dort wohnten die Ärmsten der Armen, die Alten und Gebrechlichen, die nicht mehr arbeiten konnten, die Hungerleider und Kranken und Bresthaften, die närrischen Tröpfe und die Waisenkinder, die niemand in Pflege nehmen wollte. Sie alle brachte man zur Stätte der Seufzer, zum Spittel.

Astrid Lindgren hat diese »Altenfürsorge«, wie sie vor nicht allzu langer Zeit noch praktiziert wurde, stark beschäftigt. In den Michel-Büchern spielt das Armenhaus eine wichtige Rolle. Diese Geschichte ist ja unser modernes humoristisches Epos, und die Schilderung der Armenhäusler ist deshalb den Anforderungen der Farce nach Komik und Tempo angepasst. Als überschwängliche Groteske wird in *Michel muss mehr Männchen machen* erzählt, wie die Armenhäusler mit Michels Zustimmung Mutter Almas Weihnachtsessen verputzen. Hier findet man auch das eine oder andere lustige Zitat aus dem Vokabular der Spittler, wie »›Alles muss man mit List machen‹, sagte Stolle Jocke und fing die Läuse mit den Zehen!«.

»Klingt meine Linde« enthält Astrid Lindgrens erste fiktive Beschreibung des Armenhauses, und die erfolgt in einer anderen Tonart. Ich fragte sie einmal, ob sie selbst dieses »Haus der Armut« besucht habe. Nein, das hatte sie nicht, aber ihre Mutter hatte ihr davon erzählt – besonders von dem Geruch ... Margareta Strömstedt gibt in ihrer Astrid-Lindgren-Biografie einen Text über das Armenhaus und seine Menschen wieder, den Astrids Mutter Hanna aufgeschrieben hat.

Diese Aufzeichnungen haben die Tochter mehr als die Schilderungen der Literatur zu ihren Bildern aus dem Armenhaus inspiriert, meint Margareta Strömstedt.[8] Sicher beruhen Astrid Lindgrens Beschreibungen auf dem Zuhören und Erkunden der Kindheit. Doch die Methode, die sie für die Schilderung des Armenhauses benutzt, variiert in ihren

Büchern, bedingt durch die künstlerische Wahl des Genres und des Stils.

Sie ist bei weitem nicht die Erste, die vom Armenhaus erzählt. Ihr Verwandter Albert Engström hat in einer seiner Småland-Geschichten, die er ganz einfach »Fattigstugan« (Das Armenhaus, Anm. d. Übers.) nennt, von dieser Wirklichkeit berichtet. Sie ist in seinem 1922 erschienenen Band Erzählungen *Kryss och Landkänning* (Kreuzen und Land sichten, Anm. d. Übers.) enthalten und handelt davon, wie er als Kind einen Korb mit Weihnachtsessen zu den Armenhäuslern bringt.

Später haben eine Reihe Schriftsteller mit proletarischem Hintergrund diese gesellschaftliche Einrichtung widergespiegelt. In dem 1935 erschienenen Roman *Die Nesseln blühen* landet Martin, das Alter Ego des Autors Harry Martinson, als »Klein-Armenhäusler« im Steingebäude des Altersheims. Anfang der fünfziger Jahre erzählt Ivar Lo-Johansson in *Vor fremden Türen,* wie er zusammen mit alten Frauen in einem Armenhaus übernachtet. Ebenso wie die anderen Autoren beschäftigt er sich mit dem Widerwärtigen, dem Geruch, dem menschlichen Verfall. Aber die Schilderung vom Vorhof des Todes bei Lo-Johansson kippt auch in die Farce und Groteske um, Stilarten, die Astrid Lindgren, wie schon erwähnt, bei der Michel-Reihe in den Bildern vom Armenhaus verwendet.

Im Jahr vor dem 1958 erschienenen Buch *Klingt meine Linde* kam Åke Wassings damals viel beachteter Roman *Die Spuren der Kindheit* heraus, eine autobiografische Schilderung von seinem Aufenthalt als Kind im Armenhaus, selbst noch in den Jahren 1927–35. »Klingt meine Linde« kommt aber wohl jenem Pär Lagerkvist am nächsten, der das Schauspiel *Midsommardröm i fattighuset* (Mittsommertraum im Armenhaus, Anm. d. Übers.), 1945, geschrieben hat. Ein Werk, ganz durchdrungen von Poesie, Märchen und beißendem Realismus. In das Elendsuniversum des Armenhauses wird die junge Cecilia eingeführt, Enkeltochter von Blind-Jonas, der zentralen Gestalt unter den Insassen. Sie ist das poetische Zentrum des Schauspiels, das Licht in der Dunkelheit, die Prinzessin des Märchens. Wie Malin in »Klingt meine Linde«.

Lagerkvist, ebenso wie Engström und Martinson, haben besonderes Gewicht auf die volkstümlichen, oft unbarmherzig treffenden Spitznamen gelegt, mit denen die Armen und Behinderten bedacht wurden und die ihre Identität bestimmten. Bei Engström sind das Schief-Kitta, Muffa-Lotta, der Blindling, bei Martinson Ewig-Jon, Lunger-Lars, Fahrig-Elida. Lagerkvist nennt seine Figuren Blind-Jonas, Taub-Anna, Mörderkerl usw. In ihrem Essay »Das entschwundene Land« erzählt Astrid Lindgren, wie fasziniert sie als Kind von den Spitznamen der Armenhäusler war: Jocke Kis, Johan-Ein-Öre und Elin-Verrückt.

Die meisten, die über das Armenhaus geschrieben haben, erwähnen auch jene Gestalt, die den Schrecken des gesamten Milieus in sich vereint – eine mächtige Frau, die den Befehl über die »Jämmerlinge des Kirchspiels« führt. Sie erhält einen entsprechenden Namen. Bei Engström heißt sie Regenta, in der Michel-Reihe Maduska, in »Klingt meine Linde« Pompadulla. Das sind Namen von Despotinnen. Auch das Hilflose und Tragische der schikanierten Armenhäusler wird schon an ihren Namen deutlich:

> Da war Schiefmaul, der Hässlichste im ganzen Dorf, mit dem man die Kinder gruseln machte, obwohl er so harmlos und gut war und niemandem etwas zu Leide tat. Da war Jocke Kis, dem der liebe Gott den Verstand genommen hatte, und Ola auf Jola, der zehn Wecken essen konnte, ohne satt zu werden. Da war Sommer-Nisse mit seinem Holzbein und Hühner-Hilma mit ihrem Plierauge und Krücken-Anna und Liebe Güte und Keif-Marja und über ihnen allen die großmächtige Pompadulla, vom Kirchspiel ausersehen, im Armenhaus zu herrschen.

Diese armen Menschen bilden den grotesken Hintergrund für die einsame kleine Malin, die eines Samstagabends in das Haus eingeführt wird. Da ihre Eltern an Schwindsucht gestorben sind, wagt es keine Familie, aus Angst vor Ansteckung, sie aufzunehmen. Sie ist also ein weiteres dieser verlassenen Kinder, die vom Kirchspiel so billig wie möglich versorgt werden müssen, wie hier mit brutalem Realismus erklärt wird.

Doch Malin ist keine Realistin, die ihre Situation überblicken und beschreiben kann. Sie lebt, so wie Kinder es tun, in der Gegenwart.

Und diese Gegenwart beraubt sie aller Freude, Schönheit und allen Spiels: »… sie wusste nicht, wie sie es ertragen sollte, hier zu leben, wo es nichts Schönes gab und keine Freude«.

Schönheit und Freude

Hier, wie in »Sonnenau«, geht die Erzählung von einem Verlust aus. Von der Erinnerung an ein verlorenes Paradies. Früher einmal hatte Malin ein Zuhause besessen, wo es »Schönes und Freude« gegeben hatte. Zwar waren ihre Eltern arm gewesen, aber

ach, der Apfelbaum vor dem Fenster, wenn er im Frühling blühte, ach, die Maiglöckchen im Wald, ach, der Schrank mit den gemalten Rosen auf der Tür und der große blaue Leuchter mit den Talgkerzen darin, ach, Mutters braune Brotlaibe, wenn sie frisch gebacken aus dem Ofen kamen, und ach, die Küchendielen am Samstagabend, weiß gescheuert und mit gehacktem Wacholder bestreut! Ja, alles war schön und froh gewesen daheim, ehe die Krankheit kam.

Aus dieser Geborgenheit, Schönheit und Ordnung eines den Sinnen schmeichelnden Alltags – der Ellen Keys und Carl Larssons Idealbildern von der Schönheit des Daheims gleicht – ist Malin vertrieben worden. Das Armenhaus erscheint als Negation dieser wunderbaren Wirklichkeit. In seiner Nähe, »da war kein Maiglöckchenwald und kein blühender Apfelbaum«, nur »ein karger Kartoffelacker«. Malin versucht vergebens, »eine einzige winzige Kleinigkeit zu erspähen, die schön war. Doch da gab es nichts, nein, nichts.« Alles »Schöne und Frohe« schien vorbei zu sein für diese jüngste Armenhäuslerin, Pompadullas Bettelkind und Kleinmagd.

Das Märchen gestattet starke Kontraste zwischen Schön und Hässlich, Gut und Böse, Freude und Trauer. Und eine beinahe drastische Komik mitten im Elend. Wie in der Szene, als Malin in der grauen Morgendämmerung von ihrem Winkel auf den Dielen den Spaziergang der Wanzen auf der Tapete verfolgt:

Wäre ich eine Wanze, dann würde ich von hier fortziehen, dachte Malin. Aber vielleicht fragen die Wanzen nicht danach, was schön ist und was froh macht, solange es hier nur vier Betten mit acht Spittlern gibt und eine kleine Spittlerin auf den nackten Dielen.

Es gibt einen Lichtpunkt im Armenhaus. Das ist Malin selbst, die »Armut und Elend« der Insassen zu lindern hilft, indem sie ihnen mit kleinen Diensten behilflich ist.

»Wenn Hühner-Hilma mit ihren krummen Fingern nicht das Schuhband knüpfen konnte, dann knüpfte Malin es ihr ...«
Bild Svend Otto S.

Wenn Hühner-Hilma mit ihren krummen Fingern nicht das Schuhband knüpfen konnte, dann knüpfte Malin es ihr, und wenn Liebe Güte ihre Knäuel fallen ließ, dann hob Malin sie ihr auf, und wenn Jocke Kis sich ängstigte, weil er Stimmen im Kopf hörte, dann tröstete und beruhigte Malin ihn.

Malin ist jedermanns Freundin und Kleinmagd, nur sich selbst kann sie nicht trösten.

Die Offenbarung des Märchens

Aber eines Tages verändert sich alles. Malin bekommt als Herzenstrost »etwas Schönes geschenkt«. Die Tür öffnet sich zu einer ganz anderen, wundervollen Welt. Ihr werden Märchenworte offenbart.

Auf ihrer Wanderung mit Pompadulla durch das Kirchspiel – das Thema der Wanderung ist also auch in diesem Märchen vorhanden – gelangt Malin in die Küche des Pfarrhofs. Dort hört sie zufällig, wie jemand den Kindern des Pfarrers etwas vorliest. Worte drangen »in aller ihrer Holdheit« durch den Türspalt bis zu ihr, »Worte, so hold, dass sie erbebte«. »Nie zuvor hatte sie gewusst, dass auch Worte schön sein konnten, und nun erfuhr sie es und sie sanken ihr in die Seele wie Morgentau auf eine Sommerwiese.«

Hier wird nicht nur die »Urszene« mit Astrid selbst als Zuhörerin in der Häuslerküche aktualisiert, sondern auch der für ihr Schreiben so bedeutungsvolle Augenblick der Offenbarung, der auch der Augenblick der Inspiration ist. Einer Schriftstellerin wie Astrid Lindgren kann eine einzige Wendung genügen, um die Phantasie zu entzünden und die Voraussetzung für eine neue Geschichte zu schaffen.

Malin lässt aus dem Zuhören ihr eigenes Märchen entstehen, das ihre neue Wirklichkeit wird. Das Märchen, das sie gehört hat – und das kein anderes als »Die kleine Rosa und die lange Leda« sein kann –, will sie in ihrem Gedächtnis bewahren, aber als sie ins Armenhaus zurückkehrt, hat sie die Worte vergessen. An die schönsten erinnert sie sich jedoch noch immer, an den Kehrreim selbst: »Klingt meine Linde, singt meine Nachtigall?« Das genügt. Die Worte verleihen ihr die Kraft, »Armut und Elend« des Armenhauses zu ertragen.

In Malin erkennen wir jene Astrid Lindgren wieder, die von einem einzigen Wort so bezaubert sein kann, dass es für sie einen geradezu magischen Inhalt erhält: Aus dem Wort Sonnenau auf dem Wegweiser entsteht das gleichnamige Märchen, Worte wie Salikon und Nangijala werden zu mythischen Begriffen. In dieser Geschichte hier erschafft Malin aus dem Kehrreim eines Märchens ihre eigene Märchenlegende. Doch eigentlich entsteht sie aus der Liebe.

Die Offenbarung des Schönen bringt mit sich, dass Malin das Jammern und Seufzen, den Hunger und die Not und das bittere Warten der Armenhäusler von Norka auf neue Weise sieht und versteht. Aus der Freude über die Märchenworte erwächst Mitgefühl. Nun will Malin die Armenhäusler am »Schönen und Frohen« teilhaben lassen.

Sie kommt auf die Idee, eine klingende Linde auf den Kartoffelacker zu pflanzen! Und die Zeit drängt. Sie kann nicht bis zum Herbst, auf den Samen der Lindenbäume, warten, deshalb pflanzt sie eine Erbse ein – eine von denen, die auf die Dielen des Armenhauses gerollt waren. Ein neues optimistisches Leitthema wird in das Märchen eingeführt: »Mit Glauben und Sehnen wird es gelingen.«[9]

Das Wunder auf dem Kartoffelacker

Und gewiss gelingt es.

In dem Märchen von Mirabell aus *Im Wald sind keine Räuber* legt Britta-Kajsa ein gelbes Samenkorn in die Erde, aus dem die Puppe, die liebste Freundin des Mädchens, sprießt. Aus der Erbse, die Malin in den Boden steckt, entsteht die Linde, der poetische, mythisch aufgeladene Baum des Volksliedes. Eines Tages steht er einfach da. »Wahr und wahrhaftig, draußen auf dem Kartoffelacker stand eine Linde, der schönste, zierlichste Baum, den man sich wünschen konnte. Zarte, grüne Blätter hatte die Linde, hübsche, feine Zweige hatte sie und einen glatten, ranken Stamm.« Wahr und wahrhaftig, wird mit biblischer Emphase wiederholt, »dort stand eine Linde!« Die Armenhäusler jubeln: »Ein Wunder ist geschehen in Norka … wahrhaftig, da steht eine Linde!«

Aber bald sind alle enttäuscht. Die Worte des Märchens sind nur zum Teil in Erfüllung gegangen. Die Nachtigall fehlt. Die Linde klingt nicht. »Gott hatte in seiner Güte eine Linde aus einer Erbse sprießen lassen. Ach, weshalb nur hatte er vergessen, ihr eine Seele zu geben?« Trauer senkt sich erneut über das Armenhaus – eine stumme Linde, die will man abholzen.

Da muss Malin einen Schritt weiter gehen. In der Nacht läuft sie auf den Kartoffelacker hinaus. In poetischen, ja wahrhaft romantischen Worten – eine Poesie, die jener der frühlingsbesessenen Selma Lagerlöf in nichts nachsteht – wird geschildert, wie sie an der intensiven Stimmung, die nur eine nordische Frühlingsnacht erzeugt, teilhat. »In den Blättern und Blüten, in den Gräsern und Bäumen lebte und webte der Lenz, ja im kleinsten Kraut, im winzigsten Halm war Leben.« Nur die Linde steht da »schön und stumm« auf dem Kartoffelacker »und war tot«.[10]

Da geschieht ein weiteres Wunder, und das lässt den Traum von etwas »Schönem und Frohem« endlich in Erfüllung gehen.

Eines Tages bei Morgengrauen erwachen die Spittler bei lieblichen Tönen, die vom Kartoffelacker erklangen: »Eine klingende Linde und eine singende Nachtigall weckten sie zu einem Tag der Herzensfreude«. Wie in H. C. Andersens berühmtem Märchen »Die Nachtigall« bringen die Töne den am schwersten Beladenen Linderung. »Denn so wunderlieblich klang die Linde, so herzinnig sang die Nachtigall, dass alles mit einem Mal schön und froh wurde im Armenhaus.«

Malin hat der Linde ihre Seele geschenkt, sie ist zur Dryade geworden. Dass das Mädchen sich opfert, den Märtyrertod erleidet, um den Vielgeplagten Freude und Schönheit zu bringen, wird nicht direkt gesagt. Der Leser kann sogar ein Gefühl der Befreiung empfinden, weil sie dem Eingesperrtsein und der Erniedrigung durch das Armenhaus entronnen ist.

Flucht und Befreiung sind seit der Antike mit dem Dryaden-Motiv verknüpft. Die bekannteste Baumnymphe ist Daphne, die vor Apolls Liebe floh und sich in einen Lorbeerbaum verwandelte. Ovid hat ein Gedicht über Daphne geschrieben, das in seinen *Metamorphosen* enthalten ist, und Tegnér hat neben anderen dasselbe Thema aufgegriffen.

Das Dryaden-Motiv findet sich auch in der Märchentradition der ersten Hälfte des zwanzigsten Jahrhunderts wieder. Ich habe bereits

Malin hat der Linde ihre Seele geschenkt. Sie ist zur Dryade geworden. Bild Svend Otto S.

eins von Elsa Beskows Märchen erwähnt: »Prinsessan Signelill och hennes bror« (aus *Sagobok*, 1915). Darin wird geschildert, wie ein junges Mädchen mit einer Espe vereint im Wald lebt. Sie wird von ihrem Bruder befreit und ins Schloss heimgebracht, um zu heiraten. Doch aus Enttäuschung über den Verlobten, der ein Rehkitz geschossen hat, flieht sie wieder hinaus. Und wird erneut eins mit dem Baum. Dieses Märchen wird bestimmt durch die Vorstellung, dass die Natur eine Seele hat, und vom Protest gegen die Besudelung des Lebens.

145

Prinzessin Signelill flieht in den Wald und wird eins mit dem Baum.
Bild Elsa Beskow

Ein anderes, zuvor bereits erwähntes Märchen von Elsa Beskow, »Det lilla rosenträdet« (aus *Bubbelemuck och andra sagor*, 1921), berichtet ebenfalls, dass ein junges Mädchen ihre Seele mit einem Baum vereint – ihr Name ist Malin. Es kann Zufall sein, dass Astrid Lindgren denselben Namen wählt – doch ist es geradezu undenkbar, dass sie diese starken naturromantischen Märchen nicht gekannt haben und von ihnen berührt worden sein sollte. Dennoch ist ihr Anliegen ein anderes.[11]

Vor allem hat sie jenes Märchen weitergedichtet, das ihre ganz besondere Vorlage ist, das Märchen von der kleinen Rosa und der langen Leda. Die kleine Rosa, die ihr Zuhause verlassen muss und auf eine einsame Insel gerät, findet Trost in einer klingenden Linde und einer singenden Nachtigall. Dann heiratet sie einen König und bekommt einen Sohn. Linde und Nachtigall dienen noch immer ihrer Erquickung. Aber sie verstummen, als die böse Stiefmutter die kleine Rosa in eine goldene Gans verwandelt, die sich aufs Meer hinausstürzt.

Sie zeigt sich einigen Fischern und fragt sie, wie es daheim auf dem Schloss steht: »Klingt meine Linde noch? / Singt meine Nachtigall? / Weint mein Bübchen klein? / Freut sich mein Herr Gemahl? Nein, antworten die Fischer: Deine Linde klingt nicht mehr. / Deine Nachtigall singt nicht mehr. / Dein Bübchen weint bei Tag und Nacht. / Nichts deinem Herren Freude macht.« Als sie befreit wird und ihre wahre Gestalt wiedererlangt, erklingen Gesang und Spiel aufs Neue.

Astrid Lindgrens Geschichte ist eine moderne poetische Allusion dieses klassischen Märchens – die Anspielungen auf dasselbe verstärken die Kraft ihrer eigenen Erzählung. In dieser lässt sie das Schloss zum Armenhaus und die Prinzessin zum verlassenen Waisenkind werden. Für Malin wird der Kehrreim des Märchens zur Offenbarung des Schönen. Diese leitet – wie in *Mio, mein Mio* – über zur moralischen Verantwortung, die auf dem Opferwillen der Liebe basiert. Ästhetik und Ethik verschmelzen miteinander. »Die Schönheit ist die Schwester der Güte«, wie es die Schriftstellerin Ylva Eggehorn in einem Roman so wunderbar formuliert hat.

Das Märchen drückt den verzweifelten Widerstand gegen die Misere aus. Aber die klingende Linde wird auch zum Zeichen der Identität: Malin ist die Linde, und die Linde ist Malin. Wenn die Linde klingt, hört jedenfalls Jocke Kis in seinem Kopf eine Stimme, die flüstert: »Ich bin es … Malin!«

Jungfrau und Linde

Diese Verschmelzung ist das geheimnisvolle Zentrum der Erzählung, das zugleich fasziniert und erschreckt. Hier holt sich das Märchen aus der Legende Glut und Kraft. Die Metamorphose lässt uns an ein mittelalterliches Lied und seine mythologische Konstellation denken: die Linde, die Nachtigall und die Jungfrau. Man kann »Klingt meine Linde« als Paraphrase eines Volkslieds lesen, das im Baum ein auserwähltes Werkzeug Gottes sieht. Aber vor allem gilt die Linde als Symbol für eine geliebte Frau oder für die Liebe selbst.[12]

Das Schöne und Traurige der Verwandlung bestimmt auch Astrid Lindgrens »Klingt meine Linde«.

Im Volkslied wird die Linde in eine Jungfrau zurückverwandelt – die natürlich von dem liebenden Ritter in die Arme genommen wird. Diese Rückverwandlung geschieht bei Astrid Lindgren nicht. Bei ihr ist die phantastische Verschmelzung das eigentliche Ziel. Genau wie die Geschwister in »Sonnenau« wird Malin mit dem Übersinnlichen eins und geht ein in einen ewigen Frühling jenseits der Materie. Bis zum Ende der Zeit wohnt sie in ihrem »kühlen, grünen Haus«, wo die Nachtigall »an den Abenden und in den Nächten des Frühlings« für sie singt.[13]

Es gibt keine realistische Rückversicherung – falls man das Märchen nicht weiterdichten und sich vorstellen will, dass Malin in dieser Frühlingsnacht geflohen oder verstorben ist ... In »Klingt meine Linde« nimmt Astrid Lindgren ihre kühnste Verbindung zwischen Alltag und Übersinnlichem vor. Das Wunder geschieht auf dem Kartoffelacker, in jener Wirklichkeit, in der die Armenhäusler, die Armen, Kranken und Schwachen leben. Malin vertritt deren Belange mitten in jener bedrohten Situation, in der das Leben aller Freude beraubt ist.

Diese Wirklichkeit zu verändern, erfordert ein letztes großes Opfer. Malin bringt den Mut auf und wird dadurch am Ende ganz sie selbst, wird heil und intakt, in der Weise, wie der Baum als Symbol für den Menschen steht. Die klingende Linde und die singende Nachtigall sind ungewöhnlich deutliche Symbole für Schönheitsbegeisterung und Künstlertum im Zeichen der Liebe und des Widerstands.

Im nächsten Märchen, »Die Schafe auf Kapela«, begegnen wir einer anderen Wirklichkeit, die Astrid Lindgren nur zu gut bekannt ist: Es geht um einen Hof auf dem schwedischen Land. Der Unterschied zum vorhergehenden Märchen ist groß. In »Klingt meine Linde« erreicht das Buch einen poetischen Höhepunkt. Die Erzählung »Die Schafe auf Kapela« ist von herber Kraft. Wir werden in die Unterwelt, in das Urdunkel selbst geführt. Eigentlich übertrifft diese Dunkelheit kaum die Hölle des Armenhauses. Doch auch hier steht den gefährlichen Kräften die Macht des Märchens entgegen.

Die Schafe auf Kapela – ein Unterweltmärchen

Von den vier Märchen in *Klingt meine Linde* besitzt »Die Schafe auf Kapela« eine besondere folkloristische Ursprünglichkeit. Diese Geschichte tangiert den Mythos von der Entführung durch die Berggeister, aber sie arbeitet auch mit anderen bekannten Elementen des Volksglaubens, vor allem mit der Vorstellung von den Unterirdischen, den Erdbauern oder dem Erdvolk, wie es auch genannt wird. Aber in erster Linie ist es der altertümliche Vers »Tu, tu, tu«, der dem Märchen seinen Ton von Ursprünglichkeit verleiht. Diese volkstümliche Beschwörung mit einer Komponente von Gebet und Geheimnis besitzt eine besondere Macht. Kühner als je zuvor setzt Astrid Lindgren die Magie der Sprache selbst ein, um in die verborgenen Schichten des Bewusstseins vorzudringen.

Der Reim

In dem Band *Wo kommen nur die Einfälle her?* erzählt Astrid Lindgren von der eigenartigen Zeile »Tu, tu, tu«, die den Reim im Märchen einleitet. Wie so oft bei ihr geht es um Worte, die ihre Lust zum Fabulieren anregten. Und hier sind es Worte, die sie in ihrer frühen Kindheit gehört hat: »Als ich so klein war, dass ich die Schuhe noch nicht zum Schuster bringen konnte, erfreute mein Großvater, der bei uns wohnte, seine Enkel oft mit einem alten Reim. Er lautete so:

Tu, tu, tu,
Schafe weit und breit,
heut wie allezeit,
so groß ist die Himmelsweid'.

Der Reim wurde mit rhythmischen Gesten und Geräuschen untermalt. Der Großvater »stieß mit seinem Stock im Takt der Worte auf die Dielen und immer, wenn er zur letzten Zeile kam, diesem ›so groß ist die Himmelsweid‹, hob er den Stock hoch und beschrieb damit einen Kreis in der Luft, um zu zeigen, wie groß die Himmelsweide sei.« Das Wort Himmelsweide signalisiere einen uralten Reim, argumentiert Astrid Lindgren. »In meiner småländischen Kindheit gab es das Wort ›Himmelsweide‹ sonst nirgendwo, ›Kuhweide‹ kannten wir und ›Schafweide‹, aber eine Himmelsweide war etwas ganz anderes und Märchenhaftes.«

Sie fügte hinzu, dass sie selber dieses »Tu, tu, tu« viele Male als Bewegungsspiel mit kleinen Kindern gespielt habe. Eines Tages geschah etwas, das über dieses reproduzierende Spiel hinausging. Der Reim bekam plötzlich Magie:

Später habe ich selber dieses »Tu, tu, tu« viele Male, viele Jahre hindurch mit vielen Kindern gespielt, und nichts geschah. Eines Tages aber hüpften sie plötzlich hervor, weiß und wollig – Schafe weit und breit, heut wie allezeit –, und wurden zu einem Märchen. »Die Schafe auf Kapela« heißt es.[14]

Der Reim »Tu, tu, tu« (manchmal auch »Tut, tut, tut«) ist in Småland und auch in manchen anderen Teilen unseres Landes bekannt und verbreitet. Es gab ihn nicht nur in Astrid Lindgrens Elternhaus. Sie aber ist es gewesen, die die magische Dreierreihe aus dem Reim aufgriff und ein Märchen um den Text herum konstruierte. Solche Wortreihen haben in der Volksdichtung eine große Bedeutung, stellt Anna Birgitta Rooth in ihrem Buch *Folklig diktning* (Volksdichtung, Anm. d. Übers.)

fest. Die Sprache solcher Reime hat eine magische Eigenart, die von der gewöhnlichen Sprache abweicht. In »Die Schafe auf Kapela« erhält der Reim eine rituelle Kraft, eine formelhafte Magie, die gefährlich werden kann, möchte man hinzufügen. Er wird am Ende vom Tabu des Schweigens betroffen.

Beschwörung

Das geschieht, als Astrid Lindgren ihr Bewegungsspiel aus der Kindheit in eine Zeit und ein Milieu verlagert, in denen der Reim eine ursprüngliche Macht über die Sinne besitzt. In »Die Schafe auf Kapela« vermag er sogar das Tor zur Unterwelt zu öffnen. Zu jener seltsamen Welt, die sich jenseits und unter der scheinbar so sicheren Ordnung befindet, welche die Menschen auf der Erde – und nicht zuletzt und in ziemlichem Umfang in Småland – mit Hilfe von Holzzäunen errichtet haben. Eine Welt, vor der man sich auch durch Zeremonien und Beschwörungen zu schützen sucht. »Tu, tu, tu« ist eine solche Beschwörungsformel, die in einer Gesellschaft mit stabiler Autorität von Generation zu Generation weitergegeben wird.[15]

In »Die Schafe auf Kapela« ist es, genau wie in Astrid Lindgrens eigener Kindheit, ein Großvater, der den Reim an sein Enkelkind weitergibt. Das Mädchen heißt Stina Maria und spielt die Hauptrolle in der Geschichte, d. h., sie ist es, die den Auftrag des Märchens erhält, mit dem die Kinder bei Astrid Lindgren so gern betraut werden. Es ist ein schwieriger und bedrückender Auftrag.

Stina Maria wird von ihrem Alltag getrennt, um in die Unterwelt hinabzusteigen. Aber der Großvater ist ihre Sicherheit. Das Kind und er denken auf dieselbe Weise. Wie so oft in der alten Bauerngesellschaft (übrigens gilt das auch für die heutige Zeit) war es die ältere Generation, die Zeit für den Umgang mit den Enkelkindern hatte. Und gerade der Großvater wird bei Astrid Lindgren oft mit besonderer Wärme geschildert.

Der Alte und das Mädchen sitzen häufig auf dem sonnigen Hang hinter dem Schafstall vom Kapelahof. Die Enkeltochter baut sich ein Spielstübchen, und der Großvater erzählt von dem, was alt, geheimnisvoll – und gefährlich ist. Er weiß viel über die Natur und die Wesen, vor denen sich die Menschen in Acht nehmen müssen. So etwas,

> was nur die Alten wissen. Von der Uldra, die ihr Haar kämmt mit goldenem Kamm und hohl ist im Rücken; von den Alben, denen nahe zu kommen man sich hüten muss, denn ihr Hauch bringt Ausschlag und anderes Übel; vom Nöck, der im dunklen Fluss flötet, und vom Troll, der durch den dunklen Wald tapst, und von den Unterirdischen, jenen, die man nicht beim Namen nennen darf.

Der Großvater beschwört das Gefährliche mit seinem magischen Ritual. Er betet die Formel »Tu, tu, tu« herunter, um zu verhindern, dass die Schafherde zu Schaden kommt. Den Reim begleitet er mit dramatischen Gesten: stößt mit seinem Stock drohend auf den Boden und hebt ihn dann hoch in die Luft, um zu zeigen, wie groß die Himmelsweide ist. Aber dieses Mal wirkt die Beschwörung nicht. Am Tag darauf hätte die große Schafschur auf dem Kapelahof stattfinden sollen, das war gewöhnlich ein Freudentag. Und hier versäumt die Autorin nicht, konkrete Informationen über die Prozedur selbst einzufügen. Uns wird ein Stück Geschichte aus dem Leben des Volkes mitgeteilt, bei dem die Betonung auf dem Ritual liegt:

Bevor die Tiere geschoren werden, badet man sie im großen Waschzuber. Ihre Beine werden mit roten Bändern zusammengebunden, die die Bäuerin selbst gewebt hat, der Großvater führt behutsam die Schere und das Kind hält den Kopf des Schafes und singt tröstend »Schu, schu, Lämmchen mein, armes, armes Lämmchen mein«.[16] Diese weiche beruhigende Formel dient als Gegenformel zu »Tu, tu, tu«. Ich bin der Ansicht, dass es eine weibliche Gegensprache ist, obgleich ich weiß, dass dieser Reim auf Näs, dem Elternhaus Astrid Lindgrens, in einem ganz anderen Zusammenhang von ihrem Bruder benutzt wurde, nämlich als ein Pferd kastriert werden sollte: »Schu, schu, Pferdchen mein, armes, armes Pferdchen klein«, hieß es da.

Die Schilderung der Schafschur verrät, dass die Tiere ängstlich und widerspenstig sind angesichts dessen, was die Menschen mit ihnen anstellen. Zugleich wird uns klar, dass die Leute auf dem Kapelahof ein

Kinder und Schafe, ein Idyll, gezeichnet von Brita Ellström für das Lesebuch I Önnemo.

starkes Mitgefühl mit den Schafen haben – von Astrid Lindgrens Achtung gegenüber den Tieren wissen wir eine Menge.

Doch dieses Mal ist etwas Furchtbares geschehen, wodurch die Schafschur verhindert wurde. Der Wolf hat die Tiere gerissen. Der Verlust, von dem das Märchen ausgeht, trifft uns, gleich als das Märchen beginnt, in seinem ganzen schonungslosen Realismus:

Vor langer Zeit, in den Tagen der Armut, da gab es noch Wölfe im ganzen Land und eines Nachts riss einer die Schafe auf dem Kapelahof. Als die Leute am Morgen erwachten, lagen alle die wolligen Schafe, alle die kleinen blökenden Lämmer zerfetzt und blutig draußen auf der Weide. Das aber war in den Tagen der Armut ein Unglück, so groß, dass man nur schaudern konnte.

153

Das Leben in früheren Zeiten konnte grausam sein, die Selbstversorgung war ständig in Gefahr. »Oh, wie sie klagten und sich grämten auf Kapela, oh, wie das ganze Dorf wütete über den Wolf, dieses Untier, diesen Blutschlürfer«, heißt es mit beinahe Lagerlöf'scher Intensität.

Und jetzt rächt man sich:

> Die Männer des Dorfes zogen aus mit Büchse und Wolfsnetz, sie stöberten ihn auf in seiner Höhle und trieben ihn in das Netz und dort fand er seinen Tod. Nie wieder würde dieser Wolf Schafe morden. Doch der Trost war nur gering, denn die Schafe waren und blieben tot und der Kummer war groß auf Kapela.

Der letzte Satz ist wichtig: Wütende Rache führt also zu nichts. Man hat den Wolf getötet, doch bekommt man deshalb die eigenen Tiere nicht zurück.[17] »Die Männer des Dorfes« sind es, die den aggressiven Gefühlsausbruch zu verantworten haben. In »Die Schafe auf Kapela« kann man meiner Ansicht nach einen Kontrast zwischen dieser männlichen Verhaltensweise und jener weiblichen Haltung erkennen, die Stina Maria vertritt, die die Schafe tröstet und die Aggressivität außer Kraft setzt.

Diese weibliche Haltung wird auf eine harte Probe gestellt, als das Mädchen den Gestalten, vor denen der Großvater gewarnt hat, Auge in Auge gegenübersteht. Ja, sie begegnet jetzt den allergefährlichsten, den Unterirdischen, die man nicht einmal beim Namen nennen darf. Und da ist sie völlig allein, wie es das Kind bei Astrid Lindgren immer ist, wenn sich das Dasein verändert.

Abstieg

Es ist in der Dämmerung – stets ist es dieser magische Zeitpunkt bei Astrid Lindgren –, als das Seltsame geschieht. Stina Maria läuft hinaus, um Großvaters Stock zu holen, den er hinter dem Schafstall vergessen hat. Spute dich, sagt ihre Mutter, wir essen gleich.

Es herrscht eine seltsame Stimmung, ein Herbstabend, und das

Mädchen ist ganz allein draußen. All das Wohlbekannte verwandelt sich und wird bedrohlich. Der Großvater hat ihr von den Wesen der Natur erzählt – jetzt werden sie verzerrt zu Schreckensgestalten: »Es wurde Stina Maria so wunderlich ums Herz und auch recht bange. Sie musste daran denken, was sie von der Uldra gehört hatte und vom Troll, von den Alben und vom Nöck und von den Unterirdischen.« Jetzt begegnen ihr diese furchtbaren Wesen. Die Ährengarben auf dem Felde, »das waren ja die Trolle, die ihr entgegengetapst kamen auf zottigen Tatzen«, grimmig und düster – und wenn man Astrid Lindgren selbst glauben darf, spukt hier im Text Heidenstams berühmte »Hösåtarnas saga« und verwandelt die so gut bekannte Natur in etwas Bedrohliches.[18] Die Nebelschwaden über der Wiese,

> gewiss waren das die Alben, die ihr sachte entgegenwallten, um ihr den Ausschlag anzuhauchen. Und die Uldra mit ihren wilden Augen, stand sie nicht dort drinnen im Wald und starrte dem Kind entgegen, das am Abend allein unterwegs war? Und was planten wohl die Unterirdischen, jene, die man nicht beim Namen nennen durfte?

Halb wahnsinnig vor Schreck versucht Stina Maria die Natur zu beschwören, indem sie den Großvater nachahmt. Sie ergreift seinen Stock und stößt ihn auf den Boden, während sie den alten Reim herunterbetet, »der so alt war wie Kapelas alter Hof«:

> *Tu, tu, tu,*
> *Schafe weit und breit,*
> *heut wie allezeit,*
> *so groß ist die Himmelsweid‹.*

Doch der Ritus bringt stattdessen das Allergefährlichste herbei. Die Traumwelt übernimmt die Regie. Ein kleines Männlein steht vor ihr, »grau wie die Dämmerung und schattengleich wie die Nebelschwaden« – ist es der Herbstnebel, der jenes in der Phantasie des Mädchens Gestalt werden lässt?

In leisen knappen Worten bringt es die Klage der Unterirdischen vor: Die Menschen stören das Volk unter der Erde. »›Ein Ende muss es haben‹, raunt er. ›Ein Ende mit dem Tu, tu, tu und dem Klopfen über uns. Es muss ein Ende haben!‹« Er will mit Stina Maria verhandeln. Wenn sie verspricht, dass die Menschen aufhören, die Unterirdischen zu stören, soll sie die Schafe zurückbekommen, die der Wolf gerissen hat.

Doch muss sie mitkommen und sie selber holen. Er packt sie beim Arm und fort geht es, »geradewegs hinein in die dunkle Erde, durch einen Schacht, so lang und schwarz wie die Nacht«. Diese dunkle Passage ist ein wiederkehrendes Motiv bei Astrid Lindgren.

Gefangenschaft

Die Unterwelt, in der Stina Maria jetzt weilt, wird als starre Todeslandschaft geschildert. Der rhythmische Tonfall lässt auf eine betäubende, fast einschläfernde Weise eine urmythische Stimmung entstehen. Ihrer Dämmerungsbesessenheit gibt Astrid Lindgren in einer suggestiven Aufzählung Ausdruck: »Dort schlummern die tiefen Dunkelwälder, die nie ein Windhauch streift, dort wallt der Nebel schwer über dem weiten Dunkelwasser, das nie die Sonne spiegelt, nie Mond oder Sterne, dort herrscht die Urzeitfinsternis.« Die Unterirdischen wimmelten und wogten aus ihren Schlünden und Gründen und scharten sich um Stina Maria »gleich Schatten«. Das kleine graue Männlein, das sie in die Unterwelt geholt hat, hält sein Versprechen. Es ruft aus den Dunkelwäldern ebenso viele Schafe herbei, wie der Wolf gerissen hat, zwar sind sie nicht weiß wie die Kapelaschafe, sondern grau, und »alle trugen ein goldenes Glöckchen am Ohr«.

Das Mädchen will mit ihrer Schafherde nach Hause zurückkehren. Aber da geschieht etwas, das sie zu einer Gefangenen der Unterwelt macht – sie wird in den Berg entführt, wenn man so will. Eine Frau stellt sich Stina Maria in den Weg. Sie ist »grau und schattengleich und alt wie Steine und Erde«.

Diese Gestalt ist ein negativer Mutter-Archetypus, eine ganz andere Muttergöttin als jene, die den Kindern im Sonnenau-Märchen begegnet war und die für Spiel und Nahrung gesorgt hatte. Im Volksglauben vieler Länder existiert die Vorstellung von einer Göttin der Unterwelt,

John Bauers Bild von der in den Berg entführten
Stina Maria und den Trollen

welche die Toten bei ihrer Ankunft ins Totenreich aufnimmt. Die Frau in »Die Schafe auf Kapela« hat keinen Namen. Sie besitzt geheimnisvolle Kräfte und verhext die Lichttochter, das Blondkind, wie sie Stina Maria nennt. Als sie dem Mädchen mit ihrer Schattenhand über die Stirn streicht, ist ganz Kapela aus Stina Marias Gedächtnis verschwunden.

Das Vergessen ist als ein interessantes Thema zur Sprache gekommen, und hier kann man sich fragen, welche Funktion der Gedächtnisverlust hat. Im griechischen Hades vergessen die Toten ihr Erdenleben, wenn sie aus Lethe, dem Fluss des Vergessens, trinken. Auch in anderen Mythologien vergessen die Toten ihr irdisches Leben.

Hier kann es angebracht sein, den freudianischen Terminus Verdrängung zu benutzen. Stina Maria vergisst jenes Schreckliche, das geschehen ist, als der Wolf die Schafe riss. Eine große Stille tritt ein. Sie weiß nicht mehr, wer sie ist, ihr scheint, sie sei in ein Lamm verwandelt, das nicht heimfinden kann. Die Schafe treibt sie in den Dunkelwäldern auf die Weide und »sie träumte und sang am Dunkelwasser«. Sie lebt in einem vegetativen Zustand, der sich selbst genug ist. In diesem Traumland geht der Zeitbegriff verloren. Dort existiert weder Erinnerung noch Streben.

Befreiung

Tage und Jahre gingen dahin. Wie viele es waren, weiß Stina Maria nicht, als sie plötzlich ein Dröhnen hört, »so gewaltig, dass die Luft über dem Dunkelwasser erbebte«. Über dem Reich der Unterirdischen erklang »eine Stimme, so mächtig«, dass sie eine Bewegung in der Unterwelt verursacht: »die Bäume im Dunkelwald bogen sich«.

Es ist der Großvater, der den Stock aufstößt als mahnende Begleitung zu den Worten des alten Reims. Die Formel wandelt sich zum magischen Lockruf, der das innige Einvernehmen zwischen dem Alten und dem Kind anzeigt. Stina Maria erwacht aus ihrem Schlaf und weiß wieder, wer sie ist. Sie begreift, dass sie bei den Unterirdischen gefangen gehalten wird.

Der Kampf um die Befreiung wird schwierig – und spannend. Stina Maria flieht und die Schafe folgen ihr, »wie ein grauer Strom rann es durch den Dunkelwald«. Die Unterirdischen nehmen eine drohende Haltung ein, versuchen sie zu fangen und im Dunkelwasser zu ertränken.

Da erhält die Frau mit der Schattenhand eine neue Funktion, sie verwandelt sich in eine mütterliche Helferin, die die Befreiung der Tochter zulässt. Gleich Demeter, die ihre Tochter Persephone rettet, stellt sie sich den aggressiven Unterirdischen entgegen und bändigt sie mit gebieterischen Worten: »Ich allein und kein anderer bettet mein Kind zur Ruhe, wenn die Zeit gekommen ist.« Sie führt das Kind zum Wasser hinunter. Stina Maria glaubt, dass sie ertränkt werden wird, und travestiert bitter den Reim: »Schu, schu, Lämmchen klein, niemals kehrst du wieder heim.«

Aber die Schattenfrau überlistet die Unterirdischen. Stina Maria ist nun frei und kann den Schafen in die Wirklichkeit zurück folgen. Es herrscht Nebel, das Mädchen kann nichts sehen, aber es geht dem Klang der goldenen Glöckchen nach – diese Musik geleitet es aus der Unterwelt ans Licht. Plötzlich befindet sie sich auf der Wiese vor dem Kapelahof. Dort sitzt der Großvater auf dem Fuchsstein. »Wo steckst du denn so lange?«, sagt er. »Spute dich, noch ist die Grütze warm.«

Da sieht er, dass sie die Schafe bei sich hat. Als er in Stina Marias Augen blickt, begreift er, was sie erlebt hat, denn

> wer bei den Unterirdischen geweilt hat, dem steht es im Gesicht geschrieben das Leben lang. Nur ein kleines Weilchen ist man dort, nur so lange bis die Grütze gar gekocht und der Mond über den Dachfirst des Schafstalls gestiegen ist, und doch steht es einem im Gesicht geschrieben das Leben lang.

Stina Maria glaubt, dass sie die Tiere in der Unterwelt eine unendlich lange Zeit gehütet hat, doch in Wahrheit hat es nicht länger gedauert, als die Grütze zum Garwerden braucht.

Der Reim wird zum Tabu

Der Text arbeitet, wie so oft bei Astrid Lindgren, mit einer realistischen Rückversicherung. Er deutet – ganz vorsichtig – an, dass Stina Maria an dem Herbstabend draußen auf dem »Fuchsstein« ein Weilchen eingeschlafen ist. Vielleicht ist der Aufenthalt in der Unterwelt ein Traum. Nebenbei wird auch erwähnt, dass das Loch unter dem Stein, das in die Unterwelt führt, nur einfach ein Fuchsbau ist, auch das an und für sich rätselhaft, da niemand sich erinnern kann, dass dort je ein Fuchs gehaust hätte.

Man kann die Unterweltschilderung natürlich auch so deuten, dass sich die Geschichten des Großvaters von der Welt jenseits des irdischen

Zuhauses zur Traum-Phantasie des Kindes verdichteten. Aber Astrid Lindgren gestaltet ihr Märchen im Zeichen des magischen Realismus. Der Traum erhält einen Wirklichkeitsgehalt. Der Großvater selbst ist der Garant. Er sieht die Schafe auf der Kapelawiese und genauso deutlich hört er die Glöckchen klingen – es sind nicht nur Phantasie-Schafe, schreibt Olle Holmberg.[19]

Und dennoch ... Kann es der Mondschein sein, der die Illusion von Schafen mit goldenen Glöckchen hervorgerufen hat? Als Stina Maria heimkommt, geschieht nämlich ein Szenenwechsel – von der Art, wie er zu Beginn des Herbstes nicht ungewöhnlich ist. Der Nebel weicht und der Mond scheint über Kapela, direkt »über dem Schafstall«. Der Großvater nennt die Schafe, die jetzt weiß sind, »Mondscheinschafe« und stellt Stina Maria die Frage, ob sie wirklich ihr gehören.

Vielleicht kann man den Schluss der Geschichte so lesen, dass das silberne Mondlicht das Dasein für das Kind und den Alten verwandelt hat, für jene beiden, die nicht weit von den Quellen der Phantasie entfernt sind. Als Trost, als Möglichkeit, um zu überleben und mit den harten Bedingungen fertig zu werden: Denn »alles will Träumerland werden«, wie Harry Martinson in einem seiner suggestiven Mondgedichte schreibt.

Im Träumerland werden die Grenzen zwischen Wirklichkeit und Phantasie ebenso ausgelöscht wie die zwischen Mensch und Tier. Das zeigen die Worte, die der Großvater sagt, als er Stina Maria tröstend auf den Schoß nimmt: »›Schu, schu, Lämmchen mein‹, murmelte er. ›Wie lange warst du denn fort, mein armes, armes Lämmchen klein?‹«

Stina Maria ist aus dem Hades zurückgekehrt, für immer gezeichnet. Sie hat eine neue Erkenntnis gewonnen. Als der Großvater im starken Mondschein nach dem Stock greift, um ihn erneut auf den Boden zu stoßen, hindert sie ihn. »Tu, tu, tu«, kann er gerade noch sagen, bevor Stina Maria ihn mit einem »Still!« warnt. Sie flüstert ihm stattdessen leise den alten Reim ins Ohr. Jetzt weiß sie, dass man darauf verzichten muss, diese andere Welt zu bedrohen. Der Reim selbst ist zu einem Tabu geworden! Dem Tabu des Schweigens.

»Die Schafe auf Kapela« spielt mit mehreren Genres des volkstümlichen Erzählens. Die Schafe und der Wolf treten in uralten Fabeln auf. Doch hier ist von dieser Art des Fabulierens nichts vorhanden. Hingegen hat die Geschichte Züge der Volkssage oder genauer gesagt einer Sage, die an einen bestimmten, beim Namen genannten Ort gebunden ist.[20]

Aber in erster Linie ist der Text »Die Schafe auf Kapela« voll von der Spannung des Märchens. Der Weg durch den schwarzen Schacht, dann der aus der Dunkelheit ins Licht und die Ausführung des Auftrags stimmen mit den üblichen Handlungsstrukturen des Märchens überein. Der wichtigste Akt – das Verschwinden durch ein tiefes Loch in die Unterwelt – ist ebenfalls typisch für das Märchen. Das große Beispiel dafür hält Astrid Lindgrens Lieblingsmärchen »Der verzauberte Prinz« bereit. Eine Königstochter wird in die Unterwelt gezwungen, um ihren Gatten zu treffen, den sie nicht sehen darf. Diese vertikale Struktur zeichnet auch das småländische Märchen »Die beiden Schreine« aus. Die Geschichten sind in dem Band *Schwedische Volksmärchen* von 1899 enthalten, dem ersten Buch der berühmten Saga-Reihe, die ich einleitend erwähnt habe.

In »Die beiden Schreine« wird das brave Mädchen von ihrer bösen Stiefmutter in den Brunnen gestoßen. Sie landet auf einer Wiese in der Unterwelt, wo sie verschiedenen Leuten begegnet. Sie verhält sich freundlich zu allen und ist hilfsbereit, wird Stallmagd auf einem großen Hof und am Ende mit einem Schrein voller Gold und Edelsteine belohnt, die sie mit nach oben in die småländische Hütte nehmen darf.

Da will die böse Schwester sich die gleichen Vorteile verschaffen. Sie verschwindet durch den Brunnen, kommt auf derselben Unterweltwiese wie die Schwester an, aber sie verhält sich so abscheulich zu allen, denen sie begegnet, dass sie mit einem Schrein voller Kröten und Schlangen nach Hause geschickt wird.

In diesem Märchen wird vermerkt, dass die Sonne in der Unterwelt nicht scheint, aber ansonsten gleicht das Dasein dort dem Leben auf der Erde: Häuser und Natur unterscheiden sich nicht von der småländischen Wirklichkeit.

Die Unterweltschilderung in »Die Schafe auf Kapela« mit ihren Nebelschwaden und Dunkelwassern ist etwas ganz anderes. Mit ihrer suggestiven Kraft nimmt diese Geschichte auch in Astrid Lindgrens eigener Produktion einen besonderen Platz ein.

Die Mythologie des Märchens

Für Astrid Lindgren ist es nicht ungewöhnlich, eine Welt jenseits der Wirklichkeit zu gestalten. Das hat sie mehrfach getan. Beispiele sind »Im Land der Dämmerung«, »Allerliebste Schwester«, aber auch *Mio, mein Mio* und *Die Brüder Löwenherz*. Den Besuch im Land, Das Nicht Ist variiert sie auf verschiedene Weise. Jenes der frühen Märchen, das am deutlichsten auf »Die Schafe auf Kapela« verweist, ist »Allerliebste Schwester«, die Geschichte von dem kleinen Mädchen, das sich vernachlässigt fühlt und durch ein Loch in der Erde zu ihrer heimlichen Phantasieschwester verschwindet, der Königin der Unterwelt. Sie reiten zu Pferde durch erschreckende, aber auch wundervolle Gegenden. Es ist schaurig, als die Bösen im Großen Schrecklichen Wald hinter den Mädchen herjagen, doch der Abstand zu »Die Schafe auf Kapela«, zehn Jahre später herausgegeben, ist doch erheblich. In »Allerliebste Schwester« lassen die beiden Kinder die sie bedrohenden Verfolger souverän hinter sich – Stina Maria hingegen wird in die Urdunkelheit des Märchens hineingezogen.

In den Märchen des Bandes *Im Wald sind keine Räuber* wird das Verhältnis zum Mythischen leichter und distanzierter gestaltet als in den Geschichten von *Klingt meine Linde*. Die mythischen Wesen treten oft als Spielkameraden der Kinder auf. In »Die Schafe auf Kapela« wird die andere Welt als bewohnt von gefährlichen und verführerischen Mächten dargestellt. Das Märchen erwähnt nicht nur die Unterirdischen, sondern auch die Uldra, den Nöck, die Trolle und die Alben, die die Kinder peinigen, indem sie ihnen Ausschlag anhexen. Früher herrschte im Volk der Glaube, dass ein Ausschlag wie das Nesselfieber von den gefährlichen Alben herrühre.

»Die Schafe auf Kapela« spiegelt andererseits die aus der Romantik stammende Sicht auf das Verhältnis zwischen Natur und Mensch wider. Sie trägt Spuren der Angst vor der Natur – wie in Geijers »Den lilla kolargossen« (Der kleine Köhlerjunge, Anm. d. Übers.) – und der Vorstellung vom Einswerden mit der Natur, die Stina Maria symbolisiert, sie, die sogar mit dem Lamm selbst identifiziert wird. Man kann an ein großes Gedicht unserer Tradition denken, an Atterboms »Minnesrunor« (Gedächtnis-Runen, Anm. d. Übers.), in dem gerade das Kind als mit dem Wesen der Natur eng verbunden gesehen wird – eine Verbundenheit, die der erwachsene Mann vermisst und betrauert. Für das Kind steht die Natur offen, meinten die Romantiker. Und sie vermögen sich nicht nur in den Schmerz des Menschen, sondern auch in den Schmerz der Natur über die verlorene Harmonie einzufühlen. Das wissen wir aus Gedichten wie »Kreaturens suckan« und »Näcken« (Der Seufzer der Kreatur; Der Nöck, Anm. d. Übers.).

Aber die Stimmung in »Die Schafe auf Kapela« hat weitaus mehr mit jenem Schrecken vor den Naturgeistern zu tun, den Goethe in seinem Gedicht »Erlkönig« so dramatisch gestaltet hat. Dieses Gedicht von dem Mann, der mit dem Kind auf dem Arm durch die Nacht reitet und vergebens versucht, es vor den Dämonen zu retten, hat Astrid Lindgren stark beeindruckt.[21]

Die lyrischen Qualitäten der Märchen aus *Klingt meine Linde* legen es nahe, an die Poesie anzuknüpfen. Die Uldra, der Nöck und die Trolle wirken eher wie literarische Konventionen als wie Wesen, die dem Volksglauben entstammen. Das Wort »Ausschlag« hingegen signalisiert, dass es sich bei den Alben nicht um zarte romantische Elfen handelt, die in der Dämmerung tanzen, sondern um Naturwesen, die nach der volkstümlichen Vorstellung besonders gefährlich für Kinder waren.

Aber vor allem rührt der Schrecken von dem folkloristischen Motiv her, das die Unterirdischen selbst darstellen. Diese Waldgeister tragen im Norden und Süden des Landes unterschiedliche Namen. Nach dem Volksglauben besitzen sie Vieh und leben unter der Erde auf dieselbe Weise wie die Menschen, mit denen sie jedoch oft in Konflikt geraten. Sie fühlen sich von den Menschen gestört. Der Bauer hat vielleicht gerade über deren Domänen einen Stall errichtet, und die Unterirdischen versuchen alles, damit er ihn an eine andere Stelle baut.

Zuweilen bestechen die Wichte ihn mit Vieh, meist mit Kühen, die besonders viel Milch geben, und er kann ihre Hilfe in Anspruch nehmen, um seinen Stall andernorts wieder zu errichten.

Dasselbe Märchen, das Astrid Lindgren zu »Klingt meine Linde« inspiriert hat, nämlich »Die kleine Rosa und die lange Leda«, knüpft an solche Vorstellungen an. Eine »Elfenfrau« vom Volk unter der Erde erlöst die kleine Rosa aus ihrer Verzauberung – sie war ja von ihrer bösen Stiefmutter in eine goldene Gans verwandelt worden – und für diese Tat begehrt die Frau, dass der König, Rosas Vater, einen seiner Höfe, der die Unterirdischen stört, an einen anderen Ort verlegt. Ist es eine solche Elfenfrau aus Astrid Lindgrens Kindheitslektüre, die in »Die Schafe auf Kapela« zur Frau mit der Schattenhand geworden ist?

Für das Volk unter der Erde ist das Vieh genauso wichtig wie für die Menschen. Zumindest nach dem norrländischen Volksglauben erkennt man die Tiere an den Silberknöpfen an den Hörnern. Dass die Schafe in Astrid Lindgrens Erzählung goldene Glöckchen am Ohr tragen, reflektiert, wie es scheint, diese Vorstellung.

Die Unterirdischen helfen also den Menschen unter der Bedingung, dass man sie in Frieden lässt: Das ist auch das Grundthema in »Die Schafe auf Kapela«. In *Ronja Räubertochter* kehrt Astrid Lindgren zu den Wesen, die unter der Erde wohnen, zurück. Sie erzählt sowohl von gefährlichen Unterirdischen als auch von den komischen, ständig plappernden Rumpelwichten, und die gefährlichen, blutdürstigen Dämmerungsvögel nennt sie Druden.

In »Die Schafe auf Kapela« hält sie sich dichter an den ursprünglichen Volksglauben. Hier geht es nicht nur um die Begegnung zwischen Mensch und Unterirdischen, sondern auch um die schreckensvolle Entführung. Im Volksglauben existieren viele Varianten davon, wie Menschen von mystischen Gestalten verhext und entführt werden. Eine Person kann für immer verschwunden bleiben, aber es gibt auch Geschichten von Leuten, die aus dem Reich der Unterirdischen zurückgekehrt sind.[22]

Wer diese andere Welt besucht hat, wird nie mehr ganz er selbst – ein Teil von ihm bleibt auf ewig dort zurück. Diese Vorstellung spiegelt sich in der Schilderung wider, dass Stina Maria durch ihren Aufenthalt bei den Erdbewohnern geprägt ist. Sie trägt das Stigma der Verzauberung. Das vielleicht auch eine Art Auserwähltsein bedeutet.

Studien zum Volksglauben, die vor allem in Norrland gemacht worden sind, geben Geschichten wieder, in denen eine Frau einem unterirdischen Mann begegnet, der sie verzaubert und entführt. In »Die Schafe auf Kapela« geht es jedoch um die Begegnung zwischen einem Kind und einer unterirdischen Frau. Doch die Liebe, die mit der Verzauberung verbunden ist, verleiht auch hier der Geschichte ihre Spannung: »So ein Kind habe ich mir schon immer gewünscht«, murmelt die Frau, als sie Stina Marias blonde Zöpfe durch ihre Hände gleiten lässt.

Es ist interessant, dass Astrid Lindgren bei ihrem Schaffen folkloristische Vorstellungen benutzt. Doch ist der Volksglauben natürlich nicht einfach Selbstzweck. Sie greift zu diesem Stoff, um den Themen, die sie beschäftigen, Kraft und Schärfe zu geben: der Macht der Natur, der unausweichlichen Dunkelheit und der rettenden und befreienden Liebe.

Psychologie des Märchens

»Die Schafe auf Kapela« ist eine gerade und klar erzählte Geschichte, d. h., sie wirkt einfach und direkt. Doch ist sie vielleicht die vieldeutigste von Astrid Lindgrens Erzählungen.

Zuvor habe ich bereits betont, welche Rolle der Kontrast zwischen Männlichem und Weiblichem spielt: Das aggressiv Männliche des »Stocks« und des Wolftötens steht im Gegensatz zum Sanften, Hegenden, das Stina Maria verkörpert. Aber auch das Weibliche kann stark und gefährlich sein. Diese Eigenschaften findet man bei der Frau mit der Schattenhand aus der Unterwelt.

In ihrem Buch *Psychologische Märcheninterpretation* geht Marie-Louise von Franz darauf ein, dass das weibliche Element, das in unserer Tradition früher einmal im menschlichen Bewusstsein integriert war, mit der Zeit wieder ins Unterbewusstsein zurückgesunken ist. »In den ursprünglichen heidnischen Religionen der Germanen und Kelten gab es viele Kulte um die Mutter Erde und andere Naturgöttinnen, doch die christliche Kultur mit ihrem einseitig patriarchalischen Überbau hat dieses Element allmählich verdrängt.« Der Mutterkult ist nunmehr auf die Erde beschränkt, meint von Franz. Sie führt Beispiele von Märchen an, in denen man zum weiblichen Element zurückfinden kann, und demonstriert mit einer Geschichte von einem Einfaltspinsel, dass sich das Hinabsteigen in die Erde als Suche nach dem Weiblichen deuten lässt.[23]

Vielleicht sollte man »Die Schafe auf Kapela« als Initiationsritus lesen. Bei der Begegnung mit dem Unterirdischen trifft das Mädchen auf das Weibliche und identifiziert sich mit ihm. Sie dringt auch zum eigentlichen Ursprung vor, der durch das Animalische repräsentiert wird.

Der Besuch in der Unterwelt kann natürlich auch anders ausgelegt werden. Ein auf Therapie setzender Psychologe würde vielleicht behaupten, das Märchen schildere eine Depression und die anschließende Gesundung. Der konturlose Zustand des Vergessens, der Dämmerung und des Nebels, der in der Hadeswelt herrscht, vermittelt auf überzeugende Weise den Anschein einer schweren Melancholie, in die man leicht geraten kann, nicht zuletzt wenn die Dunkelheit im Herbst bestimmend wird. Und sicher ist es nahe liegend, die Unterwelt als symbolisches Bild des Chaos im menschlichen Unterbewusstsein zu sehen, jener Schicht, in der das Schwere und Belastende bearbeitet wird – dem Traumsektor.

Da der Protagonist ein Kind ist, steht hier das Lämmchen als Symbol für das Unterbewusste, jenen Teil des Ichs, aus dem Bewusstheit und Einsicht erwachsen. Dass Stina Maria neues Wissen erworben hat, zeigt sich, als sie den Großvater hindert, den alten Reim und die Beschwörung herausfordernd über die Gegend erschallen zu lassen.

Vielleicht ist es auch möglich, die Unterwelt als Mutterschoß zu deuten – in dem das Kind ins Stadium des Fötus zurückversetzt wird. Das Dunkelwasser als Fruchtwasser zu sehen, in dem das Kind noch Embryo ist, ist wohl nicht allzu kühn. Dann könnte man Stina Marias Weg aus der Unterwelt als eine erneute Geburt betrachten. Eine Frau und auch ein Mann, die unterirdische Mutter und der Großvater, helfen ihr zu dieser Befreiung. Vielleicht geht es hier auch um eine kollektive Befreiung, um ein Reinigungsbad aller Leute von Kapela nach dem schweren Verlust, bei dem Stina Maria »das Opferlamm« ist oder der Sündenbock, der die Strafe der Naturgeister zu tragen hat.

Es fällt auch nicht schwer, in »Die Schafe auf Kapela« einen religiösen Zug zu entdecken. Schon den Namen Kapela selbst verknüpft man gern mit etwas Sakralem. Das Lamm und das Kind, eine in Text und Bild übliche Kombination, stehen für die Unschuld, und das Lamm ist schließlich darüber hinaus ein Sinnbild Christi. Wir können das Motiv auf Ölfarbendrucken und anderen Bildern der Jahrhundertwende und der ersten Jahrzehnte des zwanzigsten Jahrhunderts betrachten. In »Die Schafe auf Kapela« wird die Parallele so weit vorangetrieben, dass das Kind mit dem Lamm identifiziert wird, einem Opferlamm. Wie die anderen Geschichten in *Klingt meine Linde* hat auch dieses Märchen einen legendenhaften Zug. Will man es buchstäblich auslegen, dann ist hier ein Wunder geschehen. In »Die Schafe auf Kapela« wird das Tor zum Totenreich geöffnet, aber die Geschichte führt uns auch weiter bis zum Wunder der Wiedergeburt.[24]

Am Ende handelt wahrscheinlich auch dieses Märchen vom Künstlertum: Der Reim, der die Erzählung steuert, zeigt die Macht des Wortes. Die goldenen Glöckchen, die Stina Maria aus der Unterwelt ans Tageslicht führen, deuten ein Orpheus-Thema an, das stets auf besondere Weise den dichterischen Auftrag symbolisiert. Außerdem hat es meist mit Liebe zu tun. Ohne dass es direkt ausgesprochen wird, ist die Liebe zwischen den Hauptpersonen, dem Großvater und der Enkeltochter, das steuernde Element des Märchens. Im Ronja-Roman entwickelt Astrid Lindgren das Motiv, wie das Mädchen den Herausforderungen des Lebens begegnet, weiter. Dort erhält Ronja auch neue Charakterzüge: Lebenslust, Waghalsigkeit, Unerschrockenheit und Widerspruchsgeist. Eigenschaften, die Ronja dringend benötigt. Denn auch sie wird von all dem Gefährlichen von »der anderen Seite« bedroht. Auch sie wird durch die Liebe gerettet.

Junker Nils von Eka – ein »Rollo«-Märchen

Der Traum des jungen Menschen vom Liebesopfer ist das Hauptmotiv in der letzten Erzählung zum Thema »die Tage der Armut«. Sie trägt den Titel »Junker Nils von Eka«. Es ist eine komplizierte Geschichte, die an mehrere Genres anknüpft. Inszeniert wird ein »Rollo«-Märchen, in dem der Häuslersohn Nils die Verwandlung zum Helden eines mittelalterlichen Rittermärchens erfährt. Aber die Geschichte basiert auch auf einer Sage, die die Legende und Ritterballade tangiert. All das ist von einer realistischen Rahmenhandlung umschlossen, in der Nils schwer krank in der Kate von Eka liegt.

Es ist sein Fiebertraum, der im Märchen in stilisierter Form wiedergegeben wird. Erneut haben wir es hier also mit dem Phantasiespiel eines kranken Jungen zu tun, der sein eigenes Märchen erzählt und sich selbst in dasselbe hineinbegibt.

Es ist u. a. Astrid Lindgrens Stärke, dass sie alltägliche Elemente mit Phantasie und Traum zu verbinden versteht. Die Komposition ist hier überzeugend vielschichtig und subtil. Kühn und raffiniert sind Worte, die dem Märchen vielleicht gerechter werden.

Vor allem ist die Zeit komplex. Wir befinden uns in der Kate von Eka in jener Armutswirklichkeit, die die vier Geschichten des Bandes verbindet. Aber der Fiebertraum versetzt uns ins Mittelalter mit seinen blutigen Kämpfen um die Königskrone. Dort tritt Nils in einer vornehmeren Inkarnation als Junker Nils auf, Schildknappe des gefangenen Königs Magnus, und er wird für seinen König sein junges Leben hingeben.

Schließlich kehrt die Geschichte in die Wirklichkeit der Kate zurück, wo sich die ganze Familie darüber freut, dass Nils endlich aus dem Fieber erwacht.

Das Schloss auf dem Rollo

Die Ausgangslage ist betrüblich. Die Mutter ist davon überzeugt, dass Nils sterben wird. Der Kuckuck rief »wie toll« und das brachte nach dem Volksglauben Tod mit sich: »Nie zuvor hatte der Kuckuck so laut und so wild und so nahe der Kate gerufen wie in diesen Junitagen.«

»›Nils geht von uns‹«, sagt die Mutter, als der Vater am Abend heim-kommt. »›Hör doch den Kuckuck, er kündet uns einen Toten im Haus an.‹« Die Geschwister lauschen ergeben: »›Hört den Kuckuck‹, sagten sie. ›Da drin liegt unser Bruder und stirbt.‹«

Nils selbst befindet sich in der Gewalt des Traums und kämpft in ei-ner anderen Zeitdimension mit dem Tod. Dieses Versetzen an einen an-deren Ort wird durch ein schönes Bild vermittelt, einzigartig in der Welt der Armut: das Schloss auf dem Fensterrollo in der Kammer, wo Nils krank daniederliegt. Hier ist es also nicht, wie so oft bei Astrid Lindgren, ein Text, der die Phantasie anregt und die Verwandlung ver-ursacht, sondern ein Bild.

Eine verbale Deutung eines Werkes der Bildkunst pflegt man mit ei-nem Terminus der Rhetorik als Ekphrasis zu bezeichnen.[25] Hier be-nutzt Astrid Lindgren die Möglichkeiten der Ekphrasis, um einerseits das Bild selbst zu beschreiben und ihm andererseits eine neue dynami-sche Dimension zu geben, in der der Betrachter selbst zur Hauptper-son wird.

In erster Linie erzählt das Märchen von der Offenbarung des Schö-nen, die durch das Bild bewirkt wird. Ist es vielleicht sogar dieses Er-lebnis, das Nils gesund werden lässt?

Starke ästhetisch aufgeladene Worte beschreiben, wie erhaben er sich fühlt, als man in seiner Umgebung glaubt, er werde sterben. Er darf in der guten Stube liegen, die ihm »schöner als das Himmelreich« erscheint. Vor allem, weil dort – heruntergezogen gegen die hereinflu-tenden Sonnenstrahlen – das Rollo hängt, dieses »Kleinod und Einzig-artige«, das der Häusler »zum Staunen und Entzücken« der Kinder bei einer Auktion auf einem Gut ersteigert und in der Stube angebracht hat.

Eine Burg mit Türmchen und Zinnen, gelegen auf einer grünen In-sel mitten in einem tiefblauen See, schmückt das Rollo. Dieses Bild führt an einem schönen Vorsommertag zu dem dramatischen Traum des fieberkranken Nils. Der Zeitpunkt ist mit dem siebzehnten Juni ge-nau angegeben, und dasselbe verhängnisvolle Datum wird in jenem Märchen festgeschrieben, das Nils erträumt. Eine Geschichte, die er mit der statischen Jetztzeit des Bildes verknüpft.

Die Burg, die grüne Wiese, der tiefblaue Himmel und das tiefblaue

Wasser auf dem Rollo lassen ein Drama erstehen, bei dem der Häuslersohn zu einem Helden des Mittelalters wird und den edlen Namen »Junker Nils von Eka« erhält.

Nils gleitet im Traum in all das Tiefblaue hinein. Die Lieblichkeit des frühen Sommers ist die lyrische Ergänzung des Bildes, dabei insbesondere die Tatsache, dass die wilden Erdbeeren bald reifen würden, Astrid Lindgrens Sinnbild für das Wonnevollste im Leben, das hoffnungsvolle Zeichen des Märchens.

Wie so oft bei dieser Autorin spielt der Vogel eine magische Rolle. Wir sind dem Trauervogel in *Mio, mein Mio* begegnet, dem roten Vogel in »Sonnenau« und der Nachtigall in »Klingt meine Linde«. Hier ruft der Kuckuck wie toll, wenn jemand sterben muss ... Zunächst ist er als unheimliches Omen über der armen Kate zu hören, aber als Nils aus dem Fiebertraum erwacht, ruft der Kuckuck über dem Ort, wo das Schloss einst gelegen hat. Eine elegante Art, um Wirklichkeit und Traum zu verknüpfen!

Dieselbe Methode hatte schon Strindberg in seinem Märchen »In Mittsommerzeiten« benutzt. Dort ist es – wie später in *Die Brüder Löwenherz* – eine weiße Taube, die von Tod und »himmlischer Freude« kündet. Bei Astrid Lindgren ruft der Kuckuck über den Burghof, als der Kopf des Junkers Nils unter dem Schwert fällt – und »im Himmel herrscht große Freude«.

Das Doppelgängermärchen

Das Kernstück der Geschichte »Junker Nils auf Eka« ist eine Episode aus dem blutigen Kampf des Geschlechts der Folkungar um die Königsmacht, ein Stoff, der zahlreiche Autoren, darunter August Strindberg und Verner von Heidenstam, fasziniert hatte. Ebenso Hjalmar Bergman, der mit seinem Jugendbuch *Junker Erik* zweifellos auf unsere Geschichte hinweist.

Astrid Lindgrens Beitrag zur Geschichtsschreibung aktualisiert die typischen Elemente der Ritterchronik: die Ritterburg mit Wächtern, bewaffneten Mannen und Zugbrücke, mit Spielleuten und Schalmeien, mit Gesang zur Laute und höfischen Tänzen, zu denen man im Ritter-

*Edvard Forsströms Bild
eines Ritters in Rüstung
aus »Die Prinzessin auf
dem Glasberg«.
Aus: Schwedische
Volksmärchen*

saal antrat. Wir erkennen auch Stimmung und Formeln der Ballade wieder. Der Eindruck der Volksweise ist noch deutlicher als bei »Klingt meine Linde«.

Zugleich scheint die Sprache selbst den unsteten Verlauf des Fiebertraums wiederzugeben. Der Stil ist gefühlsbetont, einfühlsam, fast Gösta-Berling-gleich in der Rhetorik, als das Märchen von der Wirklichkeit der Kate zum mittelalterlichen Milieu wechselt: »O düsteres Schloss so voller Geheimnisse! Wessen Wimpel flattern im Abendwind auf deinen Türmen, wer wohnt in deinen Sälen, wer tanzt dort zu Fiedel und Flöte? Und wer sitzt gefangen im Westturm und soll sterben, bevor der Morgen graut?« Der König ist es, der auf seine Hinrichtung wartet.

Der junge König Magnus (vermutlich Magnus Eriksson, aber das wird nicht gesagt und ist für das Märchen auch nicht von Belang) ist von seinem Feind, dem Herzog, gefangen genommen worden und schmachtet seit zwei Jahren im Turmzimmer des Schlosses Wildgiebel. Nils, sein Schildknappe, stellt einen Plan auf, um ihn zu befreien.

Die Heldentat gelingt, weil König und Schildknappe sich zum Verwechseln ähneln: dieselben Augen, dasselbe Haar, das in der Sonne wie ein Goldhelm leuchtet. Sonnenheld nennt Marie-Louise von Franz diesen blonden Heldentyp der nordischen Tradition.[26] Die Handlung, die darauf hinausläuft, die Gegner zu überlisten, basiert auf diesem Doppelgängermotiv, bei dem der Held zwar ein und derselbe ist, doch auf zwei agierende Figuren verteilt auftritt.

Ein spannender Ablauf von jener Art beginnt, mit dem Astrid Lindgren schon in den Blomquist-Krimis ihre Leser zuweilen spaßeshalber, zuweilen allen Ernstes in Erregung versetzt hatte. Dort zeigte sie auch ihr Interesse an der Ritterzeit und deren Zeremonien. Die Kinder spielen Weiße und Rote Rose und schlagen einander zum Ritter. Das Motiv mit dem Gefangenen im Turm, der dunkle Gang, der durchquert werden muss, die Schlossruine – all das ist bereits in der Spannungswelt der Kriminalbände enthalten. Doch in den Blomquist-Büchern ist die Ritterrolle ein Spiel. In den Märchen geht es um Idealität, und zwar auf Leben und Tod. Gleichzeitig geht es auch bei »Junker Nils von Eka« wie auch bei *Mio, mein Mio* und *Die Brüder Löwenherz* darum, eine Rolle anzunehmen. Die Ritterrolle erscheint als Symbol für die Sehnsucht des Kindes, etwas unglaublich Großartiges zu tun. Das Anlegen der Rittertracht ist eine Symbolhandlung: Die Jungen übernehmen den Auftrag, Bannerführer des Guten zu sein. Junker Nils geht, gekleidet in die Tracht des Königs, mutig in den Tod.

Die Ritterrolle

Die Rittergestalt hat ihren Ursprung in der Tiefe der Geschichte und ist vor allem durch das Idealbild des Mittelalters bekannt, wo sie am ehesten als profane Entsprechung des kirchlichen Heiligen erscheint.[27] Ritter und Heiliger verschmelzen zuweilen zu einem heroischen Ideal. In der Nacht, bevor ein Jüngling zum Ritter geschlagen wurde, musste er vor dem Bild der Heiligen Jungfrau wachen. Die Überreichung der Ritterinsignien erfolgte in einer Zeremonie.

In der Romantik wurde der Ritter erneut aktuell. Und in den Märchen zu Beginn des zwanzigsten Jahrhunderts, die gern das Mittelalter oder die Renaissance widerspiegeln, ist er in Text und Bild eine häufig auftretende Figur. Doch handelt es sich dabei in der Regel um eine erwachsene Person. Ein typisches Rittermärchen aus dem frühen zwanzigsten Jahrhundert ist Jeanna Oterdahls »En riddare red här fram« (Ein Ritter kam des Wegs, Anm. d. Übers.). Es erzählt von einem Kreuzritter, der sein Land und seine Liebste verlässt. Da der Stil in »Junker Nils von Eka« zuweilen an Selma Lagerlöf erinnert, sollte man vielleicht erwähnen, dass diese Autorin seinerzeit mit großem Einfühlungsvermögen Erzählungen von Rittern und vom Mittelalter geschrieben hat.

Ganz offensichtlich ist Astrid Lindgren von der Rittergestalt fasziniert. Sie benutzt sie, um die ethischen Fragen zuzuspitzen. Auch bei ihr existiert ein Zusammenhang zwischen Ritter und Heiligem.

Doch wie sie die Rittersymbolik handhabt, ist das Besondere, denn bei ihr steckt in der Rittertracht immer das Kind. Junker Nils war einmal ein Junge, den man wegen irgendeines Unfugs im Schloss eingesperrt hatte. Er gelangte durch einen Geheimgang nach draußen, weil es seinen »neugierigen Knabenfingern« gelungen war, das Türschloss zu öffnen. Durch diese Kindheitserinnerung – die noch immer im Bewusstsein und in den Fingern vorhanden ist – kann er seinen König retten.

Durch eine kühne List gelingt es Junker Nils, sich in König Magnus zu verwandeln. Er war ins Schloss gelangt, hatte den Wächter betrunken gemacht, tauschte die Kleider mit dem König und führte ihn durch den geheimen unterirdischen Gang aus dem Schloss. Ein schwieriges Unterfangen, da der König durch seine Kerkerhaft erschöpft ist – man kann ihn als symbolisches Bild des kranken Nils von der Kate auffassen. Er ist nahe daran aufzugeben, doch Nils, in dem man vielleicht sein Über-Ich sehen kann, drängt ihn vorwärts zum Eingang des Tunnels.

Dort warten die Pferde. Die Jungen suchen Zuflucht in der Höhle, die später Königshöhle genannt wird, doch das Wiehern der Pferde verrät sie. Da überlistet Nils seine Verfolger ein weiteres Mal. Er reitet, angetan mit dem roten Samtrock des Königs, allein aus der Höhle. Da er seinem Herrn so täuschend ähnlich sieht, glauben alle, er sei der König – niemand ahnt, dass König Magnus sich dort drinnen versteckt.

Nils wird gefangen genommen und geköpft. Aber er hat seinen König und das Reich gerettet. Magnus gelingt die Flucht und er kehrt an der Spitze seiner Truppen zurück. Der Herzog wird besiegt und das Schloss Wildgiebel zerstört: »O düsteres Schloss, nun ist deine Geschichte zu Ende! Verschwinde von deiner grünen Insel!« Mit diesen Worten, die beinahe wie eine Parodie auf Selma Lagerlöfs *Gösta Berling* klingen, endet die Sage von diesem Ort, die in das Märchen aufgenommen ist.

Sagen und Legenden

Das Kennzeichen der Sage ist – im Gegensatz zu dem des Märchens –, dass diese heute und damals verbindet. Sie geht von einer zeitgenössischen Geschichte über eine beim Namen genannte Person der Vergangenheit aus. Vom Märchen unterscheidet sie sich, weil sie von Unheil kündet – eine Sage endet oft mit einer Katastrophe.[28]

Die Verbindung zwischen der Gegenwart und der Vergangenheit wird vor allem durch das Milieu hergestellt, das meist genauer als im Märchen gezeichnet ist. Die Rolle des Ortes ist wichtig für die Sage, die in »Junker Nils von Eka« erzählt wird. Sie ist mit der Königshöhle verbunden, wo die Kinder einer späteren, friedlichen Zeit umhertollen, spielen – und Walderdbeeren pflücken. Jetzt erinnert nur noch der Name daran, dass sich einst ein König dort versteckt hielt.

Trotz der historischen Atmosphäre gehört der Stoff, den Astrid Lindgren benutzt, in die normale Volkstradition: Von Höhlen, in denen sich Könige versteckt hielten, wird an vielen Orten berichtet, in Småland und anderswo.

Das Spezifische ist die Tat selbst, von jenem vollbracht, der dem Märchen seinen Namen gegeben hat, dem jungen Helden, der mit Freuden sein Leben für seinen Herrn, den König, und für sein Land hingibt. König Magnus ehrt sein Andenken: »Junker Nils von Eka, vergesst diesen Namen nie! Ihr edlen Herren, ihr braven Mannen, gedenkt seiner auf ewig! Denn das Schicksal des Reiches lag in seiner Hand!« Hier erhält die Sage einen erhabenen historischen Ton.

Der wird noch durch die Stimme der Legende überhöht, die dem

Opfertod eine himmlische Dimension verleiht: »So helfe dir Gott, Junker Nils ... im Himmel herrscht große Freude.« So lautet der Kommentar zu der Szene, als Nils' Kopf unter dem Schwert fällt. Die letzte Zeile ist ein Zitat aus der bekannten mittelalterlichen Ballade »Duvan på liljekvist« (Die Taube auf dem Lilienzweig, Anm. d. Übers.)[29]:

Eine Taube sitzt auf dem Lilienzweig
zur Mittsommerzeit
sie singt so prächtig von Jesu Christ
im Himmel herrscht große Freud.

Die Tragik der Hinrichtung wird also durch die Begeisterung über die Größe der Tat modifiziert. Nils hat, nach der Sicht der Legende, das wahre Leben errungen.

Die wilden Erdbeeren – der Paradiesmythos

Doch paradoxerweise geschieht die Auferstehung in der tatsächlichen Welt, in der Wirklichkeit des wunderbaren Vorsommers. Nils stirbt in seinem Traum, doch in der Stube der Kate kommt es zu seiner Auferstehung, als er aus dem Fieber erwacht. Die Krise ist vorüber. Die Geschichte ist zu Ende. Das Rollo ist hochgezogen und das Fenster der Morgensonne geöffnet worden. Wir befinden uns mitten in der Wirklichkeit des Lebens. Im Fliederfrühling und im Monat des Goldregens, um mit dem Dichter Hjalmar Gullberg zu sprechen. Auch die Natur ist wieder auferstanden.

All das, was der Junker Nils des Traums verlassen musste, all die Fülle von Licht, Natur und Schönheit, die in die Kate dringt, zeigt, dass der Tod überwunden ist. Das Rollo ist hochgezogen – die historischen Bilder sind ausgelöscht, ebenso wie der schmerzliche Ton der Legende. Am Bett stehen die Geschwister und reichen Nils die wilden Erdbeeren, gepflückt bei der Königshöhle, wilde Erdbeeren, eine Essenz in Astrid Lindgrens Paradiesmythos. Und der Kuckuck rief, wie gesagt, jetzt nicht über der Kate, sondern weit weg, dort, wo das Schloss einst gelegen hatte.

Wir haben dieselbe Befreiung erlangt wie in den vorhergehenden Märchen, ein Symptom für die thematische Einheitlichkeit der Geschichten des Bandes. Was aber ist es dann, das dieses Märchen, trotz des glücklichen Ausgangs für den Häuslersohn Nils, tragischer und bitterer erscheinen lässt als die anderen Geschichten? Ich glaube, dass die tragische Szenc der Sage, der Bericht von der Enthauptung – wie heroisch und freudevoll sie aus historischer und himmlischer Sicht auch dargestellt sein mag –, uns als etwas Schreckliches in Erinnerung bleibt. Nicht einmal die wundervollen Walderdbeeren können uns mit ihr versöhnen.

Doch, vielleicht, wenn wir am Ende über den verborgenen Sinn der Sage nachdenken. Was eigentlich erzählt uns dieselbe? Das Märchen vom Jungen Nils ist eine Art umgekehrte Beförderungsgeschichte. Normal in historischen Chroniken sind Schilderungen von Bauern, die aufgrund kriegerischer Großtaten geadelt werden. Astrid Lindgren kehrt den sozialen Aufstieg um: Junker Nils von Eka ist ein adliger Name. Doch jener Nils, der das Leben wiedergewinnt, gehört in die arme Kate Eka.

»Junker Nils von Eka« ist eine Huldigung an das Volk »in den Tagen der Armut«, die wirklich schwere Tage waren, dennoch aber ist es eine Zeit, in der die blutigen Machtkämpfe des Mittelalters nur noch als Märchen existieren. Ich glaube, dass es hier, wie in so vielen anderen Märchen Astrid Lindgrens, um Liebe geht. Sie spricht nicht viel von Liebe. Diese ist umgeben von Schweigen, Leere. Und gerade dann ist sie besonders brennend. Denn dann ist sie fast immer mit dem Opfer des jungen Menschen verbunden, dem Liebesopfer. Malin in »Klingt meine Linde« ist eine dieser Heldinnen, Märit in der Erzählung gleichen Namens aus *Sammelaugust und andere Kinder* eine andere. Und Jonathan aus *Die Brüder Löwenherz*.

Der heroische Kampf, der mit der Hinrichtung des Junkers Nils endet, wird durch die Liebe zu seinem König erklärt. Dass der wirkliche Nils dort in der Eka-Kate sein Fieber überwindet, hat ganz gewiss mit der ihn umgebenden Liebe zu tun. Jene, die sich darin zeigt, dass er angesichts des Todes in der guten Stube untergebracht wird, wo er Ruhe und Frieden findet – und Schönheit.

Aber diese Geschichte ist auf eine ausgeklügelte Weise mehrdeutig.

Die Volkssagen gipfeln im heroischen Opfer des Helden. Der glückliche Schluss, als Nils in der Kate gesundet, wird an die zugrunde liegende realistische Ebene des Textes gekoppelt. Zugleich erhält die Erzählung als Ganzes die für das Märchen typische naive Kontur von Kampf und Befreiung.

Vom Märchen aufgewühlt ...

So endet der Märchenband *Klingt meine Linde* in einer Stimmung von Tod und Leben. Alle vier Märchen handeln streng genommen vom Tod und münden in einer Vision vom Paradies. Die Anziehung grauer Dunkelwasser wird von der Bejahung des kostbar erscheinenden Lebens gebrochen.

Von der schreckensvollen Winterwanderung und Verlassenheit im zuerst besprochenen Märchen erreichen wir nach der Reise in die Unterwelt und dem Liebesopfer am Ende die Wiedergeburt mitten im småländischen Vorsommer. Man kann die Szene mit den Walderdbeeren im letztgenannten Märchen vielleicht auch als eine Art »rite de sortie« betrachten – ein Atemzug frischer Luft führt uns aus der Märchenwelt hinaus.[30]

Spannung und poetische Kühnheit prägen dieses Buch. Jedes Märchen ist eigenständig, während sich die Geschichten zugleich durch ständig neue Blickwinkel ergänzen. Astrid Lindgren demonstriert sowohl ihre Formstrenge als auch ihre Bandbreite. In Bezug auf die Dichte und die künstlerische Kraft übertrifft dieses Buch auch die Sammlung *Im Wald sind keine Räuber*, ja in gewisser Hinsicht selbst *Mio, mein Mio*. Denn in dem Band *Klingt meine Linde* nutzt Astrid Lindgren die Möglichkeiten ihrer Sprache zur Gestaltung von Seelenzuständen maximal aus, während sie das Märchen zugleich mit verschiedenen Genres spielen lässt. Das Buch ist in der Tradition von Märchen, Sage und Legende verwurzelt, komprimierte Formen, die zuweilen durch den intensiven sprachlichen Tonfall aufgesprengt werden. Das Anliegen des Märchens ist Leben, Tod und Liebe, einfach die Tatsache, wie schwer es ist, Mensch zu sein. Der Rhythmus, d. h. die Musik in diesen Texten, die so traurig, manchmal auch bedrückend ist, kann zu Tränen rühren.

Heute haben Astrid Lindgrens Märchen geradezu Klassikerstatus. Doch so ist es nicht immer gewesen. Als *Klingt meine Linde* herauskam, waren weder Märchen noch Legenden gefragt, jedenfalls nicht in der Kinderliteratur. Laut Marianne Eriksson (Interview vom 3.12.1996) war man im Verlag besorgt wegen dieses neuen Werks der führenden Autorin des Hauses. Hans Rabén, der Chef selbst, glaubte nicht sonderlich an die Sammlung. Und in gewisser Hinsicht bekam er Recht. Ein Verkaufserfolg in der Art der anderen Bücher wurde der Band gewiss nicht, und das Buch ist auch nie so bekannt geworden wie *Mio, mein Mio* oder *Die Brüder Löwenherz.*

Einige Kritiker äußerten auch Zweifel an der Wahl des Genres durch Astrid Lindgren. »Man kann sich fragen, was unsere modernste Kinderbuchautorin veranlasst hat, gerade den Kunstgriff des Volksmärchens zu wählen«, schreibt Margareta Sjögren in *Svenska Dagbladet* vom 21.11.1959. Doch ist sie in der Aussage eindeutig positiv: »Astrid Lindgren (...) berührt das Armuts-Schweden mit ihrem Zauberstab – und sofort wird es zu einem wieder auferstandenen Reich des Volksmärchens.« Lennart Hellsing hingegen hält den Band für »Astrid Lindgrens problematischstes Buch«. Er betrachtet es als warnendes Beispiel: »... es wäre ziemlich schrecklich, wenn das Buch Schule machen würde, die Volksmärchen gehören schließlich ein für alle Mal einer entschwundenen Zeit an. Diese Art zu erzählen gehört in die Welt der Erwachsenen – und dennoch ... Persönlich würde ich gern ein paar Jahre zur Verfügung haben, um die Sache gründlich zu überdenken.«[31]

Hellsing ist unsicher. Aber er legt den Finger auf etwas Wesentliches, als er hervorhebt: »Diese Art zu erzählen gehört in die Welt der Erwachsenen ...« *Klingt meine Linde* hat im System der Kinderliteratur vielleicht nie richtig funktioniert, in das es durch die Kanäle des Verlags und aufgrund von Ilon Wiklands Illustrationen eingeordnet wurde. Auf diese Weise ist es eine Art Nicht-Buch geblieben, Kindern ziemlich unbekannt, aber auch Erwachsene kennen es nicht, obgleich einige der Märchen in Anthologien aufgenommen wurden.

Die Nichtbeachtung dieses wichtigen Buches lag auch daran, dass man es als Herausforderung betrachtete. Als es erschien, galt für die Märchenlektüre noch immer das Kriterium von Sicherheit und Geborgenheit: Man sollte Kinder nicht mit allzu vielen schrecklichen Dingen ängstigen – ob die Märchen der Brüder Grimm für Kinder geeignet seien, hielt man für ziemlich fraglich.

Diesen Hintergrund sollte man nicht vergessen, wenn man liest, wie Astrid Lindgren in Interviews ihr Recht verteidigt, zu schreiben, wie sie es nun einmal tut. Sie schreibe keine Märchen, um Angst zu erzeugen(!). Hingegen betrachte sie es als ihren Auftrag, jene wichtigen Zusammenhänge aufzuzeigen, die alle Menschen, unabhängig vom Alter, bewegen. In einem Interview in *Dagens Nyheter* vom 8. 9. 1959, das den Titel trägt »Sagor med folkviseton« (Märchen im Ton des Volkslieds, Anm. d. Übers.), wird Astrid Lindgren von Eva von Zweigbergk zitiert: »Tod und Liebe sind die großen Dinge, die der Mensch erlebt, sie interessieren in jedem Alter. Man soll Kindern keine Angst einjagen, aber sie brauchen es ebenso wie Erwachsene, dass sie von Kunst aufgewühlt werden.«

Von Kunst aufgewühlt werden – die Worte sollte man genau überdenken. Für Astrid Lindgren geht es nicht nur darum – wie beim Märchen vom Beginn des vorigen Jahrhunderts –, dass Kinder ihre künstlerische Phantasie entwickeln. In ihrem Märchenprogramm geht sie weiter: Kinder brauchen die Konfrontation mit den großen und schmerzhaften Gefühlen.

Als Astrid Lindgren ihre Aufgabe als Künstlerin unterstreicht, stimmt Eva von Zweigbergk ihr vorbehaltlos zu: »Wenn die Märchen verstummt sind, spüren wir, dass eine Dichterin gesprochen hat«, fasst sie zusammen – und allzu üblich war es nicht in der damaligen Zeit, dass man Astrid Lindgren die für uns heute selbstverständliche Bezeichnung Dichterin verliehen hat.

Dieser kurze Kommentar enthält vielleicht die Entdeckung, dass die Märchen von *Klingt meine Linde* etwas Neues im Schaffen Astrid Lindgrens darstellten. Dass es Märchen mit einer kühneren Magie und einer dunkleren Unterströmung sind.

Die Diskussion über das Märchen wird in einem Gespräch zwischen derselben Kritikerin, Eva von Zweigbergk, und Astrid Lindgren in *Vänkritik*, der Festschrift für Olle Holmberg, fortgeführt. Die Märchen sind die »Grundlinie« in Astrid Lindgrens Schaffen, behauptet Eva von Zweigbergk. Sie vergleicht »Sonnenau« mit H. C. Andersens »Das Mädchen mit den Zündhölzern«, was schließlich nahe liegend ist. Und sie betont, dass die Wahl des Märchengenres Mut erfordert in diesen fünfziger Jahren, in denen die Geborgenheit im schwedischen »Volksheim« stets als wichtigster Wert hervorgehoben wurde.

Astrid Lindgren will in ebendiese Geborgenheit eine Bresche schlagen. Sie erklärt, dass sie der zahmen Bücher über kleine Eichhörnchen überdrüssig sei. Stattdessen will sie von Zeit zu Zeit »die wohl genährten Kinder in unserem Volksheim aus ihren ordentlichen kommunalen Parkanlagen ins Land der Ferne entführen und sie auf nackten Füßen über eine paradiesgrüne Sonnenau laufen lassen«.

»Überkonsumtion und Standarderhöhung, Unzufriedenheit mit dem Volksheim, soziale Nivellierung und Differenzen zwischen den Gesellschaftsschichten, ganz zu schweigen von Druck und Unruhe außenpolitischer Art« – so lautet eine Zusammenfassung der Kennzeichen des Jahrzehnts, die Göran Printz-Påhlson in seinem in *Bonniers Litterära Magasin* (1958/6) veröffentlichten Aufsatz »50-talet och den elfte musan« (Die fünfziger Jahre und die elfte Muse, Anm. d. Übers.) vorgenommen hat. Eine Ästhetik des Widerstands ist in Astrid Lindgrens Intention bei den Geschichten von *Klingt meine Linde* auszumachen. Über die persönliche Triebkraft hinter den Texten sagt sie Folgendes: Vielleicht wurde die Kindheit

> für mich ein Paradies, in das ich mich unbewusst zurücksehne, und vielleicht sind die einsamen Kinder, die ich geschildert habe, nur ein Ausdruck der Sehnsucht, was weiß ich? Vertrieben aus dem Paradies der Kindheit … verzehre ich mich deshalb nach dem Land der Dämmerung und nach Sonnenau?

Es gab natürlich Kritiker, die Astrid Lindgrens Schaffen nicht aus besorgter pädagogischer Perspektive betrachteten, sondern ihre Märchen als künstlerisches Ausdrucksmittel akzeptierten. Zu diesen gehört die bekannte norwegische Kritikerin Sonja Hagemann, die in den fünfziger Jahren Aufsätze zur schwedischen Kinderliteratur für *Bonniers litterära magasin* schrieb. Eines der besten Urteile, die es zu *Klingt meine Linde* gibt, formulierte sie in ihrer kurzen Besprechung in der Dezembernummer 1959.

In einer schönen rhythmischen Prosa, mit Hilfe der Kehrreimtech-

nik des Volkslieds und der Wiederholungsmethode des Volksmärchens, spricht Astrid Lindgren unser Herz an. Wir nehmen auch »das
stille, traurige Gesicht der Legende« wahr. »Es ist ein Buch über den
Traum und die Sehnsucht, die tragenden Kräfte des Lebens«, betont
sie. »Die graue Armut, umgestaltet zur poetischen Märchenwelt, in der
Trauer und Wehmut den Resonanzboden bilden. Es ist die Macht der
Kunst, mitten durch Hunger und Hässlichkeit ein Leuchten zu erzie-
len.«

Am Ende konstatiert Sonja Hagemann, dass dieses Buch sich von
allen anderen Kinderbüchern unterscheidet, egal wie gut, wohl ge-
meint und gekonnt sie auch geschrieben sein mochten. Dieses ist das
einzige Buch, »das die Macht des Wortes aufzeigt«. Die Legenden –
Sonja Hagemann entscheidet sich schließlich für diese Genrebezeich-
nung – »tönen weiter in unserem Sinn, denn ihre Melodie selbst ist einem Dichtergeist entsprungen«. Hinter den Worten seien das Gesicht
und die nackte Seele der Autorin zu erkennen. »Sie schreibt über die
Flucht aus der Armut der Realität in das Land der Sehnsucht – *das ver-*
lorene Land der heutigen Kinderliteratur.«[32]

Ein anderer Autor, der kluge Worte zu *Klingt meine Linde* gefunden hat, ist Olle Holmberg. Er hält den Band für eins »der bewegends-
ten Bücher« Astrid Lindgrens. Das schreibt er in dem Essay »Astrid
Lindgren, låtsandet och det ensamma barnet« (Astrid Lindgren, das
einsame Kind und seine Phantasien, Anm. d. Übers.), gedruckt in seinem Buch *Skratt och allvar i svensk litteratur* (Lachen und Ernst in der
schwedischen Literatur, Anm. d. Übers.). Er ist der Ansicht, dass *Klingt*
meine Linde auch ihr sentimentalstes Buch ist, doch im Unterschied zu
einigen anderen Kritikern hält er diese Methode für legitim und fruchtbar. Mit Hilfe eines Mottos aus Strindbergs *Gespenstersonate* verbindet er ihre Märchen mit einer großen schwedischen Tradition: »Obwohl die Märchen unterschiedlich sind, hängen sie doch zusammen,
und das Leitmotiv kehrt regelmäßig wieder.«

Unterwegs zum Märchen der Brüder

Mit *Klingt meine Linde* ist Astrid Lindgren, was das Märchengenre betrifft, in gewisser Weise bis zum Äußersten gegangen. Es sollte vierzehn Jahre bis zum nächsten großen Märchenprojekt, *Die Brüder Löwenherz* (1973), dauern. Hatte die zurückhaltende Aufnahme von *Klingt meine Linde* Astrid Lindgren trotz allem beeinflusst und ihr ein wenig die Lust am Fabulieren im Märchengenre geraubt? Doch hat sie ja vieles andere zu bieten: Die sechziger Jahre gehörten vor allem Michel.

Anfang der siebziger Jahre geschieht es dann. Die Stimme des Märchens – der Poesie – meldet sich erneut zu Wort. Und in gewisser Weise greift Astrid Lindgren das Motiv genau dort auf, wo sie es verlassen hat. Wieder begegnet uns ein Junge, der an sein Bett gefesselt ist, gefangen in einem Traum. Aus diesem Traum erwächst das Märchen.

In Bezug auf die Erzählweise baut »Junker Nils von Eka« eine Brücke zu *Die Brüder Löwenherz*. Mit ihrer Betonung von Kampf und Opfer stellt die Sage vom Junker Nils eine Station auf dem Weg zwischen *Mio, mein Mio* und *Die Brüder Löwenherz* dar. Vieles darin bereitet auf das Märchen von den Brüdern vor.

Die widerwärtige Henkersgestalt des Herzogs in »Junker Nils von Eka« weist auf Tengil hin. Der schwarze Gang, durch den Krümel kriecht, um sich mit Jonathan zu vereinen, ähnelt dem unterirdischen Gang, den Nils und König Magnus durchqueren müssen, um nach draußen, in die Freiheit, zu gelangen. Die Höhle, in der sich Nils und der König verstecken, während die Mannen des Herzogs davor grölen und lärmen, kommt als Grotte, in der sich Krümel vor den Soldaten Tengils verbirgt, erneut zur Anwendung. Und Junker Nils täuscht die rauen Soldaten – was später auch dem pfiffigen Krümel gelingt. Vor allem erhält die Treue des Schildknappen gegenüber dem König ihre Parallele in der Liebe zwischen Krümel und Jonathan – jene Zuneigung, die es ermöglicht, dass sie füreinander in den Tod gehen können.

Der Fiebertraum und die Ekphrasis in »Junker Nils von Eka« weisen auf das Löwenherz-Buch mit seiner großen Vision von einer anderen Welt und Zeit hin. Auch in *Die Brüder Löwenherz* opfert sich der Held im Kampf gegen die bösen Mächte, doch wird er in einem neuen, paradiesischen Dasein wieder zum Leben erweckt.

Die Brüder Löwenherz –
ein Märchen des Widerstands

Was ist Wirklichkeit und was Märchen? Oder ist alles nur ein Traum? Dichter waren zu allen Zeiten fasziniert von dieser doppelten Dimension und haben Utopien zu einem Leben jenseits der Materie erschaffen. In seinem Buch *Dikten om livet på den andra sidan* (Das Gedicht vom Leben auf der anderen Seite, Anm. d. Übers.), 1996, deutet Olof Lagercrantz die Arbeiten Swedenborgs als »Dichtung von einem fremden Land mit seltsamen Gesetzen und Bräuchen. In erster Linie ist es ein Gedankengebäude, handelt von einem würdigeren Leben, ermöglicht durch die Tatsache, dass unsere irdischen Begrenzungen in der Geisterwelt aufgehoben sind«. Von Nangijala, einer Welt jenseits »des Erdensterns«, handelt der bemerkenswerte Märchenroman mit dem Titel *Die Brüder Löwenherz*. Doch dort gibt es natürlich auch böse Märchen …

Nangijala ist »eine frühe Welt«, ein Chronotop der Lagerfeuer und Sagen. Sie entsteht aus Kummer, aus dem verzweifelten Bedürfnis nach Trost – im Grunde genommen vielleicht aus dem Kummer darüber, an das Gefängnis der Materie gefesselt zu sein. Kühner als je zuvor konfrontiert Astrid Lindgren das Übernatürliche mit der Wirklichkeit. Mit meisterhafter Konsequenz lässt sie die Geschichte an Intensität zunehmen. Die Betonung liegt auf dem Erzählen selbst. Die Macht des Märchens zeigt sich stärker als je zuvor.[1]

Zu Beginn etabliert sie einen Alltag des Mangels, so arm und schwer, dass das Märchenerzählen als angstvoller Widerstand im dramatischen Wechselspiel zwischen Phantasie und Wirklichkeit fungiert. Der Alltag erhält etwas von der Expressivität des Märchens, dessen klare starke Konturen. Und das Märchen eine deutliche Prägung von Wirklichkeit.

Der Roman *Die Brüder Löwenherz* scheut vor der brutalen drastischen Darstellung nicht zurück. Aber die Geschichte wird auch von einem poetischen Ton getragen, einer Traumstimmung, in der alles, auf Lindgren'sche Weise, im Mondlicht daliegt, sonderbar – und schön. In ihrer Sprache mit den typischen Doppelwörtern wird das Leben als »schrecklich und schön«, »wundervoll und sonderbar«, ja, wie in einem »schönen und wilden Traum« beschrieben. Und am Ende als furchtbarer »Urzeittraum«.

All das entwickelt sich als symbolische Projektionen aus dem in der Einleitung geführten melodramatischen Diskurs über das Leben und seine bitteren Überraschungen – es ist beinahe so, als imitiere sie eine der Moritaten, die sie immer geliebt hat. Astrid Lindgren hat keine Angst vor Sentimentalität. Erzählt wird eine unglaublich traurige Geschichte, die zugleich auch äußerst realistisch ist, man ist versucht zu sagen, sozialrealistisch. Aber sie ist obendrein genauso schwarz, wie es viele Märchen sind – man denke an »Hänsel und Gretel« –, bevor die Hauptgestalten ihr Zuhause verlassen, um in das Land des Abenteuers zu ziehen.

Zwei Brüder, Jonathan und Karl, genannt Krümel, leben mit ihrer Mutter in einer engen Mietshauswohnung. Die Jungen halten sich in der Küche auf, wo Krümel todkrank auf der Schlafbank liegt.

Der Vater ging zur See und ist seitdem verschwunden. Die Mutter sitzt im Zimmer an der Nähmaschine – das Bild der Näherin ist zumindest seit der Zeit um 1880 der Prototyp für die einsame, beklagenswerte Frau, die gezwungen ist, sich selbst und ihre Kinder zu ernähren. Ihr trostloser, sehnsuchtsvoller Gesang von La Paloma, der weißen Taube, dringt in die Küche hinaus, wo sich die Söhne aufhalten. Die weiße Taube verwandelt sich später in den symbolischen Vogel des Märchens, der dessen wunderbare Zusammenhänge steuert. Hier bringt er einen Zug von Sehnsucht und Liebe und von der Sehnsucht nach Liebe in die düstere Familiengeschichte ein. Das wird nicht nur am Lied der Mutter offenbar, sondern vor allem an Jonathans zärtlichen Gefühlen für den jüngeren Bruder, den er umsorgt, dem er Honigwasser reicht und dem er Märchen erzählt. Auch mit seinem Blick, seinen lieben Augen bewirkt er manches.

Diese Bruderliebe ist es, die das Märchen von Nangijala erzeugt.

Fast wie ein Märchen …

Und noch einmal entsteht das Märchen aus der archetypischen Urszene, dem Lauschen des Kindes in der Küche, das Astrid Lindgrens ursprüngliches Verhalten zum Erzählen spiegelt.

Wir sind dem Kind, das dem Märchen lauscht, durch eine Reihe von Erzählungen bis zu diesem Bild gefolgt: dem pathetischen Bild von Krümel, der durch die Krankheit an die Schlafbank gefesselt ist. Das Phantastische spielt sich vor dem Hintergrund ebendieser Schlafbank ab.[2] Ein Ton des Schmerzes und der verzweifelten Hoffnung wird spürbar.

In diesem ergreifenden Szenario ist es Jonathan, der die Phantasie in Bewegung bringt, als er von Nangijala, dem Land des Märchens und Abenteuers, berichtet. Er ist der Mentor, der versucht, seinen kleinen Bruder zu überzeugen und zu überreden. Doch Krümel ist es, der die Gespräche mit Jonathan wiedergibt. Er ist der Ich-Erzähler des Buches. Er ist es auch, der das Genre der Erzählung definiert: »Es ist fast wie ein Märchen, finde ich, und ein klein wenig auch wie eine Gespenstergeschichte«, heißt es auf der ersten Seite des Buches. Diese Formulierung ist ein Hinweis darauf, dass das Märchen hier frei gehandhabt wird.

Der Metadiskurs wird nach und nach noch akzentuierter als in *Mio, mein Mio*. Ein Spiel mit den Begriffen Märchen und Traum entwickelt sich, das die Macht des Märchens paradoxerweise noch stärker, dessen Leuchtkraft größer werden lässt. In *Die Brüder Löwenherz* wird durch das Märchenerzählen all das gelenkt und vorprogrammiert, was wieder und wieder geschehen wird.

Das Märchen von Nangijala, erzählt aus der Perspektive des kranken Krümel, ist so voller Magie wie kaum ein anderes Märchen der schwedischen Tradition. »Wann wurden in Schweden jemals so phantastische Märchen erzählt? Überhaupt jemals?«, fragte auch ein Rezensent, Alf Thoor, in der Zeitung *Expressen*.

Die Brüder Löwenherz sind zudem ein Buch, dessen Wirkung mit den Jahren nur noch größer geworden ist. Seine Allgemeingültigkeit führt dazu, dass es für viele Situationen zutreffend ist, es reicht über die Grenzen vieler Länder hinaus. Es ist ein Buch, bei dem das Persönliche aus der Märchenperspektive betrachtet wird, aber das Märchen gibt auch dem Allgemeinen, den großen existenziellen Fragen Gestalt.

Wir sehen uns wieder in Nangijala

Das Märchen von Nangijala erwächst aus dem Gespräch zwischen den Brüdern, das Krümel wiedergibt, und das wohl niemand lesen kann, ohne Tränen zu vergießen. Krümel weiß, dass er sterben muss. Er ist neun Jahre alt, bald wird er tot in der Erde liegen. Jonathan tröstet ihn und sagt, das würde herrlich werden, denn dann käme er ja nach Nangijala. Das Land, wo all sein Wünschen eine wunderbare Erfüllung findet, um Edith Södergran zu travestieren. All das Lustige und Spannende, was Krümel so gern hatte tun wollen, wird er in Nangijala erleben, denn »wenn man dort hinkomme, erlebe man von früh bis spät und sogar nachts Abenteuer. Denn von dort, aus Nangijala, stammten alle Märchen und Sagen.«

Krümel ist dennoch untröstlich: Was nützen ihm denn die Sagen und Abenteuer, wenn er allein ist. Jonathan wird schließlich nicht bei ihm sein. Es kann neunzig Jahre dauern, bevor sein Bruder, der so urgesund ist, nach Nangijala kommt.

Jonathan findet auch dafür Trost. Die Zeit in Nangijala sei anders als hier auf Erden. Selbst wenn er leben würde, bis er neunzig wäre, käme es Krümel so vor, »als dauerte es nur etwa zwei Tage, bis er da wäre«. Jonathan stellt sogar ein schönes Programm für den kleinen Bruder auf:

»Du kannst ja inzwischen auf Bäume klettern und dir ein Lagerfeuer im Wald machen und an einem kleinen Bach sitzen und angeln. Du kannst all das tun, wonach du dich immer so gesehnt hast. Und gerade wenn du einen Barsch an der Angel hast, komme ich angeflogen und dann sagst du: ›Ja, meine Güte, Jonathan, bist du schon da?‹«

Und natürlich können sie auch in Verbindung bleiben, wenn Krümel nach Nangijala gezogen ist. Er könne schließlich im Federkleid der Taube angeflogen kommen und Jonathan hier in der Küche besuchen – mit diesem Satz wird die magische Rolle der Taube, die durch das La-Paloma-Lied der Mutter eingeführt worden war, vorbereitet.

Mit grausamer Ironie wird dieser ganze Plan umgestoßen. Jonathan ist es, der zuerst in Nangijala ankommt. Es geschieht eine Katastrophe jener Art, die gern sentimentalen Romanen älterer Zeiten Würze verliehen. Feuer bricht aus im Viertel Fackelrose, wo die Familie Löwe wohnt – beide Namen sind natürlich bitter und suggestiv ironisch.

Heldenhaft rettet Jonathan seinen jüngeren Bruder, aber er bricht sich das Genick, als er mit Krümel auf dem Rücken aus dem Fenster springt. Bevor er stirbt, kann er seinen Bruder noch an den Treffpunkt erinnern: »Weine nicht, Krümel, wir sehen uns in Nangijala wieder!«

In einem Nachruf spielt Jonathans Lehrerin auf seinen Heldenmut und seinen Nachnamen an und vergleicht ihn mit Richard Löwenherz. Nach dem berühmtesten Kreuzritter erhält Jonathan seinen ominösen Märchennamen. Der auch für Krümel gilt, als er nach Nangijala kommt. Mit diesem Namen werden die Brüder in das Heldenmärchen eingeführt.

Zu Beginn jedoch klingt die Verbindung der Namen Krümel und Löwenherz mehr wie ein Scherz!

Nangijalas grüne Täler

Es ist Frühling, als Krümel in das Land der Märchen kommt. Und hier ist der blühende Kirschbaum aus »Sonnenau« zu einem ganzen Tal geworden, ein Füllhorn der Frühlingsfreude.

Das Kirschtal ist Astrid Lindgrens lieblichster Paradiesplatz, ein Archetypus der Freude, Schönheit und des Spiels. So ähnlich den herrlichen blühenden Tälern der romantischen Poesie, und der Fluss fließt dahin »wie ein Silberband«. Alles ist »herrlich«, genau wie Jonathan es in seiner Geschichte vom Leben in Nangijala versprochen hatte. Im Kirschtal kann Krümel angeln und baden, mit Tieren und mit dem großen Bruder zusammen sein, sooft er nur will.

Alles, wovon er geträumt und was er sich gewünscht hat, geht wunderbar in Erfüllung. Krümel ist frei vom Druck der Materie, wird nicht länger durch Gebrechen oder Krankheiten behindert. Was in der realen Welt verbogen und schief war, wird im Tal der blühenden Kirschbäume gerade und gesund. Die irdische Gestalt ist abgelegt: Krümel wird nicht länger vom Husten geplagt, er hat schöne gerade Beine, kann schwimmen, tauchen und ganz von selbst reiten. Er bekommt sogar ein eigenes Pferd. Das Paradies ist vollkommen.

Aber in *Die Brüder Löwenherz* herrscht ein hohes Tempo. Das gute, schöne Leben gibt es nur für kurze Zeit. Sehr rasch erfahren wir, dass die obligatorische Paradiesschlange selbst im Kirschtal nicht fehlt. Ein Problem nach dem anderen taucht auf. Das geschieht auch hier im Dialog zwischen Jonathan und Krümel. Jonathan erzählt, und Krümel ist selbst in Nangijala der Zuhörer. Doch werden jetzt eine andere Art Märchen in die Geschichte eingeführt, als Krümel erwartet hatte.

Jetzt muss er von »der grausamsten aller Sagen« Kenntnis nehmen, der von Tengil, dem Herrscher über Karmanjaka, der sich Nangijalas schöne Täler unterwerfen will. Im Kirschtal lebt man noch im Frieden, aber in das ebenso schöne Heckenrosental – mit »rosa Heckenrosen, die nach Sommer duften« – ist Tengil bereits eingefallen. Und eigentlich ist er unbesiegbar, da er im Besitz von Katla ist.

Hier wird die Erzählung mystisch, indem sie der Information bis auf weiteres eine Grenze setzt. Der Name Katla ist von einer Aura des Schrecklichen umgeben – dieses Märchen ist zu grausam, als dass es Krümel bereits jetzt erzählt werden könnte. Allmählich erfahren wir dann, dass Katla ein Feuer speiender Drache ist, den Tengil auf die klassische Märchenweise in Schach hält, nämlich indem er in ein Horn bläst. Seine Feinde wirft er dem Ungeheuer zum Fraß vor.

Bei seiner Ankunft in Nangijala weiß Krümel genauso wenig von Tengil, wie Mio von Kato weiß. Doch hier liegt die Bedrohung näher, sie ist verborgen und heimtückisch. Denn von jenen, die die Brüder im Kirschtal kennen, muss einer die Freiheitskämpfer an Tengil verraten haben. Wer ist der Verräter? Die Märchenstruktur wird hier durch ein Element der Detektivgeschichte ergänzt.

Das Märchen von den zwei Brüdern

»Jetzt will ich von meinem Bruder erzählen. Von ihm, Jonathan Löwenherz, will ich erzählen.« So beginnt das Buch, und es gibt deutlich sein Thema an.

Und gewiss handelt das Märchen von Jonathan, dem schönen »Märchenprinzen«.

Er ist Erzähler, Tröster und Retter. In Nangijala singt man Lieder von seinem Mut und preist ihn als den »Befreier« des Heckenrosentals. Er ist eine Art Christusfigur – der Held, der am Ende aufersteht. Ja, sicher ist das Buch eine Hagiografie über Jonathan.[3]

Doch die Frage ist, ob wir dem jüngeren Bruder Krümel nicht eigentlich näher kommen, ihm, der so empfindsam, ängstlich und so voller Selbstvorwürfe ist, selbst dann, wenn er mutiger auftritt als je zuvor. In Wahrheit ist es seine Geschichte, der wir hier folgen. Indem er von seinem Bruder berichtet, erzählt er das Märchen von sich selbst.

Krümel ist das genaue Gegenteil von Jonathan. Er ist klein, hässlich und voller Angst. Einer, der sich vor allen gefährlichen Unternehmungen fürchtet. Doch ist er einer Liebe fähig, die ihn über alle Maßen mutig sein lässt.

Astrid Lindgrens Grundintention bei *Die Brüder Löwenherz* waren eben die beiden Brüder. Die Kenntnis darüber, wie sie auf die Idee zu diesem Buch kam, das dann Form angenommen hat, ist interessant, wenn man der Entstehung des Kunstwerks folgen will. Sie las auf alten Grabsteinen von zwei kleinen Brüdern, die gestorben waren – das war der erste Anstoß. Doch die Eingebung, die das Märchen von den Brüdern lebendig werden ließ, erhielt sie bei den Filmaufnahmen von Michel, als sie sah, wie liebevoll der Knabe, der den Michel spielte, von seinem älteren Bruder betreut wurde.[4]

Am Ende wurde das Buch ein Märchen von zwei Brüdern mit einer Reihe für jene Art Märchen typischer Merkmale. Das Zwei-Brüder-Märchen wird zu den ursprünglichsten Märchen der Welt gezählt. Es kann ein unterschiedliches Aussehen haben. Vor allem eröffnet es die Möglichkeit, die Helden in doppelter Gestalt auftreten zu lassen und sie mit verschiedenen Charakteren auszustatten. Genau das geschieht auch hier.

Eine Variante des Zwei-Brüder-Märchens handelt davon, wie die Brüder sich trennen und verschiedene Wege einschlagen. In einer anderen Variante bleibt der eine Bruder bei seinem Leisten, während der zweite auf Abenteuer in die Welt hinauszieht.

Das Ausschlaggebende daran ist, dass zwischen den Brüdern stets eine Verbindung erhalten bleibt, obwohl sie weit voneinander entfernt sind oder in Konflikte geraten. Auf geheimen Wegen erhalten sie Kontakt zueinander und retten sich gegenseitig aus Gefahren. Das ist in Kürze, was in *Die Brüder Löwenherz* geschieht. Das Wichtige ist die Liebe zwischen den Brüdern, ihr Zusammenwirken, ihre Diskussionen und ihre Vertrautheit.[5]

In *Die Brüder Löwenherz* überwindet die Liebe zwischen den Brüdern – auf Märchenweise – die entsetzlichsten Hindernisse. Sie sprengt sogar die Todespforte auf. In Gestalt einer schneeweißen Taube (auf diese Taube war bestens vorbereitet worden) kommt Jonathan angeflogen, lässt sich auf dem Fensterblech nieder und ruft Krümel nach Nangijala. Und als Krümel an jenem wunderbaren Frühlingstag im Kirschtal ankommt, ist die Begegnung der Brüder voll Lachen und überschäumender Freude – gibt es in unserer Literatur eine Begegnung, die sich mit dieser messen kann?

Das wäre dann wohl jene, zu der es kommt, als Krümel nach schrecklichen Strapazen das Heckenrosental erreicht und Jonathan schlafend auf dem Fußboden in Matthias' Häuschen vorfindet!

Krümel wird Karl Löwenherz

Astrid Lindgrens Märchen von den beiden Brüdern enthält auch eine psychologische Problematik, bei der der jüngere Bruder darum kämpft, den Respekt des älteren zu gewinnen und an seinem Kampf teilzunehmen und nicht nur Gegenstand von dessen Mitleid zu bleiben. Gewiss geht es in der Geschichte in erster Linie um Sehnsucht und

Liebe, um das Bedürfnis, demjenigen, den man liebt, nahe zu sein und alles für ihn zu tun. Aber für Krümel ist es ebenso wichtig, das Syndrom vom kleinen Bruder loszuwerden und auf eine Stufe mit jenem zu gelangen, der sein Ideal ist, mit dem älteren Bruder.

Krümels Unterlegenheit wird in der Einleitung unterstrichen. Er wird nicht nur als krank, sondern auch als hässlich und ungeliebt beschrieben – außer vom Bruder. Jonathan hingegen ist bei allen beliebt und gefragt, bei Kindern und Erwachsenen. Als Jonathan umgekommen ist, bedauert ein Kunde die Mutter, weil nicht der kranke Junge gestorben ist.

All diese angehäufte Bitterkeit – die nur Jonathan vertreiben kann – wird im Traum von Nangijala bearbeitet. Dort wird von Kompensation berichtet, jedoch noch mehr vom Wachsen und wie man Lebensmut entwickelt. Und die Verwandlung geschieht, es kommt zu jener Entwicklung, die Krümel und Jonathan auch im tieferen Sinne Brüder werden lässt.

Die Veränderung spiegelt sich bereits in der Namensgebung wider. Krümel, diesen Namen hat er vom Bruder erhalten. Und sicher ist er ein Ausdruck für die Zärtlichkeit Jonathans – »mein Krümel, den ich gern habe« –, aber ein Krümel ist nun einmal genau das, was er ist. Der Zusammenhalt zwischen den Brüdern wird auch in Nangijala betont, wo sie denselben stolzen Familiennamen tragen, auch wenn sie sich erst halb totlachen über die Kombination Krümel Löwenherz. Sie kommen überein, dass Krümel als »Karl Löwenherz« vorgestellt werden soll. Noch hat dieser Name keinen Inhalt, doch bald wächst Krümel in die heroische Rolle hinein, obgleich er weder ein Märchenprinz noch ein Ritter ist, sondern nur ein rührend ängstlicher kleiner Junge.

Jonathan ist bereits in jedem Zoll ein Löwenherz, und für Krümel geht es darum, in diese Rolle hineinzuwachsen. Wie der Bruder zieht er sich Ritterkleidung an, um in die archaisierende Zeit Nangijalas zu passen. Die Kleidung indiziert, dass er bald an der Reihe sein wird, den Kampf aufzunehmen.

Der große Aufbruch geschieht, als er sich bei seiner Suche nach Jonathan vom Kirschtal zum Heckenrosental begibt. Er gleicht einem wagemutigen Helden, doch in der Seele ist er ein zitterndes Kind. Oder eine erschreckte Ratte, als er sich oben in den Bergen in der Grotte verkriecht, vor der Tengils Männer warten. Es ist eine Position, die für den bevorstehenden Kampf dennoch bedeutungsvoll werden wird. Denn jetzt kommt er hinter das so wichtige und erschreckende Geheimnis, nämlich wer der Verräter im Kirschtal ist, ein Wissen, das Krümel schließlich zum Retter des Heckenrosentals werden lässt.

Von seinem Versteck aus hört er, wie der Wirt des Gasthauses, der gemütliche Jossi, sich vor Tengils Männern mit seinen grausamen Plänen brüstet, mit deren Hilfe er Jonathan zu fangen gedenkt. Unangenehmerweise muss er ebenfalls hören, wie der Verräter ihn selbst höhnisch Hasenherz nennt – Karlchen Löwenherz könne man mit ein paar Keksen in die Falle locken.

Mitten in aller Beschämung und Angst behält Krümel jedoch einen klaren Kopf. Als Einfaltspinsel oder Hütejunge des Märchens überlistet er die Riesen, d. h. die dummen Soldaten Tengils, und gelangt mit deren Hilfe in das Heckenrosental. Oder richtiger gesagt: Er *spielt* den Einfaltspinsel!

Und so verschlagen ist er, dass er den Soldaten nicht seinen richtigen Namen nennt. In der Diktatur der Gewalt und Unterdrückung ist es gefährlich, einer der Brüder Löwenherz zu sein. Krümel, der Name, den ihm Jonathan gab, wird sein Deckname, der ihn rettet.

Heldenmärchen

Das Buch *Die Brüder Löwenherz* folgt dem Grundmuster des Heldenmärchens mit Auszug, Kampf und Sieg. Wie in *Mio, mein Mio* muss das Kind immer weiter vorangehen, hinein in die heroische Rolle, die das Leben erfordert. Die Abenteuer sind als Fortziehen und Weiterziehen, angstvolle Trennungen und überschwänglich freudige Begegnungen zwischen den Brüdern angeordnet. Selbst wenn die Brüder getrennt sind, gibt es – wie im ursprünglichen Märchen von den zwei Brüdern – geheime Verbindungen zwischen beiden. Eine Liebe und Sehnsucht, die jede neue Begegnung zu einem dramatischen Wendepunkt der Geschichte werden lässt. Das Buch basiert auf jener Struktur, die Michail Bachtin das Chronotop der Begegnung nannte.[6]

Als Jonathan fortzieht, um am Freiheitskampf gegen Tengil teilzunehmen, wird Krümel von Verzweiflung gepackt. Dass er erneut allein zurückgelassen wird, war nicht das, was er sich vorgestellt hatte. Er will mit Jonathan in Ruhe und Frieden im Kirschtal leben.

Doch als er nachts allein in der Küche des Ritterhofs liegt, hört er im Traum, wie die Dunkelheit ringsum widerzuhallen scheint von wilden Schreien, von Jonathans Schreien. Zitternd vor Unruhe wacht er auf, »verloren, klein und verängstigt und einsam«. Dennoch fasst er den mutigen Entschluss aufzubrechen und den gleichen Weg wie sein großer Bruder einzuschlagen. Manchmal muss man das Gefährliche tun, sonst ist man nur ein Häuflein Dreck. Diese Moral hat ihm Jonathan beigebracht, und nun ist es an der Zeit, sie zu befolgen. »Ich tue es! Ich tue es! Ich bin kein Häuflein Dreck!«

An die Küchenwand schreibt er eine Botschaft an Sofia, die den geheimen Kampf im Kirschtal leitet: »Jemand rief nach mir im Traum …« Es klingt wie ein Gedicht, findet er. Und die kryptischen Worte sind wohl tatsächlich eine Allusion, nämlich auf Bertil Malmbergs schönes

Gedicht »Någon ropar på mig ur skogen …« (Jemand ruft nach mir aus dem Wald …, Anm. d. Übers.), eins von Astrid Lindgrens Lieblingsgedichten, das auch in *Astrid Lindgren i diktens träd* (Astrid Lindgren und der Baum der Dichtung, Anm. d. Übers.) zu lesen steht.

In *Astrid Lindgren. Im Land der Märchen und Abenteuer* habe ich einen Teil des poetischen Gewebes und die lyrischen Allusionen in der Einleitung zu *Die Brüder Löwenherz* offen gelegt. Hier wird eine weitere poetische Verbindung sichtbar, die zu einer der großen Schilderungen von Emanzipation und Vorwärtsgehen in unserer Literatur führt, jener, als Krümel in die Berge hinaufreitet und die Schönheit der Welt erlebt. Und das wunderbarste Lagerfeuer seines Lebens entzünden kann.

Das ist ein grandioser Auszug und die große Heldenprobe des Kindes. Märchen, Traum und Mondscheinstimmung, »ein schöner und wilder Traum« wird mit drastischer Konkretheit kombiniert. Wölfe greifen an, das Pferd ist nahe daran, die Steilhänge hinunterzustürzen, ein Schurke und zwei rohe Tengilmänner vollenden das Bild des schlimmen Märchens.

Doch der Widerstand gegen das Böse wird von dem guten Märchen gesteuert, jenem, in dem es um Liebe geht. Der gewitzte kleine Krümel hat den Soldaten eingeredet, er wohne im Heckenrosental bei seinem Großvater in einem kleinen weißen Haus. Begriffe mit positivem Gehalt bei Astrid Lindgren, sowohl der Großvater als auch das kleine weiße Haus, wodurch die Rettung signalisiert wird. Als Tengils Männer den Jungen vor sich her ins Heckenrosental getrieben haben, wo er zur Verantwortung gezogen werden soll, weil er sich unerlaubterweise in den Bergen aufgehalten hat, richtet es das Märchen so ein, dass der alte Matthias ihn vor einem kleinen weißen Haus erwartet. Das Zeichen ist die weiße Taube, eine von jenen, die eigentlich bei Sofia, der Taubenkönigin des Kirschtals, daheim sind.

Und dieses Wunderwerk bereitet die phantastische Begegnung zwischen den Brüdern vor.

Hinter dem Schrank in der Küche befindet sich eine Luke, die in ein kleines dunkles Zimmer führt. Dort liegt der schlafende Jonathan. Nichts kann mit dieser Begegnung verglichen werden, erzählt Krümel:

Ein paar Mal in meinem Leben bin ich so froh gewesen, dass ich vor Freude nicht aus noch ein wusste. Einmal, als ich klein war und Jonathan mir zu Weihnachten einen Rodelschlitten geschenkt hatte, für den er lange hatte sparen müssen. Und dann, als ich nach Nangijala kam und Jonathan unten am Fluss entdeckte. Und dann noch an jenem ersten unvergesslichen Abend auf dem Reiterhof, als ich vor Freude ganz närrisch war. Aber nichts, nichts kommt dem gleich, als ich Jonathan bei Matthias auf dem Fußboden fand, oh, dass man sich so freuen kann! So, dass einem das Herz im Leibe lacht oder wo man sich sonst freut.

Im Heckenrosental muss sich Jonathan, gejagt von den Tengilmännern, versteckt halten. An Essen fehlt es ebenfalls im Tal der Knechtschaft. Die Freude ist groß, als Krümel zur Aufbesserung der dünnen Suppe, die Matthias als Einziges anbieten kann, Brot und eine Hammelfiedel hervorzieht. Die Mahlzeiten in *Die Brüder Löwenherz* erhalten einen geradezu sakralen Akzent.

Damit sind wir vom lieblichen Kirschtal ins geplagte Heckenrosental übergewechselt, den Schauplatz des schlimmen Märchens. Hier stehen wir Auge in Auge mit Tengil, der Inkarnation der Gewalt. Und Krümel bekommt endlich eine Antwort auf die Frage, warum Jonathan sich ihm im Schlaf gezeigt hat. Die Antwort ist: »Ich habe Katla gesehen«, jenes Ungeheuer, das die Inkarnation des Bösen und Tengils Waffe ist.

Aber Auszug und Bewegung im Märchen gehen weiter. Der allerschwerste Aufbruch ist jener, als sich die Brüder nach Karmanjaka begeben, um Orwar zu befreien, der den Kampf im Heckenrosental angeführt hat, doch jetzt gefangen in der Katlahöhle sitzt.

Da wird Krümel erneut auf eine schwere Probe gestellt. Wie Junker Nils von Eka kriecht er von Matthias' Hütte aus durch einen finsteren Gang, den die Brüder heimlich gegraben haben. Das Schwierigste ist, dass er nicht weiß, ob Jonathan tatsächlich jenseits der Mauer auf ihn wartet.

Aber Jonathan hat sich als Tengilmann verkleidet, und es ist ihm gelungen, aus dem bewachten Tal hinauszugelangen. Die geliebten Pferde der Brüder, Grim und Fjalar, hat er bei sich. Die entscheidende Hilfe bekam er von Krümel, der ihm Tengils Parole mitgeteilt und es

ihm so ermöglicht hatte, das Tor, das aus dem Heckenrosental hinaus-
führt, zu passieren.

Ja, diese dritte Begegnung der Brüder, diesmal vor den Mauern des
Tals, ist vielleicht die ergreifendste, nicht zuletzt deshalb, weil sie so
verhalten geschildert wird. All die Qual, die es Krümel gekostet hatte,
die Tat zu vollbringen, sowie all sein Mut sind in Jonathans lakoni-
scher Begrüßung zusammengefasst: »Na also, Karl Löwenherz«, sagte
er, »da bist du ja endlich.« Die Zusammenfügung von Vor- und Fami-
lienname hat nun einen Inhalt bekommen.

Der Urzeittraum

Das Buch *Die Brüder Löwenherz* ist ausgeprägt dualistisch. Zwei Brüder stehen im Zentrum des Märchens. Zwei Pferde sind ihre treuen Begleiter. Zwei schöne Täler, das Kirschtal und das Heckenrosental, sind
die Orte des Märchens. Hinter dem Heckenrosental liegt das Berg-
massiv mit den großen Wasserfällen und mit dem Fluss der Uralten
Flüsse: Karmanjaka. »Tengils Land und das des Ungeheuers« ist von
Nangijala durch einen Abgrund getrennt, über den Tengil eine Brücke
errichten ließ. Über diese reiten die Brüder endlich zusammen, zwei
Helden, unterwegs im großen Auftrag des Märchens: der Befreiung
Orwars aus der Katlahöhle. Sie ziehen zu dem Land, in dem sich die
Ungeheuer befinden. Auch diese sind zwei, obendrein verschiedenen
Geschlechts: Katla, das Drachenweibchen, das im Berg haust, und das
männliche Ungeheuer, der Lindwurm, der im Karmafall lebt. Diese Un-
tiere hassen einander und vernichten sich am Ende gegenseitig.

Das apokalyptische Geschehen wird in mehreren Etappen aufge-
baut. Zunächst wird die Handlung auf jene Weise vorbereitet, die als
durchgehende Methode im Buch angewandt wird. Die Erzählung
nimmt Anlauf mit einem neuen Märchen, das das spätere Geschehen
vorprogrammiert. Es beginnt damit, dass wir tief in die Märchenstimmung eindringen, die nur ein Wald erzeugen kann. Dort befindet sich
die alte Frau, die der Weberin in *Mio, mein Mio* entspricht. Sie ist diejenige im Heldenmärchen, die den Helden aussendet.

Die Brüder reiten hinein in einen richtigen Märchenwald, »finster und dicht, da gab es keine gebahnten Wege«. Mitten im dunklen Wald stoßen sie auf Elfridas kleine graue Hütte – und eine kleine graue oder weiße Hütte signalisiert bei Astrid Lindgren immer das Märchenhafte. Auf einer Kartenskizze von Nangijala, die sie selbst angefertigt hat, steht Elfridas Hütte deutlich als ein Punkt auf dem Weg der Jungen zur Katlahöhle.

Bei Elfrida werden sie nicht in der Küche platziert. Auf den Stufen vor der Tür wird den Brüdern Ziegenmilch und Brot gereicht – ganz offenbar ist das eine Art Abendmahl. Und nun erzählt Elfrida Jonathan (Krümel pflückt ein Stück weiter weg Walderdbeeren) das Märchen von Katla und Karm. Die Ungeheuer existierten einst in einem dieser »uralten Märchen«, das sie als Kind gehört und gemocht hatte, weil es so schrecklich war. Jetzt ist Katla zum Leben erwacht und aus dem Urzeittraum in ein neues Märchen gestiegen. Dieses muss ein Ende und eine Lösung erhalten.

Mit Ziegenkäse in den Rucksäcken setzen die Brüder ihren Weg fort, hinein in eine Landschaft, die zugleich schön und schrecklich ist, mit gewaltigen Berggipfeln und tosenden Wasserfällen. Das Land der Ungeheuer ist etwas anderes als die schönen Täler, die zuvor als Schauplätze gedient hatten. Ihr Lagerfeuer entzünden die Helden an einem fürchterlichen Ort, »schrecklich und schön wie kein anderer im Himmel oder auf Erden«.

Mitten in den Schrecken dieser Urzeitlandschaft erlebt Krümel das Glück, mit dem geliebten Bruder zusammen zu sein. »Wo ich auch war, immer fühlte ich mich geborgen, wenn Jonathan bei mir war, und ich war glücklich, mit ihm endlich einmal an einem Lagerfeuer zu sitzen, von dem wir so oft gesprochen hatten, als wir noch auf Erden lebten.« Ja, er ist glücklich, dass er dort sitzen und in Jonathans liebes Gesicht blicken darf, doch alles ist dennoch ungeheuer unwirklich: »alles war so riesig und überwältigend«.

Wieder greift Krümel zum Traum, um das Fiktive zu unterstreichen: »Glaube nicht, dass dies Wirklichkeit ist!«, sagt Krümel zu Jonathan. »Es muss ein Stück aus einem Urzeittraum sein, ganz bestimmt!« Die beschriebene Gegend erinnert an Filme mit dramatischen, unglaublichen Bildern wie die großartige Felslandschaft in dem berühmten Zwanziger-Jahre-Film *Die Nibelungen* von Fritz Lang, der sowohl an

Wagners *Das Rheingold* als auch an *Die Siegfriedsage* der Edda anknüpft und u. a. den Kampf des jungen Helden gegen einen Feuer speienden Drachen schildert.[7]

Auch die Geräusche, vielmehr der Höllenlärm, tragen dazu bei, die Stimmung des Schreckens und Entsetzens zu verstärken. Als das Feuer erlischt, »brach über uns die schwarze, tosende Finsternis herein«, und bald tobt das Unwetter los mit Blitz und Donner, eine Kakophonie, die eine Zeit außerhalb des Daseins heraufbeschwört, »als wäre die Urzeitnacht über uns hereingebrochen«. Der Höhepunkt des Furchtbaren ist die Begegnung mit Katla, dem Drachenweibchen, »emporgestiegen aus der Urzeit«.

Olaus Magnus' Bild aus dem 16. Jh. zeigt einen jungen Helden im Kampf mit Feuer speienden Drachen.

Aber die Brüder reiten weiter, Krümel außer sich vor Furcht. Das Ziel ist die Katlahöhle, in der Orwar gefangen sitzt. Und auch dieses Mal führt das Märchen die Helden in die richtige Richtung. Als Jonathan schon fast die Hoffnung aufgeben will, dass sie in die Grotte gelangen könnten, entdeckt er den versteckten Eingang in den Berg, in dem die große Höhle verborgen ist.

Das geschieht so unerwartet, dass die Erzählung einen Wink über das Schicksalhafte des Geschehens geben muss:

198

Vielleicht war alles schon vorherbestimmt, seit der Urzeit der Märchen und Sagen? Vielleicht wurde Jonathan schon damals um des Heckenrosentals willen zu Orwars Retter bestimmt? Vielleicht gab es unsichtbare Märchenwesen, die, ohne dass wir es ahnten, unsere Schritte lenkten?

Hier erhält das Märchen eine metaphysische Dimension.

Die Wanderung durch die Katlahöhle ist eine Hadeswanderung, wo Krümel »die Luft dick von all der eingetrockneten Bosheit« zu sein scheint. Die Helden gelangen zu einem Abgrundreich, in dem seit der Urzeit gewaltige Heerscharen von grausamen Reptilien aus Dracheneiern geschlüpft sind. In dieser »tiefsten und schwärzesten Finsternis der Welt« – es war, »wie in einen bösen schwarzen Traum einzutauchen«, lauscht Krümel Jonathans Worten, der die ganze Zeit über zu ihm spricht, ganz ruhig spricht, und deshalb vermag es Krümel, sich weiter durch die »Höllennacht« zu quälen. Bis die Brüder Orwars Stimme vernehmen und es ihnen gemeinsam gelingt, ihn aus der Grottenhölle zu schleppen – Jonathan Löwenherz und Karl Löwenherz.

Gejagt und verfolgt von den Tengilmännern, machen sie sich auf den Rückweg ins Heckenrosental. Der wird erneut zur schweren Prüfung. Glücklich dort angekommen, ist es an der Zeit, endlich den Verräter Jossi zu entlarven, den sein wohlverdientes Schicksal ereilt: Der Karmafall verschlingt ihn. Der mitfühlende Krümel kann nicht anders, als ihn dennoch zu beweinen.

Der letzte Kampf – ein böses Märchen

Die Hoffnung im Heckenrosental wird wieder entfacht, als Orwar zurückkehrt. Die Menschen rüsten sich für den Kampf gegen Tengil. Jonathan, und nicht zuletzt Krümel werden als Helden gefeiert. Doch der Tag des Kampfes wird für die Brüder kein Tag des Triumphes. Der letzte Kampf, das weiß Jonathan, »kann nur ein böses Märchen sein, eine Sage vom Tod und nichts als dem Tod«.

Während der Schlacht um das Heckenrosental muss Krümel im

Haus bleiben, während Jonathan immer bleicher zwischen den Kämpfenden umherreitet. Er ist kein Held mit dem Schwert in der Hand wie Mio, ist kein Siegfried. Wenn wir ihn aus der Sicht der Heldentradition betrachten, eher ein Parzival, der seinen Bogen zerbricht. Als das Ziel erreicht und das Heckenrosental befreit ist, jubelt er nicht.

Mehrere ihrer Freunde fallen im Kampf, darunter Matthias. In Bezug auf die Gesellschaftsvision gilt hier nicht der glückliche Ausgang des Märchens. Die Zukunft wird auf jeden Fall glücklich werden, verspricht Orwar. Jonathan glaubt ihm nicht. Im Gegensatz zu *Mio, mein Mio* ist diese Geschichte hier kein Schwarz-Weiß-Märchen mit eindeutiger Verteilung von Gut und Böse. Der Sieg über Tengil ist von Blut und Tränen getrübt. Jonathan wird zwar von seinem eigenen ethischen Kodex angetrieben, den sich auch Krümel zu Eigen gemacht hat: Es gibt Dinge, die man tun muss, sonst ist man nur ein Häuflein Dreck.

Doch seine Haltung ist völlig kompromisslos, und daran ändert auch die traditionelle Heldenrolle nichts: Jonathan weigert sich, aktiv am Befreiungskampf des Heckenrosentals teilzunehmen, er ist ein Opferheld, der nicht töten kann. Aber er trägt dennoch zur entscheidenden Lösung bei, als er Tengil mutig und flink die Kriegslure entreißt und somit Macht über den Drachen erhält. Und Katla wendet sich gegen ihren früheren Herrn und vernichtet ihn.

Jonathans und Krümels letzter Auftrag in Nangijala besteht im Ritt zurück nach Karmanjaka, wo Katla für ewig in der Höhle angekettet werden soll. Aber sich gegen ein Ungeheuer zu behaupten ist nicht leicht. Als Jonathan die Kriegslure in den Karmafall entgleitet, ist Katla herrenlos. Und jetzt gibt es keine Rettung. Ihr Schnauben dicht hinter Grim und Fjalar zu hören ist schlimmer als die Verfolgung durch die Tengilmänner. Am Ende gelingt es Jonathan jedoch, einen Stein ins Rollen zu bringen, der Katla in den Karmafall stürzt. Und so geht das Märchen in Erfüllung, das Elfrida vorab erzählt hatte: Die Untiere vernichten einander. Katla und Karma gehen in einem gewaltigen Nahkampf zu Grunde. Das große apokalyptische Motiv ist zu Ende gebracht worden. Die Welt ist neu und dennoch ist sie ewig dieselbe: »Alles war wie einst. So wie es seit Urzeiten gewesen war.«

Nach Nangilima

Die letzte Phase des Märchens wird mit einer neuen Erzählung am obligatorischen Lagerfeuer in der Dämmerung vorprogrammiert. Jonathan hat das Wort, und Krümel lauscht dem Bruder, »fast so, als säße er zu Hause in der Stadt bei mir auf der Bettkante«. Ja, streng genommen werden wir dorthin zurückgeführt.

Jonathan erzählt das Märchen von Nangilima, wo sich ihr lieber »Großvater« Matthias jetzt befindet, und er beschreibt das Land mit denselben Worten, die er bei Nangijala benutzt hat: »Dort ist noch die Zeit der Lagerfeuer und der Sagen.« Aber Krümel hat seine Erfahrungen gemacht: »›Der arme Matthias‹, sagte ich, ›dann gibt es dort also auch Abenteuer, die es nicht geben dürfte.‹« Jonathan versichert, dass »in Nangilima nicht die grausame Sagenzeit herrscht, sondern eine heitere Zeit voller Freude und Spiel«. Dort singen und tanzen die Menschen und erzählen Märchen, »böse und grausame Sagen von Ungeheuern, solchen wie Katla und Karm, und von grimmigen Männern, solchen wie Tengil«. Doch hinterher lachen sie darüber. »›Habt ihr etwa Angst bekommen?‹, fragten sie dann die Kinder. ›Das sind doch nur Märchen. So etwas hat es nie gegeben. Jedenfalls nicht hier in unseren Tälern.‹« Und auch die Freuden der Schönheit kann man in Nangilima genießen. Matthias wohnt im Apfeltal, »es sei der schönste Hof in dem schönsten und grünsten Tal von Nangilimas Tälern«.

Als ein bleicher, erschöpfter »Märchenprinz« sitzt Jonathan da, erzählt und gibt dem Märchen erneut eine Stimme, dort am Todesfelsen, wie Astrid Lindgren auf der von ihr selbst gezeichneten Karte der Märchenwelt ganz nüchtern den Steilhang hinunter nach Nangilima nennt. Der Kreis des Märchens ist geschlossen. Dennoch beginnt etwas Neues.

Das Verhältnis zwischen den Brüdern hat sich sowohl verändert als auch wiederhergestellt. Wir werden an ihre ursprüngliche innere Gemeinschaft erinnert, als Jonathan seinen Bruder erneut Krümel nennt. Doch jetzt geschieht es in der Verbindung von Zärtlichkeit und Bewunderung: »Mutiger kleiner Krümel.« Und dieses Mal ist Jonathan der Hilflose. Krümel muss die mutige Handlung, den Sprung in die andere Welt, vollführen – so wie Jonathan ihn einst gerettet hatte. Er schafft es, weil er Jonathans Philosophie verinnerlicht hat. Wenn er es jetzt nicht wagt, dann ist er nur »ein Häuflein Dreck« und wird immer ein Häuflein Dreck bleiben.

So endet das Zwei-Brüder-Märchen in einer starken, bewussten Gegenseitigkeit. Und das Märchen geht weiter zum Apfeltal in Nangilima.

»Die Brüder Löwenherz« als Prügelknabe des Märchens

Das Buch *Die Brüder Löwenherz* ist jenes Werk von Astrid Lindgren, das bei den Kindern selbst den meisten Anklang gefunden hat, bei Kindern aus verschiedenen Ländern. Sie erhielt auch eine Reihe positiver Rezensionen. Doch die negativen waren ungewöhnlich scharf.

In den siebziger Jahren, als der Sozialrealismus seinen Höhepunkt erreicht hatte, verachtete man das Märchen. Das Rezeptionsklima war damals einfach so. Am wenigsten hielt man Märchen geeignet für Kinder. Elsa Beskow wurde aus den Kindergärten verbannt und durch eine ganz andere Art von Büchern mit eindeutig pädagogischer Ausrichtung ersetzt. Dennoch benutzten die Autoren das Märchen fleißig, sowohl beim eigenen Schreiben als auch für Theaterproduktionen. Man veränderte die klassischen Märchen in politisierender Absicht.

Sonja Åkesson verwandelte in *Mamman och pappan som gjorde arbetsbyte* (Mama und Papa tauschen ihre Arbeit, Anm. d. Übers.), 1970, ein bekanntes Märchen in eine moderne Geschichte über die Geschlechterrollen. Solche Travestien waren lehrreich, tendenziös – zuweilen lustig –, ungefähr wie die Märchen vom Beginn des zwanzigsten Jahrhunderts. Der Unterschied war, dass man die Märchen jetzt auf parodistische Weise wieder benutzte.

Zuweilen bleibt die Wirkungskraft des ursprünglichen Märchens dennoch erhalten. Das war z. B. der Fall, als Suzanne Osten 1971 *Die wilden Schwäne* im Klaratheater inszenierte. Das Stück basierte auf Sara Lidmans Adaption des berühmten Andersen-Märchens und es diente der Agitation gegen den Vietnamkrieg. Die Inszenierung war von poetischer Schönheit.

Man kann sich fragen, ob Sara Lidmans Stimme in *Die wilden Schwäne* mit ihrem Brüdermotiv von Bedeutung für *Die Brüder Löwenherz* gewesen ist, das zwei Jahre später erschien und das in den siebziger Jahren für mich die tatsächliche Wasserscheide in Bezug auf das Märchen war. In *Die Brüder Löwenherz* geht Astrid Lindgren von einer Wirklichkeit aus, die weit schwieriger ist als jene, von der die Autoren der damaligen Zeit gewöhnlich schrieben. In dieser Misere wirkt die Magie des Märchens.

Aber vor allem entwickeln sich *Die Brüder Löwenherz* aus den Bedürfnissen und Gefühlen des Kindes heraus. In einem Brief an den Norweger Arvid Benn Johansen schreibt Astrid Lindgren:

Es ist offensichtlich, dass Kinder eine große Sehnsucht nach Märchen haben, und zwar gern nach solchen, die ein wenig spannend sind. Im Augenblick werde ich mit Briefen von Kindern – aus den verschiedensten Ländern – überschüttet, die die Brüder Löwenherz lieben. Nie zuvor habe ich eine so starke und spontane Reaktion auf ein Buch erhalten.[8]

Doch wurde ihr keine größere kulturelle Unterstützung zuteil. Unsere eigene kleine Kulturrevolution konnte ein Buch wie *Die Brüder Löwenherz* nicht akzeptieren.

Am 22.12.1973 erschien eine kollektive (!) Rezension in *Dagens Nyheter*. Sie warnte vor dem Buch. »Man kann vielerorts die gefährliche Tendenz ausmachen, dass Astrid Lindgren ungestraft in den Himmel gehoben wird«, schreiben die Rezensenten. Sie »legalisiert das Recht, den Leser zu täuschen, indem sie die Märchenerzähler in Nangijala schildert (…) In *Die Brüder Löwenherz* gibt es wirklich Abenteuer, die in einem Kinderbuch nichts zu suchen haben dürften.« Das Buch betrüge die Leser durch die Schwarz-Weiß-Malerei, ohne Deutungsmodelle anzubieten.

Die Rezension blieb nicht ohne Erwiderung. Das betraf vor allem den Schriftsteller P. C. Jersild, der in seiner vernichtenden Reaktion schreibt, dass er Weitblick, Humor und Respekt vor dem Kunstwerk und dem Künstler vermisse. Er erinnert daran, dass Astrid Lindgren eine Hexe sei, und eine solche versehe ihr Buch nicht mit Warnschildern.[9]

Sie selbst hat ihr Buch lediglich in Interviews kommentiert. Im Allgemeinen begründet sie ihre Art, Märchen zu schreiben, damit, dass sie den Prämissen des Genres zu folgen habe: »Wenn ich Märchen schreibe, muss es um das schwärzeste Schwarz und das weißeste Weiß gehen, und in einem Märchen kann man nicht erklären, dass Tengil eine schlimme Kindheit hatte o. Ä.«[10]

Dann dauerte es nur wenige Jahre bis 1979, bevor jenes Buch in schwedischer Übersetzung erschien, das mit einem Schlag die Märchensicht der Zeitperiode veränderte – auch was die früheren Revolutionäre anbetraf –, nämlich Bruno Bettelheims *Kinder brauchen Märchen*. Darin wird das Märchen als ein Schatz überlieferter psychologischer Weisheiten betrachtet und gesagt, es sei besonders wichtig für Kinder, sich dasselbe anzueignen. Mit Beispielen aus den Brüdern Grimm zeigt Bettelheim auf, wie die Märchen in symbolischer Form Konflikte in der Familie gestalten, so wie die notwendige Loslösung von den Eltern und andere Probleme. Die schrecklichen Bestandteile seien notwendig, weil es hier um Geschichten auf Leben und Tod gehe – Hexen, Trolle und Riesen seien nichts gegen die Ungeheuer, die jedes Kind in sich trage.

Die Märchen bieten die Möglichkeit, die Angst zu meistern und den Kummer zu verarbeiten, mit dem bereits das kleine Kind konfrontiert ist. Das Märchen handelt von Kampf, das tun Märchen immer, doch weist es vorwärts auf Hoffnung und Befreiung.

Diese therapeutische Sicht auf das Märchen, die so große Durchschlagskraft erhalten hat, lässt sich durchaus auch auf Astrid Lindgrens Methode bei der Benutzung des Märchens in ihren Büchern anwenden. Interessant ist jedenfalls, dass in der Einleitung zu Bettelheims schwedischer Ausgabe das Buch *Die Brüder Löwenherz* als Beispiel eines modernen Märchens erwähnt wird, das jene Eigenschaften besitze, die nach der modernen Psychologie für das Kind so wichtig seien.

Aber Lindgrens Buch besitzt im Grunde genommen so viele Perspektiven, dass es auf die verschiedenste Weise wirksam werden kann, sowohl im Hinblick auf persönliche Lebensdramen als auch auf Gesellschaftsprobleme. Manch einer hat sich die Frage gestellt, worauf der Freiheitskampf des Buches eigentlich anspiele. Hatte Astrid Lindgren die Berliner Mauer im Sinn oder Che Guevara bzw. das Machtspiel zwischen der Sowjetunion und den USA? Mit der Zeit betrachtete man *Die Brüder Löwenherz* jedoch als eine Geschichte, die für sich selbst steht, obgleich sie noch leidenschaftlicher als Astrid Lindgrens frühere Bücher das Märchen als ein Instrument der Ästhetik des Widerstands benutzt.[11]

Ronja Räubertochter –
ein modernes Waldmärchen

»Ich schreibe Märchen, und der Mensch braucht Märchen. So ist es immer gewesen. So ist es einfach.« Das sagte Astrid Lindgren, als *Ronja Räubertochter* 1981 den Journalisten vorgestellt wurde.[1] Aber wie viel Märchen ist *Ronja Räubertochter* eigentlich? Zweifellos fehlen dem Buch einige typische Märchenzüge. Es weist nicht die klare Polarisierung zwischen Gut und Böse auf. Das männliche Ritterideal fehlt. Oder es ist beinahe nicht vorhanden: Ronjas Freund Birk, dem das Haar wie ein Kupferhelm um den Kopf liegt, hat natürlich einige Ähnlichkeit mit Jonathan, ja Birk ist von einer Aura des Edelmuts und der Charakterstärke umgeben, die an das Ritterideal erinnert.

In *Ronja Räubertochter* steht ein Mädchen im Mittelpunkt. Sie lebt in einer anderen Welt als Mio und die Brüder Löwenherz. Hier haben wir ein Buch, das im postmodernen Geist der Zeit geschrieben wurde. Das Milieu ist nicht historisch. Die Strukturen, auch das Märchen, werden frei und willkürlich benutzt. Es geht um Räuber in einer nicht angegebenen Zeit – oder um Leute, die Räubern gleichen und die in einer Burg wohnen, die einer Ritterburg gleicht, Gott weiß, wo gelegen. Zweifellos haben diese referenziellen Abweichungen und Entstellungen für das Dichtwerk Schwindel erregende Möglichkeiten eröffnet.[2]

Alle Elemente dienen dazu, mentale Zustände zu beschreiben. Und die Wesensart wird hier durch den Wald, das Wilde und das Karnevalistische bestimmt. Die romantisch-höfischen Gebärden, die wir aus Astrid Lindgrens früheren Märchen kennen, sind auf spaßigste Weise abgewertet worden. Die psychische Landschaft wird von Lachen, Gebrüll und lärmenden Huldigungen an den wilden Gesang des Frühlings gekennzeichnet – und der Frühling kommt »wie ein Jubelschrei«. Grässliche Flüche, fürchterliche Invektiven, unschöne Geräusche verleihen dieser Paraphrase eines Räuberromans eine freche Dynamik. Das erstreckt sich bis in die Wortwahl, bei der Astrid Lindgren lustvoll in »Schmeißfliegengedanken«, »erzvermaledeitem Blödsinn«, »Haderlumpen« und »Hosenschissern« schwelgt. Aber das Buch ist auch durchdrungen von einer lyrischen Freude am Wald, die an Edith Södergrans oder Harry Martinsons Poesie erinnert. Vor allem ist es bevölkert von phantastischen, mehr oder weniger gefährlichen, Menschen entführenden Mächten.

Diese Geschichte zeigt Astrid Lindgrens Fähigkeit zur Erneuerung und dass sie Dinge wieder zu verwenden versteht. Sie nimmt den Dialog auf mit der Tradition der Waldromantik, der Angst vor dem Wald – also der des Waldmärchens. Aus diesen Märchen erinnern wir uns an Trolle, Riesen, die Uldra und die Alben. Aber die Autorin erschafft ihre eigenen mythischen Waldbewohner, die traditionellen Märchenfiguren gleichen. Dennoch repräsentieren sie etwas völlig Neues.

Auf entsprechende Weise können wir auch feststellen, dass Ronja und Birk der Prinzessin und dem Prinzen im Märchen gleichen. Sie wohnen nicht im Schloss, sondern sie sind in ein burleskes Milieu verpflanzt, in dem König und Königin zum Räuberhäuptlingspaar in einer Räuberburg geworden sind und »die Höflinge« aus zwölf – die klassische Anzahl Helden – zottigen Räubern bestehen, die, wenn ihnen danach ist, wilde Räubertänze aufführen.

Doch die eigentliche Bühne des Buches ist der Wald.

In den Wald hinein

Zusammen mit Ronja stürmen wir in den Räuberwald hinaus. Das zugleich schreckerfüllte und symbiotische Verhältnis des Kindes zum Wald ist ein altes Thema in Kunst und Literatur – wir erinnern uns an Erik Gustaf Geijers »Den lille kolargossen« (Der kleine Köhlerjunge, Anm. d. Übers.) und John Bauers zarte Prinzessinnen mitten in dem überwältigenden, bedrohlichen Wald – die kleine Tuvstarr, die sich im dunklen Waldsee spiegelt. Das hat natürlich mit der Ursprünglichkeit zu tun, die das Kind symbolisiert, und mit den dunklen Kräften, die dem Wald im Volksglauben zugeschrieben worden waren.[3] Einige bekannte Märchen, z. B. bei den Brüdern Grimm, beginnen damit, dass Kinder aus dem Elternhaus vertrieben werden und sich mit eigener Kraft durch den undurchdringlichen Wald schlagen müssen. Das Buch *Wunderbare Reise des kleinen Nils Holgersson* schildert die Wildnis als strenge Erzieherin des Däumlings. Auch in *Ronja Räubertochter* geht es um Erziehung, doch hier geschieht das alles mit Zustimmung der Eltern, insbesondere Mama Lovis ist darauf bedacht, die Tochter in den Wald zu entlassen – und gewiss verspürt man hier eine leichte, zum Lächeln reizende Parodie auf das Motiv des Verstoßens im klassischen Märchen:

>»Lovis«, sagte er zu seiner Frau, »unser Kind muss lernen, wie es ist, im Mattiswald zu leben. Lass Ronja hinaus!«
>»Schau an, hast du das endlich auch begriffen?«, sagte Lovis. »Wenn es nach mir gegangen wäre, dann wäre sie schon längst draußen.«

Die Dialoge in diesem Roman sind knapp und lakonisch wie in isländischen Sagas, aber wir begreifen dennoch, dass Lovis und auch Vater Mattis wissen, dass die Welt die beste Schule des Lebens ist. Das Wegstoßen ihres Kindes hat nichts mit Bestrafung zu tun – Astrid Lindgren begegnet der Konvention des Märchens mit einer neuen Idee. Aber dennoch variiert *Ronja Räubertochter* das alte Märchenthema, die Emanzipation des Kindes. Es handelt von dem lange währenden Abschied von den Eltern, dem Aufbruch aus »der tiefen Kindheitsruhe«.

Zu Beginn ist Ronja die Betrachterin: Entzückt, mit weit aufgerissenen Augen bemerkt sie all das Schöne und Spannende in der Natur. Sie gleicht nicht den früheren Märchenfiguren Mio oder Krümel, die über das Dasein nachdenken und sich mit den schönsten Märchenworten ihr eigenes Märchen erschaffen. Ronja ist wie »ein gesundes kleines Tier«, kann rennen »wie ein Fuchs« und wird mit dem Wolfslied in den Schlaf gesungen.

Die Kräfte des Waldes gewinnen Macht über Tuvstarr, als sie sich auf John Bauers bekanntem Bild im Waldsee spiegelt.

Als sie die Seerosen im Waldsee entdeckt, lacht sie leise, weil es Seerosen gibt. In den primitiven Kontext des Räuberromans passt die Formel »Es war das Schönste, was sie je gesehen hatte« nicht hinein. Hier ist das Lachen die Urformel der Schönheitsekstase. Und der Schrei. Der Frühlingsschrei, der Ronjas irrsinnigen Jubel über die Herrlichkeit des Lebens ausdrückt. Der Mattiswald ist voller Trolle und Geheimnisse, und Ronja selbst wird einmal als Troll beschrieben, der über Stock und Stein vorwärts springt.

Zu etwas Wohlbekanntem und Geliebtem wird der Wald als Begegnungsplatz für die Liebe. Im Wald treffen sich Ronja und Birk –

und in wie vielen Märchen sind sich »Prinz« und »Prinzessin«, oft verkleidet, doch im Wald begegnet? Und auch hier gilt es etliche Hindernisse und Gefahren zu überwinden, bevor die beiden sich »bekommen« können.

Das Dunkelvolk – die Dämonen des Waldes

Aber der Wald ist nicht nur Idyll, Schönheit und Wohlgeruch. Allmählich entdeckt Ronja, dass dort, wo man es am wenigsten vermutet, Gefahren drohen. Der Wald wirkt manchmal »still und unheimlich« auf sie, sie spürt, dass sich dort »etwas Unbekanntes und Gefährliches« verbirgt, und ihr wird »beklommen« zu Mute. Fremde Wesen stellen sie auf die Probe, versuchen sie anzugreifen und einzufangen. Und mit der gleichen Kühnheit, mit der Ronja die Herausforderungen des Waldes annimmt, inszeniert Astrid Lindgren ihre eigene Märchenmythologie.

Zuweilen ähneln ihre naturmythischen Wesen in diesem Räuberroman jener Typengalerie, die wir mit den Märchen der vorigen Jahrhundertwende zu verknüpfen pflegen, vor allem wohl mit John Bauers Illustrationen. Aber bei Astrid Lindgren handelt es sich um originellere Mythenbilder.

Der Räuberwald ist bevölkert von Wilddruden und Rumpelwichten, von Graugnomen und Dunkeltrollen und von jenen, die ganz einfach die Unterirdischen heißen. All diese Wesen werden unter der Bezeichnung »Gelichter« oder »Dunkelvolk« zusammengefasst. Wie im Volksmärchen sind die übernatürlichen Gestalten für die Personen im Text eine Selbstverständlichkeit. Nicht die Räuber, sondern wir Leser begreifen sie als Märchenwesen. In *Ronja Räubertochter* ist der Ton naiv, direkt und burlesk. Hier gibt es kein doppeltes Verhältnis zur Existenz wie in *Die Brüder Löwenherz*, wo Krümel darüber nachgrübelt, was Traum ist und was Wirklichkeit.

Astrid Lindgren gestaltet ihre fremden Wesen frei und souverän, mit Genauigkeit und Dämonie, zuweilen auch mit Humor. Vielleicht irritiert es Folklorespezialisten, dass sie ihre fliegenden Monster, die Werkzeuge des eiskalten Bösen, Druden nennt, Wilddruden (schwed. vildvittror). In der Volkstradition, besonders in Norrland, erinnert die Bezeichnung, wie schon erwähnt, an die unter der Erde lebenden Leute.

Die Wilddruden in *Ronja Räubertochter* gleichen griechischen Harpyien, fliegenden Wesen mit Vogelkörpern und Menschengesichtern. Sie wohnen oben in den Bergen und sind von der Lust besessen, »ihre Krallen ... in die schönen kleinen Menschlein ... zu schlagen.«»Schön waren die Druden und toll und grausam. Mit ihren steinharten Augen spähten sie über den Wald nach jemand aus, dem sie mit ihren scharfen Krallen das Blut aus dem Leibe kratzen konnten.« Die Druden stehen für die nackte Angst. Ihnen fehlt die Erinnerung. »Ihre Grausamkeit ist eine momentane, instinktive Begierde, ein sadistischer, aggressiver Impuls, keine kalkulierende Bosheit wie bei Ritter Kato oder Tengil« – so präzisiert Maria Bergom-Larsson die Symbolik dieser Figuren.[4] Ich selbst habe diese Vogelungeheuer früher einmal mit den mythischen Schreckensvögeln in *Gösta Berling* verglichen, die zu Beginn des Kapitels »Der große Bär auf Gurlita Klätt« so beschrieben werden:

> Im Dunkel der Wälder wohnen wilde Tiere, deren Kiefer mit unheimlich glänzenden Zähnen oder scharfen Schnäbeln bewaffnet sind; ihre Füße tragen scharfe Krallen, die danach gieren, sich um einen blutvollen Hals zu klammern, und ihre Augen glimmen vor Mordlust.

Eine besondere Sorte Wichte in *Ronja Räubertochter* sind die wimmelnden Graugnomen, gefährlich, unbehaglich – und feige. Ronja lernt es, ihre Angst zu beherrschen und die Unholde zu verscheuchen. Mit dem Lieblingsausdruck »Schert euch zum Donnerdrummel«, der zu einem geflügelten Lindgren-Ausdruck geworden ist. Ein anderer Satz, der sich als stehende Redewendung etabliert hat, ist »Wiesu tut sie su?«. Der stammt von den Rumpelwichten, jenen Wesen, die ihre verständnislose Reaktion auf die Handlungen der Menschen immer wieder mechanisch kundtun. Sie gehören einer Welt an, die außerhalb der normalen Kausalzusammenhänge existiert – Astrid Lindgren soll diesen Ausdruck der Sprache einer geisteskranken Frau entliehen haben.

Die Symbolik des Märchens

Ronja ist mutig und selbstsicher, gewandt und listig. Sie lernt es, die Fallgruben und Dickichte des Waldes zu umgehen und zu bewältigen. Sie sucht die Gefahr und erprobt sich an den schwierigsten Stellen. Sie ist wahrhaftig keine blasse kleine John-Bauer-Prinzessin. Doch wenn sie in Lebensgefahr gerät, kann sie nicht überleben ohne die Hilfe derer, die sie lieben. Und es gibt Kräfte, die ihr überlegen sind.

Dass die phantastischen Bestandteile des Räuberromans nicht nur Unterhaltungswert besitzen oder der Spannung dienen, sondern auch dazu beitragen, existenzielle Probleme zu beleuchten, wird in verschiedenen Studien zu *Ronja Räubertochter* unterstrichen. Gerold Ummo Becker betont, dass die unbewussten Kräfte des Menschen in den Fabelwesen des Buches Gestalt annehmen. Maria Bergom-Larsson beschäftigt sich besonders mit der symbolischen Bedeutung, die den Unterirdischen im Roman zukommt, und Agnes Bjorvand untersucht in ihrem Aufsatz »De sterke jentene. En studie av Astrid Lindgrens Pippi Långstrump og Ronja rövardotter« (Die starken Mädchen. Eine Studie zu Astrid Lindgrens Pippi Langstrumpf und Ronja Räubertochter, Anm. d. Übers.), welche Funktion das Übernatürliche bei Ronjas Persönlichkeitsentwicklung hat.[5]

Das erste Mal, als die Räubertochter auf Entdeckungsreise in den Wald stürmt, hätten die aggressiven Graugnomen sie fast zu Tode erschreckt. Bis Papa Mattis auftaucht und ihr zeigt, wie sie mit den feindlichen Elementen umzugehen habe. Die Schreckensszene, in der sie ihrer eigenen Angst begegnet, erhält den Charakter eines Initiationsritus, meint Bjorvand.

Ronja hat entdeckt, dass nicht alles im Räuberwald gut ist, und von da an wird ihr Verhältnis zur Natur bewusster. Bei ihren späteren Begegnungen mit den Graugnomen hat sie keinerlei Probleme mehr. Sie hat ihre Lektion gelernt: dass man keine Angst haben darf – eine Erfahrung, die ihr auch bei ihrer Konfrontation mit den anderen phantastischen Waldwesen von Nutzen sein wird.

Zur nächsten großen bedrohlichen Szene kommt es, als der Nebel und seine Begleiter, die Unterirdischen, Ronja zu verwirren suchen. Wie Odysseus an den Mast gebunden werden musste, als die Sirenen lockten, wird sie von Birk mit festem Griff zurückgehalten, als die Unterirdischen sie mit ihren verführerischen Gesängen zu sich locken wollen. Obgleich sie um sich schlägt und ihm in die Wange beißt, bis er blutet, lässt Birk nicht los.

Um Furcht geht es auch, als Ronja bei einer Skifahrt mit ihrem Fuß das Dach des untcrirdischen Heims der Rumpelwichte durchbohrt und ihr Bein nicht wieder losbekommt, weil die Winzlinge an ihrem Fuß eine Wiege festgebunden haben und ihn als Hängevorrichtung für »den kleinen Rumpeljungen«, das Rumpelwichtkind, benutzen. Auf völlig andere Weise als in »Die Schafe auf Kapela«, nämlich humoristisch und persönlicher, bedient sich Astrid Lindgren der Vorstellung von den kleinen Geschöpfen, die unter der Erde bauen und wohnen und leicht vom Tun der Menschen auf dem Erdboden, in der Nähe ihres Daches und ihrer Köpfe, gestört werden.

Die Rumpelwichte verstehen Ronjas Lage nicht oder wollen sie nicht verstehen. Und obgleich sie nicht böse sind, nur dumm und komisch, bringen sie das Mädchen in höchste Gefahr. Verzweifelt begreift Ronja, dass sie dort im Wald erfrieren wird. Als sei das noch nicht genug, kommt eine Wilddrude angeflogen und bedroht sie mit ihrem bösartigen Schrei und ihren spitzen Klauen. Ronja hat bereits resigniert, als Birk angefahren kommt und sie zur Enttäuschung der Rumpelwichte befreit. Nach diesem Ereignis sind Ronja und Birk unwiderruflich verbunden.

Dass die phantastischen Elemente in *Ronja Räubertochter* nicht nur der Spannung dienen, sondern auch eine symbolische Funktion bei der psychologischen Schilderung haben, scheint unverkennbar. Agnes Bjorvand hat über den Sinn des Erscheinungsbilds der Rumpelwichte nachgedacht. Sie deutet dieses als ein Symbol für die Ich-Bezogenheit der Menschen und ihren mangelnden Willen zu helfen. Die sich ständig wiederholenden Fragen der Wichte »Wiesu tut sie su? Wiesu denn bluss?« drücken auch die Verwunderung des Menschen und vielleicht besonders die des Kindes über die unerklärlichen Dinge im Leben aus. Als Ronja hängen bleibt, befindet sie sich im selben Stadium wie die Rumpelwichte, meint Bjorvand. Wie Kinder es tun, hat sie vieles in der Natur mit Verwunderung betrachtet. Aber sie will es nicht dabei belassen wie die Rumpelwichte, und mit Birks Hilfe kommt sie weiter.

Ronja – eine Wilddrude

Ronjas Lebensweg ist also einerseits gesäumt von euphorischem Jubel angesichts von Schönheit und Reichtum des Waldes, andererseits aber auch von Bedrohung, die spektakulär veranschaulicht wird durch die Konfrontation des Mädchens mit den Naturmächten. Aber Ronja trägt auch Kräfte in sich, die mit dem Wilden verwandt sind. Sie gehört zu jenen,»die sich von den Unterirdischen verlocken ließen« – obwohl sie sich dessen nicht bewusst ist. Aber Birk, der sie vor den Lockgesängen der Unterirdischen errettet hat, weiß davon. Bereits in »Die Schafe auf Kapela« war uns ein Mädchen begegnet, das in die Unterwelt und deren Dunkelwälder entführt worden war. *Ronja Räubertochter* weist eine ähnliche Dämmerungsmagie auf wie die Geschichten aus *Klingt meine Linde*.

Agnes Bjorvand hat beobachtet, dass die Unterirdischen, die bei zwei verschiedenen Gelegenheiten in Erscheinung treten, auch zwei unterschiedliche Funktionen in Ronjas Persönlichkeitsentwicklung haben. Die erste Begegnung, als sie den verführenden Mächten mit ihrem ganzen Wesen folgen will, symbolisiert ihren Wunsch, in der kindlichen Welt zu verharren.[6] Das zweite Mal, als die Unterirdischen auftauchen, lauscht sie interessiert dem Sirenengesang, doch die Verlockung ist verschwunden. Sie ist reifer geworden, mutiger und bewusster. »Die Unterirdischen, und damit auch der Traum von der Kindheit, den sie symbolisieren, stellen keine Gefahr mehr für Ronja dar«, fasst Agnes Bjorvand zusammen.

Am bedrohlichsten von allen sind die Wilddruden oben in den Bergen, die ein »böses« Auge auf Ronja geworfen haben. Sie ist auch in ihrem Zeichen geboren. Das erfahren wir in der faszinierenden Einleitung des Buches, der Geburtsszene, in der alles, was Ronja Räubertochter geschieht, seinen Ursprung hat. In der Nacht, als sie geboren wird, sind starke Mächte in Bewegung. Die grässlichen Laute der Wilddruden vermischen sich mit dem Dröhnen des Donners.

Lovis, ihre Mutter, befürchtet, dass die Tochter ein »Irrwisch« werden könnte, ein Schicksal, das »Drudennachtkindern« zustoßen kann. Was ein Irrwisch eigentlich ist, wird nicht erklärt – vielleicht ein Wesen, das Mensch, Tier und Naturmacht in sich vereint.

Aber die Drude wird auch ein Sinnbild für Ronja selbst. Als das Mädchen im zentralen Teil des Buches über den Höllenschlund »flog«, zu den Borkaräubern auf der feindlichen Seite, glaubt deren Häuptling, dass eine Wilddrude herunterstößt. »Wilddrude« ist auch die Invektive, mit der er sie bezeichnet, in Erwiderung auf Mattis' Schimpfwörter »Hundsfott« und »Otterngezücht« für den Borkasohn Birk. Aber das Wort Wilddrude repräsentiert auch etwas Schönes und Verführerisches – diese Bedeutung geben natürlich der Vater und auch Birk dem Wort, wenn sie der Ansicht sind, dass Ronja schön wie eine kleine Drude ist.

Risse in der Räuberwelt

Auch die Gefühle, Leidenschaften, die Aggressivität und die allgemeine Grausamkeit der Menschen werden in der Dämonie des Waldes widergespiegelt. Die Räuber mit ihren primitiven Sitten und geräuschvollen Bewegungen könnten an Trolle oder Riesen erinnern. Aber es existieren dennoch deutliche Grenzen zwischen den mythischen Figuren, den Tieren und den Menschen. Die Tiere scheuen die naturmythischen Waldwesen: »Allein der Geruch des Dunkelvolks genügte, dass sich der Bär still in den tiefen Wald zurückzog.«

Es verläuft auch eine scharfe Grenze zwischen dem Wald, der voll von wimmelnden, unberechenbaren Wesen ist, und der Burg, der Steinwelt mit ihren Kellergewölben, die die Wohnstätte der Räuber ist. Interessanterweise wird die Räuberburg jedoch nicht eindeutig als sterile Steinwüste gezeichnet, wie z.B. Katos Burg in *Mio, mein Mio*. In der Mattisburg existiert auch Wohlbefinden, dargestellt durch Feste, flammendes Feuer und das Bad in großen Wäschezubern. Und schließlich ist dort auch Lovis, die die Räuber mit ihrer duftenden Hühnersuppe in Zaum hält. Aber nicht alles liegt in ihrer Macht. Sie kann die Kluft, die ihre Familie zu zerreißen droht, nicht überbrücken, und die mit dem großen Riss zusammenhängt, der die Räuberwelt durchzieht. In dem Moment droht die Katastrophe.

Die Burg war in der Nacht von Ronjas Geburt gespalten worden und schuf die Felskluft zwischen den Mattisräubern und den Borkaräubern. Eine Kluft, die nicht gleichbedeutend ist mit der Grenze zwischen Gut und Böse. Beide Geschlechter bestehen aus derselben Sorte »Hosenschissern«, um die eigene Sprache der Beteiligten zu benutzen. Sie widmen sich demselben zwielichtigen Räuberhandwerk. Dennoch sind sie Feinde, eine Feindschaft, die dazu führt, dass sie mit ihren Kindern, dem Borkasohn Birk und der Mattistochter Ronja, in Konflikt geraten, da für die beiden keine Kluft existiert.

Nein, diese Kluft zu überschreiten ist für die Kinder genauso leicht wie auch gefährlich. Das zeigt sich, als Ronja den Sprung über den Höllenschlund, der die beiden Burghälften trennt, macht und sich mit Birk und den Borkaräubern vereint. Im selben Augenblick öffnet sich der schwärzeste aller Abgründe, der zwischen Vater und Tochter. Mattis' Worte »Ich habe kein Kind« lassen gleichsam das ganze Dasein erzittern, für uns Leser und für die Räuberwelt. Und auch für Ronja.

Den Prinzen lausen

Nun ist auch die Freundschaft der Kinder bedroht. Ronja und Birk treffen sich heimlich in der dunklen Passage, auf die wir bei Astrid Lindgren schon so viele Male gestoßen sind. In den Kellergewölben unter der Burg trifft Ronja Birk Borkason und rettet ihn vor dem Verhungern. Sie gibt ihm Brot – die Geste der Liebe und Zärtlichkeit bei dieser Autorin. Aber sie tut auch noch etwas anderes. Sie bearbeitet ihn mit dem Läusekamm, wie es Lovis bei den Räubern zu tun pflegt.

In der Szene, in der Ronja Birk die Läuse auskämmt, gründlicher als es eigentlich vonnöten ist, nehmen Zärtlichkeit und Intimität zwischen den beiden zu.

Die Szene ist auch ein Ritual im Zeichen des Märchens. Darauf verweist Gustaf Fredén in seinem Aufsatz »Ronja rövardotter och kungadottern på havsstranden« (Ronja Räubertochter und die Königstochter am Meeresstrand, Anm. d. Übers.), in dem er Beispiele dafür anführt, dass das Lausen des Prinzen durch die Prinzessin ein ursprüngliches Märchenmotiv voll geheimnisvoller Bedeutung ist.[7] Hier verwandelt Astrid Lindgren – mit ihrem absoluten Gespür für Stimmungen und Stilwerte – das Läuseauskämmen in eine bezaubernde

Liebesgeste, ein Lichtblick in der primitiven Steinwelt der Räuberburg, die für die beiden jungen Menschen immer unerträglicher wird. In Märchen erscheinen Erwachsene oft als Bedrohung für die Kinder. Hier führt die Bedrohung dazu, dass die beiden ihr Zuhause verlassen. Die Differenzen zu den Erwachsenen sind sowohl ideologisch als auch psychologisch bedingt. Ronja und Birk lehnen es ab, sich in ihrem Tun und ihren Wertungen der Räubergesellschaft anzupassen. Aber vor allem wollen sie als Menschen nicht verletzt werden. Am Ende wird der Wald ihr Zuhause. Sie ziehen hinaus in die Bärenhöhle. Der Wald ist auch die Quelle der Liebe. Ronja und Birk befinden sich irgendwo in der Vorpubertät, und es gibt Stimmungen und Gedanken, die die erotischen Empfindungen vorwegnehmen. Wie die Schilderung der harmlosen Dunkeltrolle, die unter dem »Riesenstein« wohnen. In der Szene, als sie im Frühlingsmondschein tanzen, sind sie ein deutliches Bild. »Ein seltsamer Tanz war es. Bedächtig und plump wiegten sie sich im Kreis und brummten dabei so sonderbar. Das sei ihr Frühlingslied ...«

Seit die kleine Lena in der Erzählung »Die Elfe mit dem Taschentuch« aus dem Band *Im Wald sind keine Räuber* Zeuge des romantischen Elfentanzes in der Zeit der Apfelblüte war, ist einiges Wasser den Berg hinuntergeflossen. Die Frage ist, ob das Huldigungsritual der Dunkeltrolle an den Frühling nicht noch weit mehr an Sinnlichkeit enthält – das vom Mond beschienene Erlebnis bereitet jedenfalls Ronjas Vereinigung mit Birk in der Bärengrotte vor. Sie beobachtet die Trolle, als sie auf dem Weg von der Räuberburg zur Höhle ist.

Und noch immer ist sie das Kind – der Betrachter. Ronja beobachtet die Dunkeltrolle aus sicherer Entfernung, was die Tatsache unterstreicht, dass sie erst am Anfang des Entwicklungsprozesses steht, der sie zum erfahrenen Menschen machen wird. So kommentiert Agnes Bjorvand diese Szene in dem oben erwähnten Aufsatz. Ich bin dennoch der Ansicht, dass es um stärkere Gefühle geht, die indirekt in Ronjas Verschmelzung mit der Natur ausgedrückt werden: »Der Wald in der Frühlingsnacht schien voller Geheimnis zu sein, voll Zauber und allerlei Wundersamem und Uraltem. Auch alles Drohende und Gefährliche war wohl jetzt da, aber Ronja fürchtete sich nicht.« Der Weg zu dem Ort, den sie erreichen will, war weit, und kein Pfad existierte, dem sie

Die Dunkeltrolle tanzen im Mondschein. »*Bedächtig und plump*
wiegten sie sich im Kreis und brummten dabei so sonderbar.«
Bild Ilon Wikland

folgen konnte. Aber sie wusste dennoch, wie sie zu gehen hatte. So wie
Tiere es wussten. Und wie die Rumpelwichte, Dunkeltrolle und Graugnomen des Waldes es wussten. Das Kind wird mit dem Dunkelvolk
des Waldes gleichgestellt, zuverlässig wird es von denselben Instinkten
geleitet wie die Dämonen des Waldes.

Die Räuber sehen den Wald, in dem sie die Karawanen der Kaufleute plündern, als wirtschaftliche Basis. Für die Kinder ist der Wald der Ort des Großwerdens und der Entwicklung, der Weg zu Wissen und Erkenntnis über das Eigenleben von Tieren und Pflanzen, Erfahrungen, die sie in ihrem Robinson-Leben in der Höhle umsetzen. Hier wid das Waldgefühl maximal verstärkt – das Weißmoos benutzt Ronja, so wie Lovis es ihr beigebracht hat, um Blut zu stillen, die Milch erhalten die Kinder von der Stute, deren Fohlen der Bär gerissen hat, die Wildpferde reiten sie unter großer Mühe zu. Die Natur wird zu etwas Wohlbekanntem und Geliebtem. »Sie liebte doch ihren Wald mit allem, was es darin gab. Alle Bäume, alle kleinen Seen und Weiher und Bäche, an denen sie vorüberritten, alle bemoosten Hügel, alle Stellen, wo Walderdbeeren und Blaubeeren wuchsen, alle Blumen, alle Tiere und Vögel.«

Das Gefühl für den Wald ist eine Folgeerscheinung der Liebe zu Birk, und die Bedeutung dieser Liebe in kritischen Situationen wird das ganze Buch hindurch auf sehr schöne Weise unterstrichen. Sicher ist auch die Liebe problematisch, doch ohne diese ist das Überleben einfach nicht möglich in einer Welt, in der die Wilddruden der Bosheit und des Hasses mit ihren steinharten Augen hausen. Der Höhepunkt des Romans – der kühn mit der dramatischen Methode des Schreckens arbeitet – ist die Szene, als Ronja und Birk beinahe vom Glupafall verschlungen werden, während die Großdrude selbst ihnen nach dem Leben trachtet …

Vertreibung aus der Kindheit

Ronjas Flucht schließt die Vertreibung aus der Kindheit ein, ein Thema, das bereits im Zusammenhang mit den Geschichten aus *Klingt meine Linde* behandelt wurde. Aber dort betraf es das einsame, verlassene Kind. Ronja hingegen lebt in einer Familie, in der sie von Liebe und Fürsorge umgeben ist, bis das Entsetzliche geschieht, dass ihr Vater sie verleugnet.

Wenn *Die Brüder Löwenherz* ein Märchen von zwei Brüdern sind, kann *Ronja Räubertochter* als Vater-Tochter-Märchen beschrieben werden. Bruno Bettelheim hat die Vater-Tochter-Beziehung aus tiefen-psychologischem Blickwinkel in Märchen wie »Aschenbrödel« und »Der verzauberte Prinz« behandelt.[8] Und wenn man bei Astrid Lind-grens Werk irgendwo versucht ist zu psychologisieren, dann ganz sicher bei *Ronja Räubertochter.*

Das Verhältnis zwischen Ronja und ihrem Vater ist die wichtigste Beziehung des Buches. Sie enthält ein starkes Gebräu aus Liebe und Eifersucht. Der Konflikt macht das Leben auch für die anderen Menschen ihrer Umgebung schwer erträglich, besonders für Lovis und Birk. Er bedroht im Grunde genommen das gesamte Räuberwesen, und daher beginnt man von der Mattisburg aus, die Kinder unter Druck zu setzen.

Als der herrliche Sommer seinem Ende entgegengeht und der Herbstnebel, im Verein mit dem Gesang der Unterirdischen, sich zeigt, werden auch die Kinder von »quälenden Wintergedanken« geplagt. Trotz seines Reizes stellt das Robinson-Leben in der Bärenhöhle eine allzu große Belastung dar, und die Zivilisation in der Räuberburg hat – egal wie primitiv sie auch sein mag – ihre Verlockungen ... Aber Ronja und Birk widerstehen tapfer der Versuchung zurückzukehren. Eine Versöhnung mit Mattis selbst ist nicht in Sicht.

In Bezug auf ihre eigene Trauer und Sehnsucht ist Ronja jedoch wehrlos.

Wie schmerzhaft die Trennung vom Vater ist, geht aus ihrem Traum von Mattis hervor, ein Traum, der auch die Erkenntnis von seinem Schmerz verrät: Sie sieht ihren Vater weinend an einer Quelle sitzen, und tief unten in der Quelle sitzt sie selbst und spielt mit den Tannenzapfen, die er ihr gegeben hatte, als sie klein war. Hier handelt es sich um eine symbolische Rückkehr zum Archetypus dieses Spiels, das in Astrid Lindgrens Märchenfiktion eine so große Rolle spielt. Es repräsentiert die ursprünglichste Freude im Leben.

Die Traumszene wird auch als Vorbereitung der Versöhnung und der Hoffnung auf eine neue Zusammengehörigkeit gestaltet. Eines Tages, als Ronja zur Quelle kommt, um Wasser zu holen, sitzt Mattis dort und weint. Das Wunder geschieht. Er – der Wilde, Rücksichtslose, Unversöhnliche – ist zur Besinnung gelangt.

Mattis gibt das Besitzrecht auf seine Tochter auf und nimmt sowohl sie als auch Birk in eine Gemeinschaft auf, die zu deren Bedingungen ist. Er muss sich auch fügen, als es um die Entscheidung der jungen Leute geht, ihre Zukunft fern vom Räuberleben zu verbringen. Etwas Märchenhaftes geschieht im menschlichen Sinn, wodurch Befreiung und Versöhnung möglich werden, was die Macht der Liebe beweist.

Astrid Lindgrens glücklichstes Märchen

Ronja Räubertochter ist ein verblüffendes Buch, nicht zuletzt deshalb, weil es sich in Astrid Lindgrens Schaffen so neu und frisch ausnimmt. Jeder Satz scheint mit großer Lust geschrieben. Paradoxerweise taucht sie tief hinein in die ursprüngliche Quelle des Märchens, in dessen innerste einfache Sprache, während sie sich zugleich von dessen Konventionen entfernt und eine moderne Märchenfiktion erschafft.

Als ich Astrid Lindgren fragte, wie es dazu gekommen sei, dass sie diese Räubergeschichte geschrieben habe – ein Genre, das doch dem neunzehnten Jahrhundert angehöre –, sagte sie, lakonisch und unergründlich:»Ich wollte einfach in den Wald hinaus. Ich wohne mitten in der Großstadt und hatte Sehnsucht nach der Wildnis.«[9]

Wenn sie sich in den Wald begibt, dann begibt sie sich in die Waldmystik der Märchentradition, die wir uns mit John Bauers Hilfe gern veranschaulichen. Sie kehrt auch zu der Motivwelt ihrer ersten Versuche zurück, von Märchen wie»Pumpernickel und seine Brüder» und »Herzensfreund und Hasenjunge«. Der Kreis ist geschlossen. Doch ist das nur scheinbar so. Astrid Lindgrens Räuberroman ist eine freie Märchenfiktion mit einer Märchenmythologie, die auf die Angst und die Probleme unserer Zeit reagiert. Und die darüber hinaus Hoffnung vermitteln will.

»*Ronja Räubertochter* ist ein glückliches Märchen, vielleicht Astrid Lindgrens glücklichstes.« So schreibt Maria Bergom-Larsson in ihrem Aufsatz»Astrid Lindgren – en kärleksförklaring« (Astrid Lindgren – eine Liebeserklärung, Anm. d. Übers.). Ja natürlich.»Der Prinz« und »die Prinzessin« werden vor dem Untergang gerettet und »bekommen« einander. Ronjas Frühlingsschrei ist Ausdruck des Glücks darüber, dass sie als Neusiedler zusammen im Wald, dennoch aber in

222

Harmonie mit Familie und Zivilisation leben können. Das Märchen sorgt auch dafür, dass sie nicht Armut leiden müssen. Bevor Glatzen-Per, der Altmeister der Räuberbande, stirbt, flüstert er Ronja ein Geheimnis ins Ohr: Ein Graugnom hat ihm einst einen Silberberg geschenkt als Dank dafür, dass Glatzen-Per ihm das Leben gerettet hat. Jetzt erfährt Ronja, wo sich der Schatz befindet.

Vielleicht werden sie und Birk sich mit der Zeit als Bergleute ihren Lebensunterhalt verdienen. Die Episode gleicht – ob absichtlich oder nicht – jener, die in »Das Gold auf der Schäre« in *Nils Holgersson* erzählt wird, wo die Wildgänse die Zukunft des Däumlings durch einen Goldschatz sichern wollen.

»Sie hat uns ein Märchen geschenkt, das uns Mut und Hoffnung gibt«, fasst Maria Bergom-Larsson zusammen, die auch die gängige Kritik an Astrid Lindgren zurückweist, sie wäre eskapistisch. Im Gegenteil:» *Ronja Räubertochter* gestaltet die grundlegenden Fragen, die die Zukunft unserer ganzen Zivilisation entscheiden, nämlich ob es Frieden und Versöhnung oder Gewalt und Vernichtung geben wird, Frieden mit der Natur und zwischen den Generationen, zwischen Vater und Tochter, Mann und Frau und zwischen den Völkern.«

Und dennoch sind es nicht diese Gedankengänge, die dem Buch seine Leuchtkraft verleihen, sondern es ist dessen Lebendigkeit und Sinnlichkeit: dass man sich einfach in den Märchenwald begibt und dem Unerwarteten begegnet, überrascht wird, ergriffen ist und empört. Auf eine Weise berührt wird, wie es nur Astrid Lindgren vermag. Hier, wenn überhaupt irgendwo, zeigt das Märchen seine Zaubermacht.

Stärker als je zuvor hat Astrid Lindgren das Märchen eingesetzt, um tief in das Dickicht der Gefühle einzudringen, in Wut, Hass und Liebe. Zumindest ich möchte in diesem Räuberroman vor allem eine sagenhafte Hymne an die Liebe sehen.

Anmerkungen

Astrid Lindgren – die Märchendichterin

1 Der Begriff Märchen wird hier nicht in Kategorien wie Volksmärchen und Kunstmärchen unterteilt – die meisten aufgezeichneten Märchen sind schließlich in gewisser Weise »Kunstmärchen«. Mit dem Wort Märchen meine ich eine bestimmte Struktur, die den Bogen von der Unruhe zur Ordnung, von Trauer zu Glück beschreibt. Das Märchen erlaubt – ganz selbstverständlich –, dass das Unmögliche geschieht. Das Phantastische, das die Welt verwandeln kann.

2 Olle Holmberg 1977, S. 214.

Astrid Lindgren in der Tradition des Märchens

1 Zitat über die Bedeutung des Märchens. Lindgren – von Zweigbergk 1959, S. 244.

2 Klingberg 1966, S. 95 ff., lobt Fridtjuv Bergs Fähigkeit, die Märchensprache von Hyltén-Cavallius und Stephens für Kinder zugänglich zu machen. Aber Berg erhielt auch Kritik wegen unnötiger Ergänzungen und der Verwässerung der Sprache: »lausen« ändert er z.B. in »kämmen«. In *Ronja Räubertochter* bearbeitet Ronja den Borkasohn Birk voller Wonne mit dem Läusekamm – Lindgrens Sprache wird immer drastischer und volkstümlicher.

3 »Ich las die ganze lange Reihe der Saga-Bände, vom Trojanischen Krieg bis zu Robinson Crusoe und Onkel Toms Hütte«, siehe Lindgren »Es begann in Kristins Küche«, 1977.

4 »Pomperipossa in Monismanien«. Siehe Strömstedt 2001, S. 304 ff., und Göransson 1996, S. 52 ff.

5 Publikation von Märchen um 1900, siehe Nordlinder 1991, S. 50 ff.

6 Märchengestalten in der Kunst, siehe Rossholm 1974, S. 82.

7 Selbst wenn der Ritter eine Rüstung trägt, hat sein Gesicht »die Weich-

heit und Schwermut, die die präraffaelische Version der mittelalterlichen Ritter auszeichnet«. Siehe Börtz-Laine 1981, S. 90.

8 »Julklappsboken« (Das Weihnachtsgeschenkbuch, Anm. d. Übers.) erschien in *1001 böcker för Sveriges ungdom, valda och sammanställda (jämte Julklappsboken). Ett barndomsminne av Selma Lagerlöf)* von Helja Jacobsson & Anna Landergren, Stockholm 1933. »Julklappsboken« wurde postum neu aufgelegt, enthalten in Selma Lagerlöf: *Från skilda tider 2*, Stockholm 1945.

9 Verflachung des Märchens, siehe Nordlinder 1991, S. 43. – Westin 1992, S. 124, bezweifelt, dass die Märchenqualität sinkt. Sie weist besonders darauf hin, dass *Unter Wichteln und Trollen* 1907 das erste Mal herauskam und ein Märchenforum nicht zuletzt für die wichtigste Märchenerzählerin jener Zeit, für Helena Nyblom, wurde – und natürlich für Bauer.

10 Märchen als Literatur von Frauen, siehe Nordlinder 1991, S. 61.

11 Die Bedeutung der Weihnachtspublikationen, siehe u. a. Bramstång 1973, Furuland 1980, Nordlinder 1991, Sonja Svensson 1983.

12 Astrid Lindgren: »Anne på Grönkulla och Mannen med stålnävarna« (Anne auf Green Gables und der Mann mit den Stahlfäusten, Anm. d. Übers.), *Bokvännen* 1955/11.

13 Die Weihnachtspublikationen und der Markt, siehe Sonja Svensson 1983, S. 99.

14 1947 wirkte Astrid Lindgren in einer weiteren Weihnachtspublikation mit: *Putte och Lilleputt*, ein kleines Heft mit fünf Geschichten, herausgegeben von Bonniers. Darin ist ihre Erzählung »Julklappen« (Das Weihnachtsgeschenk, Anm. d. Übers.) enthalten, die später in *Sammelaugust und andere Kinder* aufgenommen wurde. Dort trägt sie den Titel »Etwas Lebendiges für den lahmen Peter«.

15 Das Profil der Weihnachtspublikationen, siehe Bergstrand 1982, S. 19. – Die Märchendichterin und Kritikerin Jeanna Oterdahl erkannte die Bedeutung der Weihnachtspublikationen für »die Kinder des Volkes«: Am 7. 12. 1903 fordert sie die Leser auf, den Weihnachtssüßigkeiten für arme Kinder die Hefte *Jultomten* und *Fågel Blå* hinzuzufügen, damit die Kinder »der Freude des Märchenlesens« teilhaftig werden konnten. Zitat nach Toijer-Nilsson 1996, S. 57. – Jeanna Oterdahls Kritikerkollegin Gurli Linder war der Ansicht, dass die Weihnachtspublikationen etwas Einzigartiges für Schweden darstellten, insbesondere rühmte sie das Heft *Jultomten*. Zu Beginn der zwanziger Jahre klagt sie jedoch über den

Niedergang der Weihnachtspublikationen in Bezug auf Text und Bild – mit Recht, meint Lena Kåreland 1977, S. 175.

16 Carl Larssons abgewiesener Entwurf für das Titelbild von *Jultomten*. Siehe Wranér 1966, S. 44.

17 Werkmäster 1988, S. 57, geht darauf ein, welche Rolle der Engel als Bildformel in der Darstellung des Kindes, besonders des Mädchens, im 19. Jahrhundert spielte. »Als Jenny Nyström 1891 ein Titelbild für die Weihnachtspublikation ›Snöflingan‹ zeichnet, nimmt das dargestellte kleine Mädchen dieselbe Pose ein wie Raffaels Putten am unteren Rand der Sixtinischen Madonna. Es sind dieselben Engel, die in unzähligen Varianten in Form von Stammbuchbildern reproduziert wurden. Das Engelgleiche kann mit Unschuld und Reinheit ausgelegt werden.«

18 Jenny Nyströms Titelbilder. Siehe Svensson 1983, S. 97.

19 Lindgren über Bauers Bilder in »Es begann in Kristins Küche«, 1987, S. 70. Bauers Illustrationen dienten als phantasieanregende »bildliche Erinnerungen« für Lindgren, behauptet Holmberg 1988, S. 51.

20 Bergstrand 1982, S. 21, erklärt, dass die Weihnachtspublikationen für Kinder künstlerische Qualitäten besaßen, die bisher von der Kunstwissenschaft wenig beachtet worden sind. Mit den Weihnachtsheften drang der Widerhall der traditionellen sowie der moderneren Bildkunst weiter zum »einfachen Volk« vor und erreichte auch jüngere Altersgruppen, als es »irgendeinem anderen damaligen Medium, Schulbücher inbegriffen« gelungen war.

21 Gurli Linders Sicht auf das »moderne Märchenschlamassel«, Zitat von Kåreland 1977, S. 157.

22 Hellsing 1963, S. 33, plädiert für moderne Elemente in den Märchen wie Autos und Fußballhelden statt Pferdewagen und Rittern.

23 Julius Humble und seine Märchentheorie. Siehe Klingberg 1966, S. 11 ff. – Humble als Jeanna Oterdahls Lehrer. Siehe Toijer-Nilsson 1996, S. 30 u. 32.

24 Die Rekapitulationstheorie. Siehe u. a. Kåreland 1977, S. 156.

25 Sicht auf das Märchen bei Ellen Key 2000.

26 Moral in den Märchen. Siehe Nordlinder 1991, S. 75 ff.

27 Die Angst vor dem Märchen kann vielleicht auch ganz allgemein als ein Ausdruck jener »Furcht vor der Fiktion« angesehen werden, die Westin 1997 in Bezug auf die Literatur für Kinder aufgefallen war.

28 Das Märchen in *Wunderbare Reise des kleinen Nils Holgersson mit den Wildgänsen*. Siehe auch Lindqvist in: *Från Sörgården till Lopnor*, 1996.

29 Dass das Märchen als zweifelhafte Lektüre angesehen werden konnte, geht u.a. aus einer Elternversammlung im freikirchlichen Gemeindehaus von Huskvarna am 12.9.1907 hervor, auf der man *Nils Holgersson* vorstellte. Kindern durch ein Märchen Wissen über ihr Land vermitteln zu wollen, fanden viele Anwesende abstoßend. In dem »elenden Wicht« wurde eine Missachtung der »Göttlichen Majestät« gesehen. Alfred Dalin, der Auftraggeber des Schulbuchs, versprach, er werde Selma Lagerlöf übermitteln, dass sie den Däumling zu einem richtigen Menschen machen solle – wie sie das mit der Gans regeln wolle, bleibe ihr Problem ... Auch die Weihnachtspublikationen bekamen ihren Teil ab, da sie die Hegemonie der Bibel gefährdeten: Sie sollten »ein wenig reiner und edler« werden. Die Lehrer sollten keine Reklame für die Hefte machen und »es wäre wünschenswert, dass zwischen den normalen Leuten und den Lehrern kein zu großer Abstand existierte«. Siehe Rodhner 1996, S.5ff. – Kritik und Konfrontationen im Zusammenhang mit *Nils Holgersson*. Siehe außerdem Edström 1996, S.56 ff.

30 Märchentexte in *Sörgården* und in *I Önnemo*, Löfgren 1996, S.210 ff.

31 Trolldebatte 1910–11, Bergstrand 1992, S.195 f.

32 Tove Janssons Charakteristik von Elsa Beskow, Jansson 1959, S.419.

33 Elsa Beskows selbstkritische Briefe an Emilia Fogelklou, zitiert von Hammar 1958, S.110, wo der Adressat jedoch nicht angegeben wird.

34 Elsa Beskows Märchen, von Zweigbergk 1965, S.392.

35 Ein Vergleich der Haltungen von Beskow und Lindgren, siehe Johansson 1967.

»Klein war ich in den Tagen des Lauschens«

1 Die Symbiose zwischen Märchen und Natur geht hervor aus von Zweigbergks Interview »Sagor med folkviseton« (Märchen im Volksliedton, Anm. d. Übers.), in dem Astrid Lindgren sagt: »Es gibt so viele faszinierende Volksmärchen auf der Welt, aber ich habe meine Wurzeln in der schwedischen Natur. (...) Die nordischen Volksmärchen sind unentbehrlich mit ihrem Volksliedton und der Natur, die in jeder Zeile hinter Elfen, Nöck, Waldschrat und Wichteln aufscheint. Vielleicht gefällt mir ›Der verzauberte Prinz‹ am besten von allen, aber da sind noch so viele andere.«

2 Aufzeichnung der Märchen »Der verzauberte Prinz« und »Die kleine Rosa und die lange Leda«, siehe af Klintberg 1996, S. 46.

3 Märchenbuch mit Schneewittchen auf dem Umschlag, Lindgren »Es begann in Kristins Küche« 1977, S. 70.

4 Der Duft der Druckerschwärze, Lindgren »Es begann in Kristins Küche« 1977, S. 70.

5 Märchen von Prinz Florestan, Viribunda und Bam-Bam. Lindgren »Es begann in Kristins Küche« 1977, S. 69.

6 Ruhnström 1996, S. 11 ff., interviewt Astrid Lindgren und ihre beiden Schwestern zu den Hörerlebnissen der Kindheit. Die Geschwister erinnern sich vor allem an Erzählerinnen. Die Großmutter, die den Enkelkindern von Rupp Rüpel erzählte, kommt der archetypischen Märchenerzählerin am nächsten, wie Westin schreibt, Westin 1996, S. 46. – Der folkloristische Hintergrund der Spukgeschichte *Rupp Rüpel*, siehe af Klintberg 1996. – Die Rolle der Mägde, siehe Lindgren im Essay »Das entschwundene Land«, das mit einer Huldigung an Martinsons Gedicht »Pigor« (Mägde, Anm. d. Übers.) beginnt, dessen erste Zeile lautet: »Gedenk ich der Mägde der Kindheit«.

7 Ausgehend von Walter Ong 1987, betont Metcalf 1995, S. 100, dass die mündliche Tradition den »literarischen Charakter« der Märchen Lindgrens auf ähnliche Weise befruchtet hat wie bei H. C. Andersen, Karen Blixen und Isaac Singer. Vergl. Karl Lindqvist 1996. – Bei Lindgrens Märchen handelt es sich in der Regel jedoch um eine rhetorisch raffinierte Mündlichkeit, die Stimmung und Symbolwert betont.

8 Widerhall von Helena Nybloms Märchen »Der Ring« in *Mio, mein Mio*. Holmberg 1988, S. 92.

9 »Auf die Frage, was das denn für eine Küche sei, in der Krümel Löwe da liege, antwortet sie überrascht: ›Das ist ja Kristins alte Küche auf Näs, schon wieder. Daran habe ich gar nicht gedacht. Da ist die Tür, die in die Kammer führt, und da der Herd. Ich habe sie ins zweite Obergeschoss verlegt, aber es *ist* Kristins Küche!‹« Siehe Strömstedt 2000, S. 289.

10 Ein »erträumtes Zentrum« etc. zitiert von Bille von Vizma Belsevica, *Svenska Dagbladet*, vom 17. 4. 1997.

Erproben im Märchen

1 »Mein erstes Märchen schrieb ich für Viveca Lindfors. Es hieß ›Das Märchen von Viveca‹, sehr albern«, erzählt Astrid Lindgren, die damals als Privatsekretärin für Torsten Lindfors, den Vater Vivecas, gearbeitet hatte. Siehe Strömstedt 2000, S. 191.

2 Dass »Filiokus« in *Folkskolans barntidning* 1934 enthalten ist, hat Sonja Svensson festgestellt, Svensson 1983, S. 227. Der damalige Redakteur suchte nach »einem noch nicht erprobten Autor mit persönlichem Tonfall trotz allen Belehrens«.

Im Wald sind keine Räuber – ein Glasperlenspiel

1 Die Erstausgabe, illustriert von Eva Billow, trägt den Titel *Nils Karlsson-Pyssling. Sagor av Astrid Lindgren* (Nils Karlsson-Däumling. Märchen von Astrid Lindgren, Anm. d. Übers.). Der Zusatz zum Titel wird in den folgenden Ausgaben gestrichen.

2 Kurt Helds Briefe, zitiert von Maissen 1987, S. 115.

3 Der Begriff »Die Magie der Kindheit« ist entnommen aus Campbell 1978.

4 Lüthi 1998.

5 In *Konsten att berätta för barn* sieht Kåreland in der Bedeutung, die das Kind bei den Autoren der vierziger Jahre des 20. Jh. spielt, einen modernistischen Zug. Das Kind und die Kindheit verkörpern das Hoffnungsvolle, das spielerische Potenzial in der Literatur, Kåreland 1996. Ähnliche Gesichtspunkte bringt sie in einem Artikel im *Svenska Dagbladet* vom 17. 10. 1996 zur Sprache.

6 Die Epiphanie als Offenbarung, siehe Espmark 1985, S. 113.

7 »Der poetische Tagtraum« als kreative Kraft, siehe Westin 1996. – Vergl. Holmberg 1988, S. 106, vom träumenden, Phantasiebilder erschaffenden Kind als gemeinsamem Nenner bei Astrid Lindgren und Karen Blixen.

8 Das Zusammenspiel von Realismus und Phantastik in »Nils Karlsson-Däumling«. Siehe Hedén 1997, S. 11 ff.

9 Das Erlebnis blühender Apfelbäume in Kindheit und Jugend. Siehe Edström 1997, S. 16. In *Mio, mein Mio* erhalten die blühenden Apfelbäume am Häuschen der Weberin magischen Glanz und mystischen Sinn.

10 Man beachte, dass Göran »Dämmerstunde hält«: Er entscheidet sich also selbst für die Stimmung, aus der das Märchen heraufbeschworen wird.

11 Ursprung von sowohl Herrn Lilienstengel als auch Karlsson auf dem Dach. Siehe Lindgren 1977, S. 95 f.

12 *Pelle allein auf der Welt,* siehe Lundqvist 1979, S. 26.

13 Der Begriff Kenotyp. Siehe Nikolajeva 1992.

14 Das Todesthema in »Im Land der Dämmerung«. Siehe Holmberg 1988, S. 78 ff.

15 Astrid Lindgren hat *Alice im Wunderland* gelesen, sich jedoch nie dafür begeistert, erklärt sie in einem deutschen Interview. Siehe Tabbert 1986, S. 71.

16 Das Wort »Salikon«, siehe Lindgren 1977, S. 102 f.

17 Das Pferd als Symbol des Unterbewussten, siehe von Franz 1985.

18 Das Kompensationsmotiv in »Allerliebste Schwester«. Siehe Holmberg 1988, S. 81.

19 Es war »reineweg wunderlich, dass keins aus dem Erdboden auftauchte«. Siehe Strömstedt 2000, S. 142.

20 Die Parallele zu »Däumelinchen«, siehe Holmberg 1988, S. 80.

21 Die lebendig gewordene Puppe in der volkstümlichen Vorstellung, siehe Lüthi 1998.

22 Hjalmar Bergmans »Sagan om lek« war abgedruckt in *Lilleputt* Nr. 17/1919 und erneut in *Samlade skrifter, Nya sagor* 1919–1927, Hrsg. Johannes Edfelt.

23 »Im Wald sind keine Räuber« entsteht aus »Ali Baba und die vierzig Räuber«, aber auch aus der Betrachtung des Puppenhauses mit seinen Figuren. Vergleiche die Ekphrasis bei »Junker Nils von Eka«, wo aus dem Bild auf dem Rollo ein Rittermärchen entsteht: Ritter und Räuber sind wichtige Prototypen bei Lindgren. – Siehe auch Holmberg 1988, S. 73 ff.

24 »Im Wald sind keine Räuber« als dramatischer Spielreim, siehe Rooth 1965, S. 222.

25 Holmberg 1988, S. 75 f. »Im Wald sind keine Räuber« enthält ebenso wie einige andere Lindgren-Märchen Beispiele für die Ästhetik der Leere. Was hat z. B. die Großmutter für eine Funktion? Hat sie Peter aus *Tausendundeine Nacht* vorgelesen und ihn zu dem Spiel inspiriert? Ganz nach der echten Märchentradition.

Mio, mein Mio – tiefer hinein ins Märchen

1 Per Svensson 1996, S. 74.

2 Das Betreten des von einer Mauer umgebenen Gartens ist eine rituelle Handlung: Der Garten ist »ein Ort, wo man sich nach erschüttertem Vertrauen erholen kann«, und dort erlebt man »die Überfülle der Psyche, die besonders reich an Trauer ist«, schreibt Bly 1991, S. 165 f. Und gewiss ist der Rosengarten von »einer hohen Mauer« umgeben. Und auch Mio erlebt seine Trauer. Im Rosengarten singt der Trauervogel.

3 Individuation. Siehe Jung 1993.

4 Propp 1971, S. 108 ff.

5 Zur Rezeption von *Mio, mein Mio,* siehe außerdem Edström 1997, S. 239 ff.

6 *Mio, mein Mio* und *Die Brüder Löwenherz* als phantastische Erzählungen, siehe besonders Toijer-Nilsson 1981, S. 139 ff. Vgl. auch Nikolajeva 1988, S. 40, 42, 80, 108.

7 Tabbert 1986, S. 70.

8 Svensen 1991, S. 295 f., 401.

Klingt meine Linde – Liebe und Tod

1 Zu *Klingt meine Linde* s. Strömstedt 2000, S. 224 f.

Sonnenau – ein Wintermärchen

2 Ursprung von »Sonnenau«. Lindgren 1977, S. 96.

3 Kinderarbeit in der Landwirtschaft, siehe Bjurman und Olsson 1979.

4 Die Feder als Orakel im Märchen. Siehe von Franz 1986. In »Sonnenau« symbolisierten die Feder und der Vogel die Impulse der Kinder, ihren innersten Träumen zu folgen, hin zum geheimen Ziel, nach Sonnenau.

5 Die mythische Mutter in »Sonnenau« und andernorts bei Lindgren, siehe Löfgren 1995. Vgl. von Beit 1965, die das Mutterbild in Mythos und Märchen im Jung'schen Sinne analysiert.

6 Aus kulturrevolutionärer Perspektive wurden »Sonnenau« und in noch größerem Maße »Klingt meine Linde« als Beispiele eines zynischen Eskapismus gesehen, als Texte, in denen ein Mangel an »aktivem Ver-

ständnis für die Wirklichkeit« herrscht. Siehe Ørvig 1977, S. 48 f.
Spätere Interpreten haben von dieser Sicht Abstand genommen. Toijer-
Nilsson betont, dass das Märchen in »Sonnenau« »seelische Gesundheit
zurückbringt«, wenn der Mythos »in die Wirklichkeit einschneidet« und
die Katastrophe in ihr Gegenteil verkehrt wird, Toijer-Nilsson 1987.
Westin identifiziert den Paradiestraum bei Lindgren als Huldigung an
das Leben, Westin 1987.

7 Parallele zu Procopé. Olle Holmberg 1964, S. 220.

Klingt meine Linde

8 Das Armenhaus, siehe Strömstedt 2000, S. 144 ff.

9 Die Märchenmythologie basiert auf der Wunschformel des Vaters, etwas
sollte »aus dem Erdboden auftauchen«. Dieser Ausdruck inspirierte zu
»Die Puppe Mirabell« in *Im Wald sind keine Räuber*: Eine Puppe wächst
aus dem Samenkorn, das das Kind in die Erde gesteckt hat. Indem Märchen, Poesie und Legende mit dem erdverbundensten Ort – dem Kartoffelacker des Armenhauses – in Verbindung gesetzt werden, wird die
Sehnsucht des Mädchens in »Klingt meine Linde« noch verstärkt. Helgesson 1984, S. 23.

10 Auch von »Eine Nacht im Mai«, dem zarten Elfenmärchen in *Im Wald
sind keine Räuber*, verläuft eine Linie zu »Klingt meine Linde«, in dem
das Frühlingsthema neue Intensität erlangt.

11 Lindgrens Märchen unterscheiden sich von den alten Volksmärchen in
Bezug auf Symbolik und psychologische Komplikation. Helgesson 1984,
S. 23, betont: Während Rosa in »Die kleine Rosa und die lange Leda« eine
klingende Linde zum Geschenk erhält, muss Malin in »Klingt meine
Linde« Wunder vollbringen, damit ihre Linde zum Klingen gebracht wird.

12 Linde und Dryade begegnen uns bei einer anderen Autorin: Kerstin Ekmans »Stadt aus Licht« beginnt mit den Worten: »Ich bin in der Krone
der Linde und sie blüht, blüht.« Schottenius studiert die Metaphorik,
Schottenius 1992, S. 367.

13 Auch »Der verzauberte Prinz« kann als Resonanzboden für »Klingt
meine Linde« angesehen werden. Die singenden Blätter des Märchens
projiziert Astrid Lindgren auf die Bäume des Wäldchens auf Näs (Strömstedt 2000, S. 135) – bevor sie zu Malins klingender Linde umgewandelt
werden. Ein schönes Beispiel dafür, wie die Märchen aus der Kindheit,

im Einklang mit dem Naturerlebnis, ihre Spuren in einer starken künstlerischen Vision hinterließen.

Die Schafe auf Kapela – ein Unterweltmärchen

14 Über den Reim der Kindheit »Tu, tu, tu«, Lindgren 1977, S. 96 f.

15 Der Reim »Tu, tu, tu« und seine Verbreitung, siehe Gustafsson 1996, S. 117 f. – Die allgemeine Bedeutung des Reims in der Volksdichtung, siehe Rooth 1965, S. 61. – Der Ritus als die archaischste Form des Archetypus, siehe von Franz 1986. Wie in »Tu, tu, tu« wird in ursprünglichen Kulten die Wunschäußerung beim Ritus häufig durch Gesten und dramatische Verstärkungen begleitet. Siehe Rooth 1965, S. 218 f.

16 Der »Schu, schu, Lämmchen mein«-Reim, siehe Lindgren 1977, S. 99. Ein weiterer Reim aus Astrid Lindgrens Familientradition, »Orets dotter« (Tochter Orets, Anm. d. Übers.), ist von der Schwester Ingegerd genannt und von af Klintberg kommentiert worden, af Klintberg 1996.

17 Der Wolf als der Dämon der Zerstörung in Mythen und Märchen. Siehe von Franz 1985.

18 In meinem Interview mit Astrid Lindgren vom Frühjahr 1994 berichtet sie, wie stark »Hösåtarnas saga« auf sie gewirkt habe. Darin verwandeln sich die Heureiter in Geister, die mit dem Refrain: »Heureiter, Heureiter, warum kommt ihr niemals zum Haus meiner Mutter?« angerufen werden. Ein Reim, der ein Schaudern hervorrief.

19 Die Wirklichkeit in Lindgrens »Als-ob-Welt«, siehe Olle Holmberg 1964, S. 221.

20 Nikolajeva benutzt Propps Funktionstheorie für »Die Schafe auf Kapela« und kommt zu dem Schluss, dass der Text auf den Grundkomponenten des Volksmärchens basiert, Nikolajeva 1982. Es genügt also nicht wie bei Klintberg 1980, S. 79, »Die Schafe auf Kapela« allein als »eine wiedererzählte oder imitierte Volkssage« zu beschreiben.

21 Eindruck vom »Erlkönig«, siehe mein Interview mit Astrid Lindgren vom Frühjahr 1994.

22 Die Unterirdischen im Volksglauben. Siehe af Klintberg 1972, S. 154 ff. Über Waldwesen im norrländischen Volksglauben, Vorstellungen von Menschenraub, goldenen Glöckchen in den Ohren der Tiere u. a. siehe Dahlstedt 1976, S. 42, 44 f., 54.

23 Vorstellungen von einem ursprünglichen Mutterkult. Siehe von Franz

1986. In *Der Schatten und das Böse im Märchen* spricht dieselbe von den doppelten Aspekten des Mutterarchetyps, welcher einmal wohlwollend und freigebig, dann wieder destruktiv ist – Eigenschaften, die sich in der Frau mit der Schattenhand verbinden, von Franz 1985.

24 Laut Krzyztof Bak, Märchenspezialist, gleicht »Die Schafe auf Kapela« auf überwältigende Weise einem polnischen Märchen: »Von den Wichteln und dem Waisenkind Maria«, 1896. Die arme kleine Maria hütet Gänse. Ein Fuchs raubt die Tiere, doch mit Hilfe der Wichtel bekommt sie die Gänse zurück. Das Märchen berichtet vom Land Polen in den Tagen der Armut, doch auch von einer magischen Welt (u. a. unter der Erde). Die Autorin Maria Konopnicka ist eine der führenden polnischen Realistinnen ihrer Zeit und das Märchen ist ins Deutsche, Englische usw. übersetzt worden.

Junker Nils von Eka – ein »Rollo«-Märchen

25 Zum Begriff der Ekphrasis siehe Lund 1982, S. 18 f.
26 Der Sonnenheld, siehe von Franz 1985. Die Metapher »Haare wie ein Goldhelm«, an einer Stelle gilt das gleich für zwei Personen, steht als Zeichen für die Erhabenheit und Stärke des Helden und bildet ein Leitmotiv im Rittermärchen.
27 Die Ritterrolle, siehe Löfgren 1992.
28 Merkmal der Sage, siehe Lüthi 1975, Kapitel »Märchen und Sage«.
29 Zitat aus »Die Taube auf dem Lilienzweig«, siehe Gustafsson 1996, S. 115.

Vom Märchen aufgewühlt …

30 Der Begriff »rite de sortie«, siehe von Franz 1986.
31 Hellsing 1959.
32 Hagemann 1959, S. 882.
   Torben Broström unterstreicht das Protestpotenzial des Märchens in seinem Buch über die moderne Wiederanwendung des Volksmärchens, Broström 1987, S. 18, 105, 108, 168 ff. Das Märchen betrachtet die Welt von unten. Dass es glücklich ausgeht, ist kein Ausdruck von Einfalt oder Optimismus. Es ist ein Protest gegen Unterdrückung, eine in

der Phantasie getätigte Abrechnung mit dem Schicksal, das uns Menschen zugedacht ist.

Der Ausgang des Märchens ist hingegen oft kompliziert. Bei Lindgren folgt es zwar dem Muster: von Trauer und Kummer hin zur Freude. Doch insbesondere bei *Klingt meine Linde* und *Die Brüder Löwenherz* bleiben Wehmut und Schmerz auch bei der abschließenden Lösung erhalten. Dennoch trifft Max Lüthis Urteil auf Astrid Lindgrens Märchen bestens zu: »Jedes Märchen hat auf seine Weise etwas von einem Drachentöter.« Lüthi 1998.

Die Brüder Löwenherz – ein Märchen des Widerstands

1 Über »the fantasy chronotope« in *Die Brüder Löwenherz* siehe Lagercrantz 1996, S.28, und Nikolajeva 1996, S.124.

2 Löfgren 1976, S.33, vergleicht die »märchenhafte stilisierte Erzählung« von *Mio, mein Mio* mit der bedeutend realistischeren Schilderung von Nangijala.

3 Der wieder auferstandene Held des Mythos. Siehe Campbell 1978.

4 Die zwei Brüder als Hintergrund für *Die Brüder Löwenherz*, siehe Strömstedt 2000, S.289.

5 Das Zwei-Brüder-Märchen, siehe Lüthi 1998, Bettelheim 1977, III., Fredén 1982, S.123.

6 Das Chronotop der Begegnung, siehe Bachtin 1988, S.24 f.

7 Der Film »Die Nibelungen« mit dem Drachentöterhelden, siehe Waldekranz 1986, S.242 ff.

8 Brief an Arvid Benn Johansen 1975. Ergänzung zur Jahresarbeit.

9 Jersilds Rezension, wiedergegeben in Ørvig 1977, S.175 f.

10 Siehe insbesondere Lena Rydéns Interview mit Astrid Lindgren in *Röster i Radio-TV*, 1973/52. Lindgren betont, dass Tengil ein Prinzip des »andere unterdrückenden Bösen ist, das überall existiert und immer existiert hat und das verabscheuenswürdig ist, egal wo und wann immer es auftritt«. Sie folgt den Bedingungen des Märchens und malt richtig schwarz und weiß, ohne den Tyrannen mit »einer unglücklichen Kindheit auszustatten, um seiner Bosheit einen Hintergrund zu geben«.

11 Beispiele für politische Deutungen von *Die Brüder Löwenherz*, siehe Edström 1997, S.281 f. Klaus Doderer, Egil Törnqvist und mehrere andere haben die Sicht auf das Buch erweitert und vertieft.

Ronja Räubertochter – ein modernes Waldmärchen

1 Das Astrid-Lindgren-Zitat ist entnommen aus Tove Sylten, »Romeo och Julia i den svenska sagoskogen« (Romeo und Julia im schwedischen Märchenwald, Anm. d. Übers.), *Dagen* vom 9.10.1981.

2 *Ronja Räubertochter* »is a fairy tale that has been adapted and transformed to meet the demands and reflect the conceptual horizon of a child growing up in the late twentieth century«, schreibt Metcalf 1995, S. 108.

3 Kinder im Märchen, die in den Wald geführt werden, siehe Bettelheim 1977. Vgl. Enby 1992, S. 12: »In Märchen und Mythen muss der Held stets aus dem paradiesischen Dasein der Kindheit, aus der Dreieinigkeit Mutter, Vater und Kind aufbrechen, um zu lernen, mit seiner Angst zurechtzukommen – vielleicht in dem dunkel leuchtenden Wald – in der Begegnung mit Wolf, Drache oder Hexe.«

4 Die erinnerungslosen Druden, siehe Bergom-Larsson 1987, S. 105.

5 Die Symbolik des Übernatürlichen, siehe Becker 1986, S. 129, Bjorvand 1996, S. 96.

6 »Bei den Unterirdischen herrscht ein Urzeitdunkel. Vielleicht locken sie mit Tod, mit der Urdunkelheit des ungeborenen Lebens, mit Regression und Verantwortungslosigkeit, so wie die Sirenen einst Odysseus lockten. Ronja will nicht vom Baum der Erkenntnis essen, will nichts wissen von der Bosheit des erwachsenen Lebens.« Bergom-Larsson 1987, S. 110. Vgl. Bjorvand 1996, S. 98.

7 Das Lausen im Märchen, siehe Fredén 1982. Siehe auch Lüthi 1998.

8 Vater-Tochter-Beziehung im Märchen, siehe Bettelheim 1977.

9 Die Lust in den Wald hinauszukommen als Inspiration zu dem Räuberroman, siehe auch die Interviews in der norwegischen Presse, zitiert von Bjorvand 1996.

239

Bücher von Astrid Lindgren

Als Klein-Ida auch mal Unfug machen wollte, 1986
Britt-Mari erleichtert ihr Herz, 1954
Das entschwundene Land, 1977
Der beste Karlsson der Welt, 1969
Die Brüder Löwenherz, 1974
Die Kinder aus der Krachmacherstraße, 1957
Ferien auf Saltkrokan, 1965
Immer lustig in Bullerbü, 1956
Im Wald sind keine Räuber, 1952
Kalle Blomquist lebt gefährlich, 1951
Kalle Blomquist, Eva-Lotte und Rasmus, 1954 (Kalle Blomquist, Eva-Lotta und Rasmus, 1996)
Karlsson fliegt wieder, 1963
Karlsson vom Dach, 1956
Kati in Amerika, 1952
Kati in Italien, 1953
Kati in Paris, 1954
Kerstin und ich, 1953
Klingt meine Linde, 1960
Lotta zieht um, 1962
Madita, 1961
Madita und Pims, 1976
Mehr von uns Kindern aus Bullerbü, 1955
Meisterdetektiv Blomquist, 1950 (Kalle Blomquist – Meisterdetektiv, 1996)
Michel bringt die Welt in Ordnung, 1970

Michel in der Suppenschüssel, 1964
Michel muss mehr Männchen machen, 1966
Mio, mein Mio, 1955
Nils Karlsson-Däumling, 1957
Nur nicht knausern, sagte Michel aus Lönneberga, 1987
Pippi in Taka-Tuka-Land, 1951
Pippi Langstrumpf, 1949
Pippi Langstrumpf geht an Bord, 1950
Rasmus, Pontus und der Schwertschlucker, 1958
Rasmus und der Landstreicher, 1957
Ronja Räubertochter, 1982
Sammelaugust und andere Kinder, 1952
Wir Kinder aus Bullerbü, 1954

Literatur

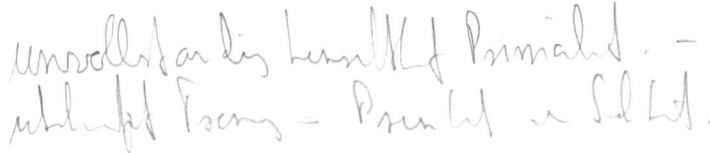

Bachtin, Michail: *Die Ästhetik des Wortes*. Frankfurt 2001.

Balzamo, Elena: *Le conte littéraire suédois: évolution d'un genre*. Lille 1987 (unveröffentlichte Dissertation).

Becker, Gerold Ummo: »›Ein Märchen ist es nicht – oder doch?‹ Zu Astrid Lindgrens Ronja Räubertochter (1982)«. In: Rudolf Wolff (Hrsg.): *Astrid Lindgren. Rezeption in der Bundesrepublik*. Bonn 1986.

Beit, Hedvig von: *Symbolik des Märchens*. Bern 1965.

Bergom-Larsson, Maria: »Astrid Lindgren – en kärleksförklaring«. In: Ørvig, Mary (Hrsg.): *Duvdrottningen: en bok till Astrid Lindgren*. Stockholm 1987 (Skrifter utgivna av Svenska barnboksinstitutet; 27).

Bergstrand, Ulla: *En bilderbokshistoria. Svenska bilderböcker 1900–1930*. Stockholm 1993 (Skrifter utgivna av Svenska barnboksinstitutet; 44).

Bergstrand, Ulla: *Från Prins Hatt till Gulliver: en stilhistorisk och text relaterad analys av illustrationerna i Barnbiblioteket Saga, volym 1–10 åren 1899–1902*. Lund 1982.

Bettelheim, Bruno: *Kinder brauchen Märchen*. Stuttgart 1977.

Bjorvand, Agnes-Margarethe: *De sterke jentene. En studie av Astrid Lindgrens Pippi Långstrump og Ronja rövardotter*. Oslo 1996.

Bjurman, Eva Lis, und Lars Olsson: *Barnarbete och arbetarbarn*. Stockholm 1979.

Bly, Robert: *Järn-Hans: en bok om män*. Västerås 1991.

Börtz-Laine, Agneta: »Bauer och bildtraditionen«. In: *Nationalmusei utställningskatalog Nr. 450*. Stockholm 1981.

Bramstång, Mats: *1800-talets julpublikationer som litterärt forum*. Lund 1973.

Brostrøm, Torben: *Folkeeventyrets moderne genbrug eller Hvad forfattaren gør*. Kopenhagen 1987.

Campbell, Joseph: *Der Heros in tausend Gestalten*. Frankfurt 1978.

Dahlstedt, Tone: *Tro och föreställningar kring vitra i övre Norrland*. Umeå 1976.

Doderer, Klaus:»Medmänsklighet i en tröstlös värld: några reflexioner om Bröderna Lejonhjärta«. In: Ørvig, Mary (Hrsg.): *Duvdrottningen: en bok till Astrid Lindgren*. Stockholm 1987 (Skrifter utgivna av Svenska barnboksinstitutet; 27).

Edström, Vivi (Hrsg.): *Astrid Lindgren i diktens träd*. Stockholm 1994.

Edström, Vivi (Hrsg.): *Uppdrag läsebok. Nils Holgersson*. Stockholm 1996.

Edström, Vivi: *Astrid Lindgren. Im Land der Märchen und Abenteuer*. Hamburg 1997.

Ejdestam, Julius: *Svenskt folklivslexikon*. Stockholm 1975.

Enby, Gunnel (Hrsg.): *Sagan som livets spegel*. Stockholm 1992.

Enby, Gunnel:»Hans och Greta. Modern som närande och förtärande«. In: Dies. (Hrsg.): *Sagan som livets spegel*. Stockholm 1992.

Espmark, Kjell: *Dialoger*. Stockholm 1985.

Franz, Marie-Louise von: *Der Schatten und das Böse im Märchen*. München 1985.

Franz, Marie-Louise von: *Psychologische Märcheninterpretation. Eine Einführung*. München 1986.

Fredén, Gustaf: *Dans och lek och fagra ord: folkvisestudier*. Stockholm 1976.

Fredén, Gustaf:»Ronja Rövardotter och kungadottern på havsstranden«. *Svensk litteraturtidskrift* 1982/2.

Fredén, Gustaf: *Östan om solen, nordan on jorden: randanteckningar till folksagans historia*. Stockholm 1982.

Furuland, Lars:»Jultidningen: en sekelgammal tradition«. In: *Jultomten. Ur skolbarnens gamla jultidning*. Stockholm 1980.

Göransson, Bengt:»Astrid Lindgren och politiken«. In: *Röster om Astrid Lindgren*. Stockholm 1996.

Gustafsson, Magnus:»I himmelen där är en stor glädje«. In: Per Gustavsson (Hrsg.): *Astrid Lindgren och folkdikten*. Stockholm 1996.

Gustavsson, Per (Hrsg.): *Astrid Lindgren och folkdikten*. Stockholm 1996.

Hagemann, Sonja:»Strejftog gjennom svensk barne- og ungdomslitteratur 1959«. In: *Bonniers litterära magasin* 10 (1959).

Hammar, Stina: *Elsa Beskow. En biografi.* Stockholm 1958.

Hedén, Birger:»Ensam hemma med en pyssling«. In: *Barnboken* 1 (1997).

Helgesson, Maria:»*Spelar min lind, sjunger min näktergal?*« – *en studie av inflytande från folkdikten i Astrid Lindgrens Sunnanäng.* Stockholm 1984 (unveröffentlichter akademischer Aufsatz).

Hellsing, Lennart:»Romantiska berättelser«. In: *Aftonbladet,* 15. 12. 1959.

Hellsing, Lennart: *Tankar om barnlitteraturen.* Stockholm 1963.

Hessler, Ole:»Lyssna på sagorna ur Astrids brunn«. In: *Dagens Nyheter,* 14. 11. 1992.

Holmberg, Hans: *Från Prins Hatt till Prins Mio: om sagogenrens utveckling.* Stockholm 1988.

Holmberg, Olle:»Romantisk saga«. In: *Dagens Nyheter,* 27. 11. 1954.

Holmberg, Olle:»Astrid Lindgren, låtsandet och det ensamma barnet«. In: Ørvig, Mary (Hrsg.): *En bok om Astrid Lindgren.* Stockholm 1977.

Jansson, Tove:»Sagan inom verkligheten«. In: *Bonniers litterära magasin* 5 (1959).

Johansen, Arvid Benn: *Fra Tegnérlunden til »Gröna ängars Ö«.* Oslo 1976 (unveröffentlichter akademischer Aufsatz).

Johansson, Gunvor:»Elsa Beskow och Astrid Lindgren«. In: *Modersmålslärarnas förening årsskrift, MLFÅ* 1967. Lund 1967.

Jung, C. G.: *Der Mensch und seine Symbole.* Solothurn 1993.

Kåreland, Lena: *Gurli Linders barnbokskritik: med en inledning om den svenska barnbokskritikens framväxt.* Stockholm 1977.

Kåreland, Lena:»40-talsmodernismen och barnboken – vad har de gemensamt?« In: Anne Banér (Hrsg.): *Konsten att berätta för barn.* Stockholm 1996.

Kåreland, Lena:»Ångest och uppror trängde in i 40-talets barnkammare«. In: *Svenska Dagbladet,* 17. 10. 1996.

Key, Ellen: *Das Jahrhundert des Kindes.* Weinheim 2000.

Klingberg, Göte: *Sekelskiftets barnbokssyn och Barnbiblioteket Saga.* Stockholm 1966.

Klingberg, Göte: *De främmande världarna i barn- och ungdomslitteraturen.* Stockholm 1980.

Klintberg, Bengt af: *Svenska folksägner.* Stockholm 1972.

Klintberg, Bengt af:»Skinn Skerping och Orets doter: två exempel på gammal muntlig tradition i Astrid Lindgrens barndomsmiljö«. In: Per Gustavsson (Hrsg.): *Astrid Lindgren och folkdikten*. Stockholm 1996.

Lagercrantz, Olof: *Dikten om livet på andra sidan*. Stockholm 1996.

Lindgren, Astrid, und Eva von Zweigbergk:»Vägen till Sunnanäng«. In: *Vänkritik: 22 samtal om en dikt tillägnande Olle Holmberg*. Stockholm 1959.

Lindgren, Astrid:»Wo kommen nur die Einfälle her?« In: Dies.: *Das entschwundene Land*. Hamburg 1977.

Lindgren, Astrid:»Es begann in Kristins Küche«. In: Dies.: *Das entschwundene Land*. Hamburg 1977.

Lindgren, Astrid:»Das entschwundene Land«. In: Dies.: *Das entschwundene Land*. Hamburg 1977.

Lindqvist, Karl:»Sagan om Nils och Smirre«. In: Bo Ollén (Hrsg.): *Från Sörgården till Lopnor: klassiska läseböcker i ny belysning*. Stockholm 1996 (Skrifter utgivna av Svenska barnboksinstitutet; 57).

Lindqvist, Karl:»Om konsten att ta kontakt. Muntligheten i Astrid Lindgrens författarskap«. In: Per Gustavsson (Hrsg.): *Astrid Lindgren och folkdikten*. Stockholm 1996.

Lindström, Ingegerd: *Anna Maria Roos: inte bara Sörgården: ett reportage bland böcker och brev*. Stockholm 1989.

Löfgren, Eva Margareta: *Sägner för moderna barn: magiska element i fyra böcker av Astrid Lindgren*. Uppsala 1976 (Litteratur och samhälle 1976/2).

Löfgren, Eva Margareta:»Kalle Blomquist och draken: arketypstudier i Astrid Lindgrens barndeckare«. In: Maria Nikolajeva (Hrsg.): *Modern litteraturteori och metod i barnlitteraturforskningen*. Stockholm 1992 (Centrum för barnkulturforskning; 19).

Löfgren, Eva Margareta:»Mio och den Stora Modern«. In: *Barnboken* 1995/2.

Löfgren, Eva Margareta:»Historien om Sörgården«. In: Bo Ollén (Hrsg.): *Från Sörgården till Lopnor: klassiska läseböcker i ny belysning*. Stockholm 1996 (Skrifter utgivna av Svenska barnboksinstitutet; 57).

Lüthi, Max: *Es war einmal ...: Vom Wesen des Volksmärchens*. Göttingen 1998.

Lüthi, Max: *Volksmärchen und Volkssage: zwei Grundformen erzählender Dichtung*. Bern 1975.

Lund, Hans: *Texten som tavla: studier i litterär bildtransformation*. Lund 1982.

Lundqvist, Ulla: *Århundradets barn: fenomenet Pippi Långstrump och dess förutsättningar*. Stockholm 1979.

Maissen, Leena: »Astrid Lindgrens väg till världsberömmelse«. In: *Barn & kultur* 5 (1987).

Metcalf, Eva-Maria: *Astrid Lindgren*. New York 1995.

Nikolajeva, Maria: »Strukturanalys i barnlitteraturforskning«. In: *Tidskrift för litteraturvetenskap* 3–4 *(1982)*.

Nikolajeva, Maria: *The Magic Code: The Use of Magical Patterns in Fantasy for Children*. Stockholm 1988.

Nikolajeva, Maria: »Typologiska studier av barnlitteratur: till begreppet kenotyp«. In: *Barnboken* 1 (1992).

Nikolajeva, Maria: *Children's Literature Comes of Age. Towards a New Aesthetic*. New York und London 1996.

Nordlinder, Eva: *Sekelskiftets svenska konstsaga och sagodiktaren Helena Nyblom*. Stockholm 1991 (Skrifter utgivna av Svenska barnboksinstitutet; 41).

Ørvig, Mary (Hrsg.): *En bok om Astrid Lindgren*. Stockholm 1977 (Skrifter utgivna av Svenska Barnboksinstitutet; 3).

Ørvig, Mary (Hrsg.): *Duvdrottningen: En bok till Astrid Lindgren*. Stockholm 1987 (Skrifter utgivna av Svenska Barnboksinstitutet; 27).

Ong, Walter J.: *Oralität und Literalität: die Technologisierung des Wortes*. Opladen 1987.

Printz-Pålson, Göran: »50-talet och den elfte musan«. In: *Bonniers litterära magasin* 6 (1958).

Propp, Vladimir: *Morphologie des Märchens*. Frankfurt 1975.

Propp, Vladimir: »Undersagans transformationer«. In: Aspelin, Kurt, und Bengt A. Lundberg (Hrsgg.): *Form och struktur: texter till en metodologisk tradition inom litteraturvetenskapen*. Stockholm 1971.

Rodhner, Leif: »Selma Lagerlöfs värsting vållade rabalder i Dalins Huskvarna«. In: Huskvarna Hembygdsförening (Hrsg.): *Vår hembygd. Årsbok för främjandet av kunskapen om Huskvarnabygdens kultur och historia*. Jönköping 1996.

Röster om Astrid Lindgren. ABF-Seminar Oktober 1995. Stockholm 1996.

Rooth, Anna Birgitta: *Folklig diktning, Form och teknik.* Uppsala 1965.

Rossholm, Margaretha: *Sagan i Nordisk Sekelskifteskonst: en motivhistorisk och ideologisk undersökning.* Stockholm 1974.

Ruhnström, Leif: »Ene unn'lie unge: samtal med tre systrar«. In: Per Gustavsson (Hrsg.): *Astrid Lindgren och folkdikten.* Stockholm 1996.

Schön, Ebbe: *Älvor, vättar och andra väsen.* Stockholm 1987.

Schottenius, Maria: *Den kvinnliga hemligheten: en studie i Kerstin Ekmans romankonst.* Stockholm 1992.

Sjögren, Margareta: »Spelar min lind«. In: *Svenska Dagbladet,* 21. 11. 1959.

Strömstedt, Margareta: *Astrid Lindgren: ein Lebensbild.* Hamburg 2001.

Svensen, Åsfrid: *Orden & kaos: virkelighet og uvirkelighet i fantastisk litteratur.* Oslo 1991.

Svensson, Per: »Författaren granskad av en kollega«. In: *Röster om Astrid Lindgren.* Stockholm 1996.

Svensson, Sonja: *Läsning för folkets barn: Folkskolans Barntidning och dess förlag 1892–1914: med en inledning om fattiga barns läsning på 1800-talet.* Stockholm 1983 (Skrifter utgivna av Svenska barnboksinstitutet; 16).

Tabbert, Reinbert: »Astrid Lindgren – Leben, Werk und Leserschaft«. In: Wolff, Rudolf (Hrsg.): *Astrid Lindgren: Rezeption in der Bundesrepublik.* Bonn 1986.

Törnqvist, Egil: »Astrid Lindgrens halvsaga: berättartekniken i Bröderna Lejonhjärta«. In: *Svensk litteraturtidskrift* 2 (1975).

Toijer-Nilsson, Ying: *Fantasins underland: myt och idé i den fantastiska berättelsen.* Stockholm 1981.

Toijer-Nilsson, Ying: »En genomträngande glimt av glädje och hjärtats åtrå ...: döden som befriare i Astrid Lindgrens berättelser«. In: *Barn & kultur* 5 (1987).

Toijer-Nilsson, Ying: *Jeanna Oterdahl: liv och verk.* Stockholm 1996 (Skrifter utgivna av Svenska barnboksinstitutet; 58).

Vänkritik: 22 samtal om dikt tillägande Olle Holmberg. Stockholm 1959.

Waldekranz, Rune: *Filmens historia: de första hundra åren. Del 2: Guldåldern 1920–1940.* Stockholm 1986.

Werkmäster, Barbro:»Barnet i konsten«. In: *Barndomen.* Bjästa 1988.

Westin, Boel:»Barnens paradis«. In: *Dagens Nyheter,* 14.11.1987.

Westin, Boel:»Eva Nordlinder: Sekelskiftets svenska konstsaga och sago-diktaren Helena Nyblom«. In: *Samlaren* 1992 (Rezension).

Westin, Boel:»Drömmens texter: äventyret som rêverie i barnlitteraturen«. In: *Tidskrift för litteraturvetenskap* 2 (1996).

Westin, Boel:»Sagan som skrift: exemplet Strindberg«. In: Anne Banér (Hrsg.): *Konsten att berätta för barn.* Stockholm 1996.

Westin, Boel:»Fruktan för fiktionen«. In: *Barnboken* 1 (1997).

Wolff, Rudolf (Hrsg.): *Astrid Lindgren. Rezeption in der Bundesrepublik.* Bonn 1986.

Wranér, Signe H.: *I Sagas tjänst.* Stockholm 1966.

Zweigbergk, Eva von:»Sagor med folkviseton«. In: *Dagens Nyheter,* 8.9.1959.

Zweigbergk, Eva von: *Barnboken i Sverige 1750–1950.* Stockholm 1965.

Personenregister

253

Eine philosophische Reise mit zwei großen Querdenkern

Jørgen Gaare / Øystein Sjaastad
Pippi und Sokrates
Philosophische Wanderungen
durch Astrid Lindgrens Welt
272 Seiten
ISBN 3-7891-3610-7

Als Sokrates im 20. Jahrhundert wiedergeboren wurde, nahm er die Gestalt eines schmächtigen Mädchens mit roten Zöpfen an: Pippi Langstrumpf. Das zumindest behaupten die beiden norwegischen Philosophen Jørgen Gaare und Øystein Sjaastad. Denn Pippi und Sokrates sind Zwillinge im Geiste – angespornt von der Neugier als Triebkraft der Philosophie. Sie nehmen nichts als gegeben hin und hinterfragen alles. Auf diese Weise entsteht ein kurzweiliger Überblick über die Geschichte der Philosophie, der in das Denken von Heraklit und Platon bis zu Kant und Nietzsche einführt.

»Vielleicht das Lustigste, das je über Pippi geschrieben wurde.«
(Nya Ludvika Tidning)

»Ein kluges und witziges Buch – mit einem ironischen Augenzwinkern!«
(Expressen)

Oetinger